JN207689

滞納処分による給料・預金差押えと取立訴訟の実務

〔第3版〕

瀧　　康暢

板倉　太一　編著

発行　民事法研究会

第３版の発刊にあたって

　2020年地方税法改正で事業者等への協力要請（地税法20の11）が追加され、2023年12月には大幅に改正された個人情報保護に関する法律が施行されたことから、第８編第三債務者の財産調査を全面的に書き換えました。

　全体を通して、分かりにくかった記述を修正し、また、継続的給付である給料の差押えの効力の及ぶ範囲（滞納税額が上限）につき、筆者に理解不足があったので、記述内容を深めて、塩漬け差押給料の取立て（Ｑ４－５）、給料差押えの最終回取立ての剰余金の配当の可否（Ｑ４－17）を追加し、取立保留されている差押給料の二重差押えによる直接取立て（Ｑ６－３）の記述を改めました。民事執行法による差押給料後、地方税優先による取立ての可否（Ｑ６－９）、相続預金差押後の相続放棄について追加し、給料差押えの承諾の撤回、給料の差押可能額以下の定額差押（Ｑ４－20、Ｑ４－21）について加筆しました。

※

　20年近く落ち着いていた消費者物価が、2023年から上昇を始めました。2020年度を100として、2024年７月には、食料は116.4、光熱水道費は119.4にまで上昇しています。2024年８月のコメ５キロの平均価格は、前年度の1.23倍（427円上昇）となっています。

　一方、2024年度の給与のベースアップは、大手企業でも５％程度です。物価上昇に給与の上昇は追いついていません。

　日本の生活保護の捕捉率は、世帯収入だけで判断すると15％、これらから最低生活費１か月分以上の貯蓄がある世帯を除いても32％です（平成22年４月９日厚生労働省発表「生活保護基準未満の低所得世帯数の推計について」）。すなわち生活保護世帯約164万余の３倍から６倍の世帯住民が、生活保護と同等もしくはそれ以下の生活水準で暮らしています。基本消費である食糧費・水道光熱費の物価高騰は、手取月収10万円以下のエンゲル係数が高い低所得者層を直撃します。

　そして地方税の滞納者の多くは、この生活保護水準をいくばくか超える資産と収入で暮らしている世帯員でしょう。差押えの事前予告、納付相談もなく、発見した財産を速攻で差押えれば、滞納者を生活保護受給者に追い込むことになりかねません。

　預金もしくは給料の差押えに着手する前に、交渉記録の内容・財産調査の結果を充分に検討して、差押えが滞納者の生活にどのような影響を及ぼすのか想定しなければなりません。滞納者に身寄りもなく、行政もしくは民間の援助制度も利用していない場合、預金の全額差押えは、明日の食費も失なわせます。

　滞納処分の目的は、単に今ある滞納税を解消するだけに留まってはいけません。滞納処分を契機として、行政と滞納者が伴に生活再建に向けて取り組み、滞納者が担税力を回復して納期内納税者に変容することに滞納処分の目的を定めるべきです。

　財産差押え後、速やかに滞納者の生活をフォローアップする体制の整備が必要になっています。

　2024年9月

瀧　　康　暢

第 2 版の発刊にあたって

相続預金の差押えについて、実務上の進展がみられたので、新たに章を起こし（第9章）、6項目に分け、記述内容を充実させました。

他、徴収担当職員の皆さんの質問に答え、設例等を追加し（Q4－16、6－3、8－1、8－2、第13章第5の5等）、全体を通して、文章・表記を平易な記述に改めました。また、取立権の性質につき、筆者に理解不足の点があり、関連部分の記載を改めました（第1章第1の5等）。

※

1993年、バブル経済が崩壊以降、日本国民の所得水準は低下の一途をたどり、2008年のリーマンショックがさらに追い打ちをかけました。

現在、男子給与所得者の23％、女子給与所得者の56％が非正規雇用で、その平均年収は男子が230万円、女子が150万円です。2019年以降は、COVID-19（新型コロナウイルス）による景気衰退で、低所得者層は、社会福祉協議会のコロナ特例貸付や民間NGOの食糧支援に頼らざるを得なくなっています。

※

給料差押えはもとより、本書に記載した反対債権（住宅ローン等）のある預金、差押禁止債権が振り込まれる預金口座、破産者の自由財産となる預金の差押えは、時に滞納者の経済生活に痛打を与えます。特に単身婦女子、母子家庭の預金差押えは、「手持ち現金数百円」にまで追い込みかねません。

地方自治体の究極の目的は、住民福祉の増進です。

徴収職員の皆さんが、一過性の差押えに備えることなく、滞納者に対して優しさと思いやりをもって、丁寧な納付相談を行い、滞納原因を探索し、滞納者の生活再建、担税力の回復を図りながら、滞納を解消するという徴収技法を地道に実践されることを切に願う次第です。

2022年4月

瀧　　康　暢

3

は し が き

　過去10年間、自治体職員の皆さんとの実務研修は、私にとって得難い経験の場でした。

　自治体職員の皆さんは実によく勉強される。半日の研修会でも予め質問を準備し、書面で講師に回答を求め、研修当日には休憩時間でも長蛇の列を作って質問する。合宿制の市町村アカデミー、JIAM の研修では、2週間土日以外は外出外泊を禁止され、朝9時から5時までの正課に加え、夕食後も夜の8時9時まで、班ごとに分かれて事例検討、演習、討議を行う。そこで得る徴収実務の知識と経験は、単に徴収力の向上だけでなく、同じ正義感と悩みを抱えた仲間が全国に存在することを体感させ、強い自信と大きな安心感をもたらします。

　そうした市町村税徴収研修で、常に質問される給料・預金差押えと差押え後の取立訴訟を取りあげたのが本書です。

※

　実務で最も苦労する点は、直面する現実の課題をどう処理し解決するのか、一つの具体的な結論を出さなければならないことです。特に滞納処分の執行では、財産の隠匿、散逸を回避するため、即断即行が求められ、判例の集積や中央省庁の技術的助言を待っている余裕はありません。

　悩ましい裁量事項や法令上不明な事項も、独自に判断して徴収事務を果敢に遂行することを、ある程度までは承認せざるを得ません。

※

　ただ、ここで忘れてはならないことがあります。

　それは他でもありません。滞納処分による差押えといい、差し押さえた財産の換価・取立てといい、すべては滞納者が生活を再建して、担税力を回復し、将来、納期内納税者となることが諒解されているということです。

　生活の原資である給料の差押え、預金全額の差押えは、納税者の経済生活に痛打を与え、時に最低生活の保障さえ危うくします。これら強制力の実施

は、納税者の態度如何によって、真に止むを得ない最後の手段として、執行されなければなりません。

　給料・預金の差押えは、一時に滞納を解消できる即効性のある滞納処分です。しかし、生活再建抜きの、一過性の徴収では、納税者は再び滞納します。徴収職員は、納期ごとに差押えを繰り返すことになり、滞納と差押えのループはいつまでも尽きません。滞納者は生活困窮状態に陥ったまま希望を失い、徴収職員は膨大に蓄積した滞納事案の処理で疲弊し、いつかは共倒れします。

　この滞納と差押えのループを断ち切るためには、差押えを契機にして、行政の総合力により、滞納者の生活再建支援に着手し、納税可能な経済環境を整備して、自主納税の意識と習慣を身につけてもらうことです。

※

　徴収職員の皆さんは、本書を参考にしながら滞納事案の処理に取り組めば、滞納処分も取立訴訟もさほど困難はないことにすぐに気がつくでしょう。

　滞納処分・取立訴訟という鋭く切れる刀を抜いて、差し押さえた給料・預金を切り取るだけでなく、滞納者に寄り添い、どうして応能負担の税金が払えないのか、何が原因なのか、滞納者の訴えに丁寧に耳を傾け、有する調査権限を用いて解決の糸口を掴まなければなりません。

　抜いた刀を納めることは相当の経験と忍耐を要します。しかし、それこそが、住民福祉の増進を基本とする地方公共団体の公務員の使命です。

　皆さんが、滞納者の財産を差押えながらも、「同じ地域で伴に肩を寄せ合い暮らす隣人」との意識のもと、抱えている経済問題、家庭問題を一緒に考えながら解決しようとする職員であることを希望してやみません。

　なお、共著者板倉の執筆にあたっては、休日等を利用して公務外で行ったものであり、文中意見にわたる部分は個人的見解であることを念のため申し添えます。

2020年8月

瀧　　康　暢

オンラインによる書式データの提供

1　書式データサイトへのアクセス方法

　QRコードを、スマートフォン、タブレット、パソコンで読み込み、インターネットサイトにアクセスしてください。

　表示された画面にメールアドレスを入力していただくと、サイト内に入れます。

　メールアドレスは、書式の追加・更新著者の研修予定、近時の論点などをお知らせするために利用します。

2　無料書式データの取得方法

　書式データは、書式データのボタンをクリックし、書式の一覧画面に移動してください。

　本書の書式番号順に書式が並んでいますので、必要な書式を選択して、ダウンロードしてください。

　書式は、著作権フリーですので、自由に使用・加工していただいて構いません。ただし、本書に掲載した書式や記載内容は、完全ではなく、改善の余地があります。本書を利用する皆さんが、考え工夫して、修正して使用してください。

3　問い合わせ等

　書式データのダウンロードは、本書と関係したコンテンツではありますが、本書籍が直接提供するサービスではありません。執筆者が独自に提供する独立した無料サービスです。したがいまして、書式の内容、データのダウンロードについての質問等については、お答えしませんので、ご了解ください。

下記の URL より、書式ダウンロードサイトへアクセスできます。

URL：https://park-lo.net/learning2020/

QR コード

滞納処分による給料・預金差押えと取立訴訟の実務〔第3版〕

●目　次●

序　本書の構成

第1編　滞納処分による給料差押え

第1章　債権差押えと給料差押え

第5章　給料差押えの解除

第6章　給料差押えの競合・優劣関係

第2編　預金債権の差押え

第7章　預金調査の方法

第8章　預金差押えの方法と差押預金の取立て

第10章　特殊な預金差押え

第3編　裁判手続による差押債権の取立て

第11章　差押債権取立訴訟（支払督促）総論

第4編　支払督促による差押債権の取立て

第12章　支払督促申立

第14章 反対債権のある預金差押えに係る取立訴訟

第15章 相続預金差押えに係る取立訴訟

第6編 裁判所の送達手続

第16章 民事訴訟法の送達手続

第7編　第三債務者に対する強制執行

第17章　民事執行法による強制執行

第8編 第三債務者の財産調査

第18章 給与支払者の財産調査の方法

第9編　書　式

【凡　例】

〔法令〕

行服法	行政不服審査法	徴基通	国税徴収法基本通達
自治法	地方自治法	徴収令	国税徴収法施行令
自治令	地方自治法施行令	通則法	国税通則法
滞調法	滞納処分と強制執行等との手続の調整に関する法律	民訴法	民事訴訟法
		民訴規	民事訴訟規則
		民執法	民事執行法
滞調令	滞納処分と強制執行等との手続の調整に関する政令	民執規	民事執行規則
		民執令	民事執行法施行令
		民訴費	民事訴訟費用等に関する法律
滞調通	滞納処分と強制執行等との手続の調整に関する逐条通達	民調法	民事調停法
		前民法	平成29年改正前民法
地税法	地方税法	破産規	破産規則
徴収法	国税徴収法	労基法	労働基準法

〔条文の記載方法〕

徴収法76①一　　国税徴収法第76条第1項第1号

〔文献〕

民集	最高裁判所民事判例集	判自	判例地方自治
民録	大審院民事判決録	金商	金融・商事判例
集民	最高裁判所裁判集民事	徴基通逐条解説	
行録	行政裁判所判決録		国税徴収法基本通達逐条解説
判時	判例時報	注解民訴(7)	

斎藤秀夫ほか『注解民事訴訟法 ⑺証拠⑴〔第 2 版〕』（第一法規 出版、1993年）

注解民訴⑽

斎藤秀夫ほか『注解民事訴訟法 ⑽抗告・再審・督促手続〔第 2 版〕』（第一法規出版、1996年）

条解民訴

兼子一ほか『条解民事訴訟法 〔第 2 版〕』（弘文堂、2011年）

注釈民訴⑼

石川明＝高橋宏志『注釈民事訴 訟法⑼ 再審・督促手続・手形 訴訟・判決の確定・執行停止』 （有斐閣、1996年）

新注釈民法⑲

潮見佳男ほか『新注釈民法⑲相 続⑴』（有斐閣、2019年）

地税法総則解説

地方税法総則逐条解説（地方財 務協会）

通則法精解

国税通則法精解（大蔵財務協 会）

徴収法精解

国税徴収法精解（大蔵財務協 会）

民事執行の実務㊤・㊦

中村さとみ＝劍持淳子『民事執 行の実務〔第 5 版〕債権執行・ 財産調査編㊤・不動産執行編 ㊦』（きんざい、2022年）

〔逐条解説書籍の引用〕

逐条解説書籍については、版を重ねると頁数が変わることから、条文と解説部 分の項番号で引用箇所を示すこととした。

「徴基通逐条解説」76条関係11解説

国税徴収法基本通達逐条解説の76条関係の11の解説の記述

「地税法総則解説」20条解説一 1 ⑴

地方税法総則逐条解説の20条の解説の一、 1 、⑴の記述

「通則法精解」12条二 1

国税通則法精解の12条の解説の二、 1 の記述

「徴収法精解」77条二 1

国税徴収法精解の77条の解説の二、 1 の記述

　本文中にある以下の図表は、瀧康暢編『改正民法対応版・自治体債権回収のための裁判手続マニュアル』（ぎょうせい、2020年）から、編著者および出版社の承諾を得て、本書に掲載するものです。

序
本書の構成

第1　請求債権と差押対象債権

　本書では、地方税等の租税債権を含む自力執行権のある強制徴収公債権（国民健康保険料（税）、介護保険料、後期高齢者医療保険料、下水道使用料、生活保護費返還金等）の徴収を、①国税徴収法および地方税法による滞納処分、②民事訴訟法による取立訴訟、③民事執行法による強制執行によって行う方法を解説するものです。

　滞納処分による差押えの対象財産としては、給与債権と預貯金債権を取りあげています。平準的な給料・預金の差押えにとどまらず、一歩進んだ特殊案件の差押えも取りあげています。

第2　滞納処分による債権差押え

　滞納処分による給与債権の差押えは、給与支払者の調査（第2章第2（11頁））、差押後の取立て（第4章第1（24頁））、給与の差押可能金額の計算（第4章第3（33頁））等の各段階で検討すべき事項があります。

　特に、差押えが競合した場合（第6章（68頁））や、雇用主が支払いをしない場合の対処方法については、わかりやすく解説する書籍や研修も少なく、本書では深く解説しました。

　預金債権は、ベーシックな差押対象財産で、通常業務として頻繁に差押えが行われ、解説書も多数存在します。そこで、通常業務レベルの滞納処分による預金差押手続きは、簡潔に記載しました（第8章（88頁））。しかし、預金債権の差押えも、相続、相殺、差押禁止債権、破産等との関係では、実務に充分耐えうる解説をした文献もないことから、特に取りあげて、深く解説しました（第9章（101頁）、第10章（127頁））。

第3　差押債権取立訴訟・支払督促

　第三債務者に対しては、国税徴収法および地方税法の自力執行権および財産調査権を行使できません。そこで、滞納処分による債権差押え後、第三債務者（雇用主・銀行等）が、支払いをしない場合、民事訴訟（取立訴訟・支払督促）によって、差押債権の履行を求めなければなりません。徴収職員も、民事訴訟手続には慣れておらず、債権差押え後の取立訴訟について、解説した書籍は他にないことから本書では詳細に解説しました（第11章（152頁）、第12章（162頁）、第13章（197頁））。

第4　民事執行法による強制執行

　第三債務者が取立訴訟で敗訴しても支払いをしない場合、債権を回収するためには、第三債務者の財産を強制執行により取り立てなければなりません。

　自治体申立ての強制執行（債権差押命令申立）であることを前提にして、わかりやすく記載しました（第17章234頁）。

第5　書　式

　本文中には、裁判所の書式、図表を配置し、自治体（滞納処分庁）が作成する文書は、第9編（274頁）「書式」として、83個の書式を末尾にまとめました。滞納処分による給与・預金債権の差押えとその後の取立訴訟に必要な書式は、ほぼ全部網羅されているはずです。

〔図1〕 租税債権の発生から、差押え、取立訴訟、強制執行

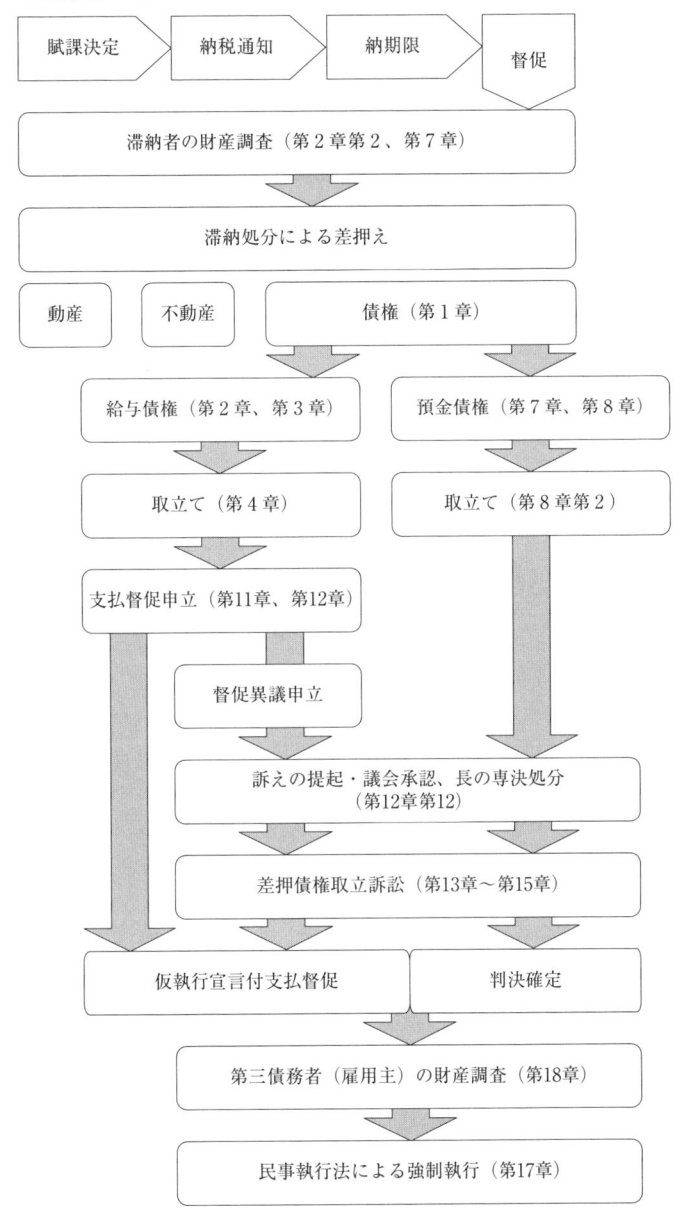

第1編 滞納処分による給料差押え

第1章 債権差押えと給料差押え

第1 債権差押えの共通事項

1 債権とは

債権とは、債権者が債務者に対して一定の行為を請求することができる権利をいいます。

たとえば、給与の支払いまたは預金の払戻しなどを求める「金銭債権」、車を購入した際に車の引渡しを求める「引渡請求権」などがあります。

債務者が、債権の内容を任意に履行しない場合は、債権者は、履行の強制を裁判所に請求することができます（民法414①）。

〔図2〕 給与債権差押え関係図

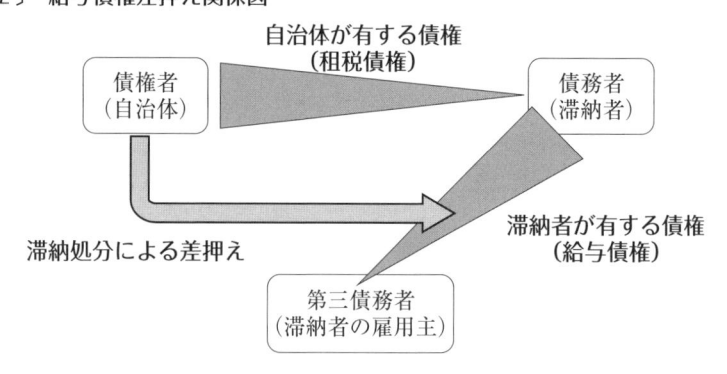

2 債権の差押えとは

差押えとは、国家権力（公権力）により特定の財産について、私人の事実上、法律上の処分を禁ずる行為（処分）をいいます。差押えは、私人の財産を凍結し、その財産を強制換価する第1の段階として行われます。

滞納処分による債権の差押えは、滞納処分庁の権限で滞納者の有する給料・売掛金・預金等の債権の処分（給料・売掛金の受領、預金の払戻等）を禁じる行政処分といえます。債権の差押えにより、債権者（滞納処分庁）は、取立権を取得し、第三債務者（雇用主・銀行等）から、直接、債権の取立てをする（債権の支払いを請求する）ことができるようになります。

3　差押えの対象となる債権

滞納処分の差押えの対象となる債権は、金銭または換価に適する財産の給付を目的とする債権です（徴基通62−1）。「給付」とは、「金銭の支払い」や「物の引渡し」などのことです。

そのため、金銭や物の給付を求めない行為（例：演奏する）または不作為（例：競業しないこと）を目的とする債権は、差押えの対象となりません。

4　債権差押えの効果

(1)　処分禁止の効力

差押えは、滞納者の財産の処分（売却、弁済金の受領、担保の設定、賃借等）を禁止する効力を有します（処分禁止効）。差押え後に、滞納者が財産の譲渡や抵当権や賃借権などの権利設定等をしても、差押債権者に対抗することができません（徴基通47−51）。「対抗することができない」というのは、簡単にいうと、「裁判で主張しても通らない。認めてもらえない」ということです。

この処分禁止効は、その差押え後の財産の処分を絶対的に否定するものではなく、差押債権者との関係において否定されるという相対的な効力にとどまります（「徴基通逐条解説」47条関係51解説(2)）。たとえば、差押不動産を滞納者が売却した場合、滞納者とその処分の相手方との当事者間では有効なので、滞納者（売主）は売買代金の請求ができ、買主（処分の相手方）は滞納者に対して不動産の引渡しおよび所有権移転登記の請求ができます。そして、実際に所有権移転の登記もできます。

もっとも、滞納者から不動産を買い受けた買主は、差押債権者に対して、その効力を主張することができないため、公売手続で第三者に売却されると、

買主は所有権を取得することができません。

(2)　債権差押えによる処分禁止効の内容

債権差押えでは、処分禁止効により、第三債務者は、被差押債権の履行（弁済）が禁止されます。したがって、債権差押通知書の送達を受けた後に、第三債務者が滞納者に対して履行（弁済）しても、差押債権者に対して対抗することができません（徴基通62−30）。

具体的には、差し押さえられた債権につき第三債務者（例：雇用主）が、滞納者（例：従業員）に金銭を支払ってしまった場合、差押債権者（例：自治体）は、第三債務者に対して、さらに支払うよう請求できるということです（民法481①）。つまり、第三債務者は、二重払いしなければならなくなるわけです。もっとも二重払いをした第三債務者は、二重払い分を取り戻すため、滞納者に対して求償（返還を求める）することは可能です（同法481②）。

なお、「第三債務者」とは、滞納者に対して債務を負う者（金銭の支払義務を負う者）のことです（徴基通62−23）。たとえば、滞納者に対して給料の支払債務を負っている雇用主、滞納者の預金がある銀行、工賃・請負代金などの支払債務を負う元請会社が、第三債務者となります。

(3)　消滅時効の完成猶予および更新の効力

差押えに係る租税債権は、差押えの効力が生じたときに消滅時効の完成が猶予されます（地税法18③、通則法72③、前民法147二、民法148①一）。

債権差押えの場合、債権差押通知書が、第三債務者に送達された時に差押えの効力が生じることから（徴収法62③）、その送達時に消滅時効は完成が猶予されます。そして、時効の完成猶予の効力は、配当が終了した時（充当日。徴基通47−55(1)）または差押えの解除まで継続します。充当日もしくは差押えの解除日に消滅時効は更新し、翌日から（初日不算入）再び消滅時効が進行します（民法148②、徴基通47−55）。

5　取立権の取得とその性質

滞納処分による債権の差押えにより、徴税吏員は創設的に取立権を取得します（徴収法67①）。取立権の性質は、滞納処分庁が、第三債務者（雇用主、

銀行等）の債権者である滞納者に代位するものです。債権の差押えにより、取立権を取得した徴税吏員は、滞納者に代わって滞納者の第三債務者（銀行、雇用主等）に対する債権（預金債権、給与債権等）について固有の権限として行使できます。

したがって、取立権を取得した徴税吏員は、取立てが完了するまで第三債務者に対して、差し押さえた給与債権の取立てのために必要な裁判上、裁判外のいっさいの権利（滞納者の有する権利と同一内容の権利）を自己の名において、自らの判断で行使できます。具体的には、雇用主に対して、電話、文書による給与権の支払いの催告や事務所に臨場し対面による取立てができることはもちろん、支払督促の申立て、差押債権取立訴訟の提訴、民事執行法による強制執行の申立てができます（「徴基通逐条解説」67条関係3解説(1)）。

第2　給与債権の差押えの特色

1　給与と給料、賞与、退職手当の定義

給料、給与の定義は、法律によって、異なります。

国税徴収法76条の「給与」とは、雇用関係またはこれに準ずる職務関係により雇用主等から支給される報酬その他の収入をいいます。

同条の「給料」とは、給与のうち、継続的に支給されるもので、賞与または退職手当の性質を有する給与以外の給与をいいます。

同条の「給料等」とは、給料、賃金、俸給、歳費、退職年金及びこれらの性質を有する給与をいい、「これらの性質を有する給与」としては、役員報酬、超過勤務手当、扶養家族手当、宿日直手当、通勤手当等があります。法人の役員報酬、通勤手当も給料等に含まれる点が、滞納処分による差押えの対象となる給料等の特色です（徴基通76－1）（Q4－9（41頁）、Q4－10（41頁）参照）。

「賞与」とは、一定の時期に法令、規約、慣行等により支給される給与で、給料等のように継続的に支給される給与以外のものをいいます。

「賞与等」とは、賞与およびこの性質を有する給与をいい、「この性質を有

する給与」としては、公務員の期末手当、勤勉手当等があります。

　「退職手当」とは、退職（死亡退職を含む）を起因として勤続年数等に応じて、雇用主から支給される給与のうち、退職年金のように継続的な性質を有しないものをいいます。

　「退職手当等」とは、退職手当およびその性質を有する給与をいいます。

　以上が、国税徴収法における給与、給料、賞与、退職手当の定義ですが、日常業務では、給与と給料、給料等は、明確に意識して使い分けられていませんし、公文書を作成する場合以外は、神経質になる必要もありません。厳密には、「給料等」「給料等差押え」と表記すべきですが、本書では、日常的に汎用される「給料」「給料差押え」と表記してゆきます。

〔図3〕　給与・給料・賞与・退職手当

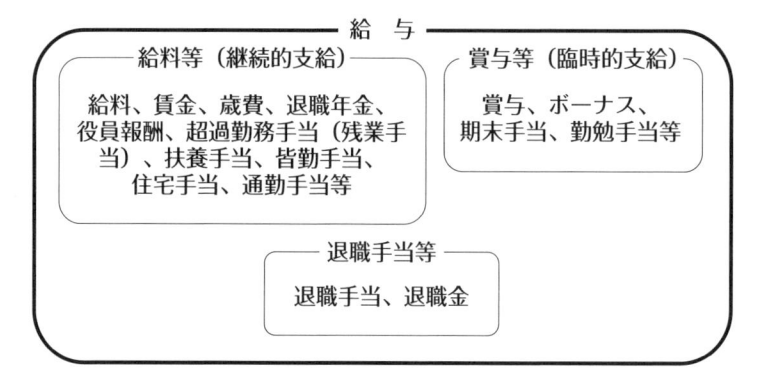

2　制限的差押禁止債権──給与の差押禁止額

　債権は、その全額を差し押さえることができ、滞納処分による差押えの場合は、原則として、その全額を差し押さえなければなりません（徴収法63）。

　しかし、給与収入等は、給与生活者の生計の基礎であり、その生計に占める重要性に鑑み、国税徴収法は、納税者の最低生活の維持に必要な金額に相当する給与につき差押えを禁止（制限）しています。

　すなわち、国税徴収法76条1項で「給料等」、同条2項で「給料等に基き支払を受けた金銭」、同条3項で「賞与及びその性質を有する給与に係る債

権」、同条 4 項で「退職手当等」の差押禁止額の範囲を規定しています。

　また、公的年金の差押禁止額については、「給料等」とみなして（同じものとして）計算します（徴収法77）。

3　継続収入の債権の差押えの効力

　給料や年金等の継続収入の場合、債権の差押えの効力は、徴収すべき国税の額を限度として、差押え後に支払いを受ける給料、年金にも及びます（徴収法66）。これは、同一の法律関係から時を隔てて継続的に発生する複数の債権につき、将来発生する債権を含めて包括的に差押えを認めて、個別債権差押えの煩雑さを避けることと、毎月の給与債権が発生した際にいち早く滞納者が給料の支払いを受けたり、他の債権者が給料の差押えをする危険から差押債権者の権利を保護するための規定です。

　そして、本税のみだけでなく、債権差押通知書の延滞金額欄に延滞金についても「要す」として記載があれば、延滞金を含めて、滞納額に満つるまで差押えは継続し、取立てを続けることができます。

　継続収入の債権を差し押さえた場合には、特に制限した場合（例：「何月分の給料又は家賃」など差押えの範囲を限定した場合等。Q 4 −20（57頁）参照）を除いては、差押えに係る租税の額を限度として、差押え後に支払われるべき金額のすべてに差押えの効力が及びます。したがって、各支払期の金額を個別に差し押さえる必要はありません（徴基通66− 2 ）。具体的には、毎月ごとに給料の差押えを繰り返す必要はなく、一度差押えをすれば、完納に至るまで、第三債務者からの支払いを待てばよいことになります。

　また、第三債務者が同一であり、かつ、滞納者と第三債務者との間の基本の法律関係に変更がない限り、その後に変更があった収入（昇給、非正規雇用から正規雇用への変更等）にも及びます（徴基通66− 3 ）。ただし、滞納者が退職した後、再雇用された場合には、執行を免れるため退職を仮装したと認められるときを除き、雇用契約が異なることから退職前の給料差押えの効力は、再雇用後の給料には及びません（最判昭55・1・18判時956号59頁）。

〔図4〕　滞納処分による給料差押えフローチャート

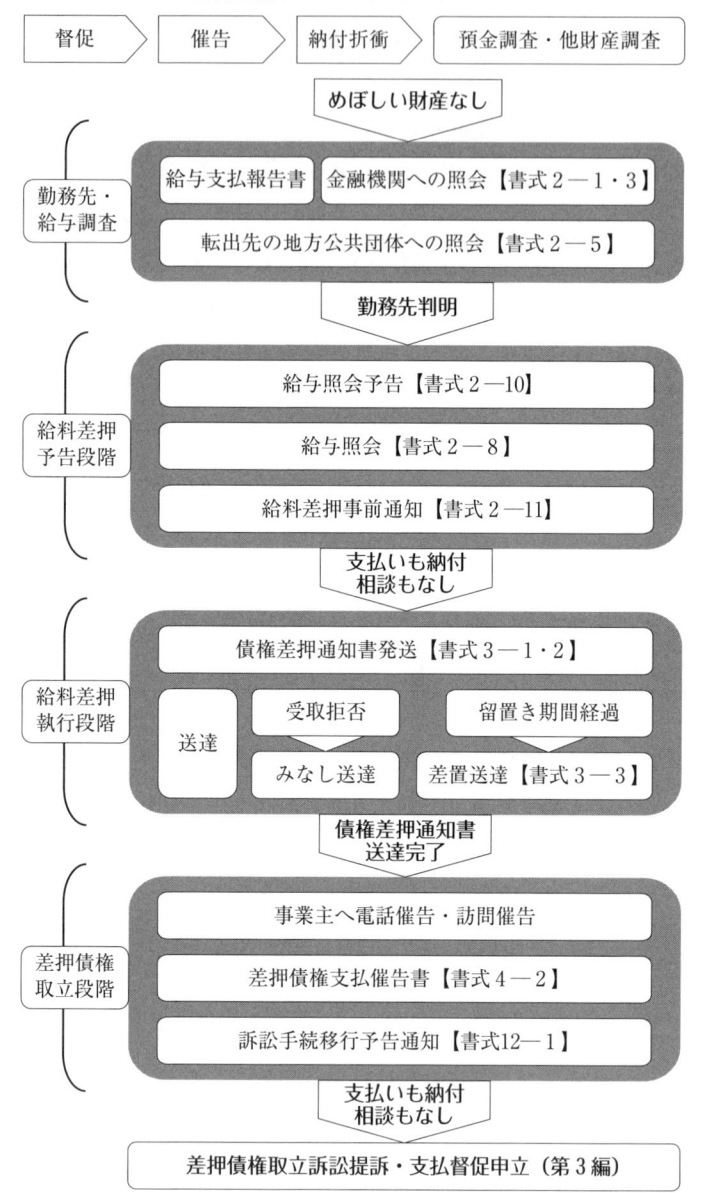

第2章　給料差押えの前段階

第1　差押財産の選択

　給料の差押えは、前述のとおり、差押えに係る滞納税全額の納付に至るまで継続する差押えで、滞納処分庁にとっては効率のよい差押えです。なおかつ、預金の全額差押えと異なり、滞納者の収入のうち最低生活費を超える部分のみを差し押さえるので、最低限度の生活は保障されており、滞納者の経済生活に打撃の少ない差押えです。

　しかしながら、給料の差押えは、雇用主に租税を滞納している事実を知られてしまい、滞納者の雇用に不安が生じることは否めません。滞納者が自ら辞めてしまったり、退職に追い込まれたり、非正規社員であれば雇止めされることがあります。滞納者がほかに差押可能な適当な財産を保有していれば、まずはそちらから優先して差し押さえるべきでしょう。

　なお、差し押さえる財産の選択は、徴収職員の裁量によりますが、なるべく、滞納者の生活の維持、または事業の継続にとって支障が少ない財産を選択するよう、十分留意して行うものとされています（徴基通47−17）。

第2　給与支払者の調査

1　庁内調査

　給与支払者（雇用主）の調査は、住民税の課税担当課に、①住民税の特別徴収の有無、②給与支払報告書（省略して「給報」と呼ばれる）の提出の有無、③確定申告書第2表の「所得の内訳」に雇用主の記載があるかどうかを確認して行います。

2　預貯金の取引履歴による給与支払者の調査

　庁内調査で雇用主が判明しなかった場合でも、給料振込口座が判明していれば、銀行預金の取引履歴の記載から雇用主が判明する場合があります。

　なお、取引履歴には、振込人の名称しか記載されておらず、住所等まで記載がないため、雇用主が誰なのか特定できない場合があります。その場合は、

まず、国税徴収法141条の質問権に基づき、同条3号の対象者である振込入金があった金融機関に対して振込元の金融機関名および本支店名を照会します【書式2-1】、【書式2-2】。次に、振込元の金融機関の本支店に照会して【書式2-3】、【書式2-4】、振込人の氏名または法人名の漢字表記および住所等を確認します。

　ただし、住所等の入力の必要がないATMから振り込んでいる場合などは、電話番号までは判明しても、住所等は不明の場合があります。法人（あるいは屋号）の場合であれば、振込人のカタカナの名称しかわからなくても、インターネットや電話帳検索により同一名の法人（屋号）を探し、電話をして滞納者の在籍確認をすることで、勤務先が判明する場合があります。

3　他自治体への実態照会

　給与支払報告書は1月1日現在に住民登録している自治体に提出されることから、1月1日以降に滞納者が転居した場合、転居先自治体の税務担当課に電話または文書【書式2-5】により雇用主を照会します。

　電話で、雇用主を確認する場合、地方税法20条の11に基づく官公署等への協力要請としての調査である旨を説明し、転居先自治体での滞納の有無やその額、滞納者との折衝状況も合わせて聴取します。

　なお、逆に、他の自治体から電話で照会を受けた場合は、その電話主が、自治体職員であるかどうか身分確認するため、折返し電話すると伝え、①相手の自治体の代表番号（直通の電話番号だと自治体の庁舎に電話をかけているかどうか判別できない）、②内線、③部署名、④担当者名を聴取し、いったん電話を切ります。ホームページで当該自治体の代表番号を確認したうえで、代表番号に電話し、内線で担当者に繋いでもらいます。

4　滞納者からの聴取

　滞納処分に着手する前の納税相談の段階で、滞納者から分納の申出があった場合は、給与明細や家計の収支状況表【書式2-6】を提出してもらうなどして収支状況を確認し、合わせて、雇用主を聴取して記録しておくか、または分納誓約書【書式2-7】に記載してもらいます。

　給料差押え直前になると滞納者との連絡も困難になることが多いので、相手の職業や収入状況を確認する意味も含めて、納税相談の段階で聴取しておくとよいでしょう。

第3　給与照会の予告

　雇用主が判明したら、国税徴収法141条3号に基づき、給与照会を行うことになります。給与照会書【書式2−8】、【書式2−9】には根拠法令が記載されていることから、雇用主や経理担当に滞納の事実を知られてしまい、滞納者に不利益を与えます。事前に、滞納者に対して雇用主へ給与照会を行うことの給与照会予告書【書式2−10】を送達し、注意喚起しておきます。給与照会予告書には、滞納税の納付期限または納税課に連絡する期限を必ず指定します。さらに給与照会先として雇用主名（会社名）を朱書きで付記するなどすれば、効果が高いでしょう（滞納者が封筒を開けて予告書を見てくれればですが）。

　なお、滞納者から連絡があり、分納の約束をした際には、「約束をお守りいただけなかった場合は、事前に警告することなく、雇用主に給与調査をしたうえで、差押えをすることになります」と、十分に念押ししておきます。

第4　給与照会

　滞納者が給与照会予告書にも反応しない場合、国税徴収法141条3号に基づき雇用主に給与照会書【書式2−8】を送付し、差押可能金額の算出に必要な給料、賞与、各種手当、源泉所得税、特別徴収の住民税、社会保険料、支給方法（振込か現金か）、雇用形態、支給日および振込先金融機関等について回答を得ます。

Q2-1　給与照会前に、雇用主に事前に電話する必要があるか。

A 　滞納者の在籍確認および、給与照会書の発送を事前に伝えるため、電話連絡することはかまいません。もっとも、「何の税金か?」「いくら滞納があるか?」など、給与照会前の段階では第三者に開示できない個人の滞納情報を問われることがあります。

これに対しては、「今の段階では守秘義務の関係でお答えできません」などと回答する注意が必要です。

給料差押えをすれば、債権差押通知書にこれらの情報が記載されるため、結局、雇用主の知るところとなりますが、給与照会前の段階でこれらの情報を開示してしまうことは、守秘義務違反（地税法22）となるおそれがあります。

Q2-2　雇用主に滞納の事実を伝えて、滞納者に納税するよう促してもらうことを頼むべきか。

A 　上述のとおり、給料差押えの前段階では、第三者である雇用主に滞納情報の詳細を開示することは、守秘義務違反になるおそれがあるため、避けたほうがよいでしょう。

なお、給与照会に関する雇用主からの問合せに対して、「根拠法令記載のとおり、税の滞納があるため給与の内容について調査した」と伝えることは可能ですが、給料差押えの執行前の段階では、税目や滞納額等の詳細は答えられません。もし、雇用主が本人に対して納税指導をするために滞納状況を知りたいということであれば、直接、滞納者本人に滞納額等を確認してもらうよう伝えます。あるいは、滞納者から連絡をもらい、雇用主へ回答してよいか滞納者本人に確認し、その同意を得てから雇用主に伝えます。

Q 2 - 3　雇用主から個人情報保護法を理由に回答を拒否された場合はどうするか。

　　個人情報の保護に関する法律27条1項（令和3年5月12日改正前個人情報の保護に関する法律23条1項）は、本人の同意を得ないで第三者へ個人情報を提供することを禁止しています。もっとも、同項1号により「法令に基づく場合」は、第三者提供の禁止から除外されます。雇用主には、国税徴収法141条に基づく給与照会であり、個人情報の保護に関する法律に違反しないことを説明して、回答を求めます。

　また、回答を拒否された場合には、必要に応じて、罰則規定（徴収法188一、地税法333等）の説明をします。この場合、法律の説明をするのみとし、「脅しているのか」などと受け取られないよう注意してください。

Q 2 - 4　給与照会の回答がない場合、差し押さえずに放置してよいか。回答がなくても給料差押えはできるのか。

　　給料の差押えは、給料支払いの事実と給与の支払者さえ判明すれば、具体的な差押金額を確定せず不明のままでも行うことができます。

　前年の給与支払報告書や給料振込口座への振込額などから、おおよその給料の手取額を推計し、差押可能金額が見込まれるようであれば、正確な給与の額や控除される税額等が明らかでなくとも差し押さえてかまいません。

　取立訴訟を行う段階では、差押可能額を確定する必要がありますが、その場合も推定計算により算出したおおよその金額でかまいません（推定計算の方法はQ12-1（172頁））。なお、給料差押え後、給料の支払額が明らかになり、給与の額が少なく将来に渡って差押可能金額が出る見込みがないことが判明すれば、その時点で、差押えを解除（徴収法79①二）すればよいでしょう。また、給料の差押え前に退職していた場合は、差押えは無効なので、解

除の必要もありません。

第 5　給与差押事前通知

　雇用主に給与照会をしても、滞納者から連絡も納付も無い場合、給料の差押えを行うことの予告書（給与差押事前通知書）【書式 2 −11】を発送し、期限を指定して納付または納税相談を促します。

　この際も、給与差押事前通知書に雇用主名（会社名）を付記するとよいでしょう。

　また、督促状を発送した後 6 月以上を経て差押えをする場合は、あらかじめ、催告をするものとされています（徴基通47−18）。

　上述の給与照会予告通知書や給与差押事前通知書は、滞納者が封も開けずに捨てている場合があります。また、予告通知書を読んでも、「役所は給料の差押えまでやってこない」と思っている滞納者も多くいます。

　そこで、雇用主に電話をして、在籍確認をするとともに、本人に電話を繋いでもらい（もしくは本人から折返し電話するよう伝言を依頼）、給料の差押えの直前の段階に至っていることを認識してもらいます。滞納者も職場に電話があったことで、認識を新たにして、納付や納税相談をしてくれる可能性が高くなります。

　なお、この段階で会社の従業員等に、本人に滞納があることを伝えると、守秘義務違反となるおそれがあるので、自分の所属を申し出る場合は「○○部」（総務部・財政部等）までとするなど、税の滞納の件で電話したことがほかの従業員に知られないよう配慮します。

　また、従業員から用件を問われても、「申し訳ありませんが、個人情報の関係で直接、ご本人とお話しさせてください」などと丁寧に断ります。

第3章　給料差押え手続と差押えの効果

第1　債権差押通知書の作成

1　差押債権の特定

　給与照会の予告通知、給料差押えの事前通知等で十分な催告をしても、滞納者から連絡や納付がない場合、いよいよ給料の差押えをします。

　滞納者の財産を差し押さえるときは、差押調書【書式3-1】を作成します（徴収法54）。債権の差押えでは、第三債務者（雇用主）に対して債権差押通知書【書式3-2】を送達することで、差押えの効力が生じます（同法62③）。

　被差押債権の表示は、具体的事実によって第三債務者が被差押債権を確知できる程度（他の債権と区別できる程度）に表示されていれば、その債権の差押えは有効です（最判昭46・11・30判時653号90頁、最判平23・9・20民集65巻6号2710頁。徴基通62-24）。

　以下、雇用主から支払われる給与の種類ごとに差押債権の記載例をあげます。

◎　給料等

差押債権	債務者が滞納者（債権者）に対して支払うべき○年○月分以降の給料等のうち、国税徴収法第76条第1項各号に掲げる金額を控除した金額の支払請求権。ただし、上記滞納額に満つるまで。
履行期限	毎月の給料支払日

◎　賞与等

差押債権	債務者が滞納者（債権者）に対して支払うべき○年○月の賞与等のうち、国税徴収法第76条第3項に規定する金額を控除した金額の支払請求権。
履行期限	賞与等の支給日

◎　給料等および賞与等をまとめて

差押債権	債務者が滞納者（債権者）に対して支払うべき○年○月分以降の給料等および賞与等のうち、国税徴収法第76条第1項各号（賞与等は給料等と合算する）に掲げる金額を控除した金額の支払い請求権。ただし、上記滞納額に満つるまで
履行期限	毎月の給料支払日

◎　退職手当等

差押債権	債務者が滞納者（債権者）に対して支払うべき退職手当等のうち、国税徴収法第76条第4項に規定する金額を控除した金額の支払請求権。
履行期限	退職手当等の支給日

　なお、給料差押えは、将来発生する債権の差押えなので給料の差押えの時には、給料の支給額が確定していないので、差押額の計算方法だけを記載すればよく、債権差押通知書に、確定した差押金額を記載する必要はありません。したがって、雇用主から給与照会の回答がなく、差押可能金額が計算できない、あるいは差押可能金額が存在するかどうかすら明確でない場合でも、給料差押えは可能です。

2　処分禁止文言

　債権差押通知書には、滞納者に対する履行（主には金銭の支払い）を禁止する旨（例：「差押債権は、下記履行期間までに滞納者（債権者）に対して支払わないで当市にお支払いください」）を記載します（徴収法62②、徴基通62−26）。

第2　債権差押通知書等の送達

1　債権差押通知書、差押調書謄本の交付

　債権の差押えは、第三債務者（雇用主）に対する債権差押通知書【書式3−2】の送達により行います（徴収法62①）。第三債務者へは、第三債務者の計算用に給料等差押可能金額計算表【書式3−4】、給料差押えの説明書

【書式3－5】も同封して送ります。なお、債権差押通知書の差押債権の表示を「別紙給料等差押可能金額計算表により計算した金額」として、差押可能金額計算表をいっしょに綴じ込んで差し押さえる方法もあります。

　滞納者に対しては、差押調書【書式3－1】の謄本を交付します（徴収法54二）。この謄本には、債権の取立てその他の処分（譲渡、期限の猶予、債務免除等）を禁止する旨（例「滞納者は、この差押後は債権の取立、その他の処分をすることができません」）を付記します（同法62②、徴収令21③一）。

　差押調書の謄本は、第三債務者あて（雇用主あて）の債権差押通知書と同時に発信してもかまいませんが、前述のとおり、債権差押通知書の第三債務者への送達が効力発生要件となるため、滞納者に差押調書の謄本が送達されながら、第三債務者に差押通知書が送達されない場合、差押えの効力が発生していないのに、滞納者に差押調書の謄本が送達されることになってしまいます。なので、第三債務者に債権差押通知書が届いたことを確認してから、滞納者へ差押調書の謄本を発送するべきです。

2　送達の場所

　雇用主が法人である場合はその本店所在地（滞納者の就労場所が支店でも本店所在地に送達してよい）へ、個人事業主である場合は事業主の住所または事務所等へ送達します（地税法20①）。

3　送達の方法

　送達は、配達証明付きの書留郵便で郵送することで、送達完了の確認ができ、望ましいです。受取拒否や保管期間経過により返戻された場合は、普通郵便もしくは特定記録郵便で再送付し、必ず発送日の記録を残しておきます。地方税法20条4項の規定により、普通郵便で発送しても送達が推定されますが、「その書類の名称、その送達を受けるべき者の氏名、宛先及び発送の年月日を確認するに足りる記録を作成しておかなければならない」ことから（地税法20⑤）、記録を残していない場合は、差押債権取立訴訟で雇用主もしくは滞納者から文書の送達を否定されると、送達の推定が覆る可能性があります。また、特定記録郵便であれば、日本郵便の郵便追跡サービスで配達日

を確認し、プリントアウトすることで記録化できます。

4　送達の効力発生時期

送達の効力発生時期については、その書類が社会通念上送達を受けるべき者の支配下に入ったと認められるときに生じ（最判昭36・4・20民集15巻774頁）、いったん有効に書類が送達された場合には、たとえ、その書類が返戻されても送達の効力には影響がありません（広島地判昭25・6・3行録1巻1921頁、大判昭17・11・28法律新聞4819号7頁。通基通12－10）。たとえば、文書が雇用主に送達されれば、封筒を開封せずに送り返えされても、送達の効力は生じており、送達の効力が失われることはありません。

また、平成29年改正民法（以下、「改正民法」という）により、改正民法施行日（2020年4月1日）以降の通知については、受領を拒絶されて返戻された場合（例：郵便配達員の配達に際し、文書を受領せず、即座に受け取りを拒絶したような場合）でも、正当な理由なく債権差押通知書の到達を妨げたときは、その通知書は通常到達すべきであった時に到達したものとみなされます（民法97②）。

5　保管（留置）期間経過による返戻対応

保管期間経過で返戻されたときは、有効な送達はなく、送達の効力は生じないので、新たに別の方法で送達する必要があります。

確実に送達するには、差置送達の方法によるべきです。差置送達は、雇用主の事業所に赴き、受付に置くかもしくは郵便受けに投函する方法で行い、これにより、送達の効力が生じます。差置送達のときは、送達記録書【書式3－3】を作成します。

また、特定記録郵便で送達し、雇用主に配達されれば、送達の効力が生じます。

第3　給料差押えの効果とその効果の及ぶ範囲

給料差押えの効果は、債権差押通知書が第三債務者（雇用主）に送達されたときに生じます。

　給料債権の差押えの効果は、債権差押えの共通事項（第1章第1の4（5頁））で記載したとおりです。

　留意すべき点は、継続的収入である給料の差押えは、差押え時に発生していない将来支払われる給料債権にまで、差押えの効力が及びますが、その射程は、差し押さえに係る債権（滞納税）の額を限度とするということです。

　すなわち、給料を差し押さえて、支払われた給料の取立可能額が累積して、その合計額が滞納税額に満ちた以降の給料には、差押えの効力は及びません。仮に、差し押さえた給料を取り立てていなくても、計算上、滞納税額に満ちたのちに支払われる給料から取り立てることはできません（関連質問Q4－5（30頁）、6－1（68頁）・6－3（70頁）、6－4（73頁）、6－5（74頁））。もっとも、債権差押えの処分禁止効により、雇用主は、差押可能額を保持している義務があるので、取立て未了の差押額を取り立てることはできます。

　また、滞納税額を超える給料を取り立てた場合、違法な取立てとなるので、不当利得として滞納者に返還する義務があり、交付要求庁に配当することはできません（関連質問Q4－17（47頁））。

> ## Q3－1　債権差押通知書を送達する前に、雇用主に給料差押えの事前連絡は必要か。

A　給料差押えの事前連絡は、法定要件ではありませんので、必要ではありません。

　しかし、滞納者の在籍確認、給料の支給日および差し押さえた給料の支払方法の確認や、あるいは雇用主が立て替えて第三者納付が期待できるような場合は、事前に連絡してもよいでしょう。

　事前に連絡すると、ときに雇用主から「給料差押えとは大げさだ。本人にきちんと払うよう指導するので、もう少し待ってほしい」と要請され、各種問い合わせをした行きがかり上、給料差押えの延期に応じざるを得なくなる場合があります。給料差押えの方針が確定している場合は、事前の連絡なし

で債権差押通知書を送達すれば、迷わされることなく滞納処分を円滑に進められます。

> ## Q3−2　給料を差し押さえたが、給料が差押禁止額以下であった場合、滞納税の消滅時効は完成猶予するか。完成猶予するとして、再び消滅時効が進行を始めるのはいつか。

 給料の額が、差押禁止額以下ということは、差し押さえることができる財産がないということなので、滞納税の消滅時効は完成猶予（中断）しないのではないかという疑問が生じます。

　差押えが完成猶予の効果を生じる根拠は、公債権、私債権を問わず、債権者が権利の実行に着手したことにあります。

　給料債権の差押えでは、差押禁止額は、給料の額、給料から差し引かれる住民税、源泉所得税、社会保険料および給料支払時に生計を一にする親族の数によって変化します。すなわち、月ごとに差押可能金額の有無、差押金額は変動します。そして、いったん給料差押えを行えば、毎月の差押金額は異なるにしろ、滞納額に満つるまで、差押えの効力は持続します（徴収法66）。

　このことから滞納処分による給料差押えは、毎月の給料を差押禁止額を超えた金額の範囲でのみ差押えが認められるという条件が付いた制限的差押えといえます。仮に差押えをした月に差押可能金額が生じなかったとしても給料差押えは有効に成立しており、将来において差押可能金額が生じる月は、取立てができます。この制限的差押えは、第三債務者に給料の債権差押通知書が送達された時点で成立し、同時に差押えに係る滞納税の消滅時効も完成猶予します。

　給料差押えによる時効の完成猶予の効果は、給料差押えが継続している間（滞納が解消するまで）、維持されます。したがって、差押可能金額が生じなくても、給料差押えが解除されない限り、消滅時効は完成が猶予したままで

す。

　給料差押可能金額が生じる余地がないと判断し、差押えを解除（徴収法79①二）した時点から消滅時効が更新して、再び進行を始めます（民法148②。徴基通47－55）。

> **Q3－3　給与照会に回答しない雇用主に対して、給料差押えをして、効果（支払い）があるのか。**

A　給与照会に回答しない雇用主でも、事業を経営しているからには、租税の滞納処分権限が強力であることは承知しています。市町村アカデミーの研修生のアンケート結果によれば給料債権の差押通知書が届けば、80～90％以上の雇用主は、無益な抵抗をせずに支払いに応じ給料明細の内容も明らかにしてくれます。

　確かに、給与照会に回答しない雇用主は、回答する雇用主に比して、給料差押えに協力的でなく、給料の差押えをしても、自主的に支払わない可能性はあります。

　しかし、債権差押通知書の送達段階では、給料の差押可能金額の計算は不要ですし、債権差押通知書の送付だけで、8割以上の雇用主から支払いがあることからすれば、給与照会に対する回答がなくても、諦めずに給料を差し押さえるべきです。

第4章　差押給料債権の取立て

第1　雇用主との取立（支払）方法の協議

　債権差押通知書が送達できたら、第三債務者（雇用主）に連絡をし、取立方法を確認します。

　給料の差押えは、雇用主にとって仕事が増えるだけで、何のメリットもありません。

　雇用主は、給料差押えの手続きに慣れていないうえ、差押可能金額の計算は面倒です。しかも何か月間も、毎月、支払いを継続しなければなりません。雇用主自身は滞納がないのに、無償で徴税に協力させられ、果ては、従業員から恨まれ、職場環境が荒むこともあります。

　徴収職員においては、「雇用主は、無償の徴税の協力者」であるという感謝の意識をもち、給料差押えに至った事情を丁寧に説明し、少しでも快く取立てに協力してもらえるよう意思疎通を図ることが重要です。

　取立ては、①歳入歳出外現金納付書による取立て、②会計管理者口座への振込みによる取立て、③徴税吏員が第三債務者へ訪問して現金での取立てなどの方法があります。

　なお、②の口座振込の方法で取り立てる場合、第三債務者（雇用主）が役所へ振り込む際の振込手数料は、差押金額から差し引いてもらいます（徴基通67−10(1)）。本来であれば、振込手数料は取立てに要する費用として滞納処分費となりますが、滞納処分費は、差押財産の換価代金（継続的に取り立てる給料）から充当するので、結果的には同じで、手数も省けるので、このような取扱いとされています（「徴基通逐条解説」67条関係10解説）。

Q4-1　雇用主から「取りに来たら払う」と言われた場合どうするか。

A　債務の弁済場所は、別段の意思表示がなければ、債権者の現在の住所地で履行することが原則です（持参債務。民法484）。

　　　しかし、給料債権の場合、給料は労務の代価として支払われ、かつ従業員が実際に労務に従事している就業場所で支払うことが雇用主・従業員の双方の利益に適い、好都合であることから、債権者（従業員）に別段の意思表示があるものとして、給料債権の履行場所（支払場所）は、使用者（債務者）の事業所とする債権者（従業員）の別段の意思表示があると疑制されて、取立債務となります。

　給料の差押えによって滞納処分庁は、滞納者の有する給料支払請求権（取立権）を取得し、滞納者の権利を代位行使する関係になりますが、給料債権の性質が変わることはなく、取立債務のままです。

　したがって、雇用主が、歳計外納付書の利用や口座振込を拒否した場合、雇用主の住所地（本店所在地）に取立てに行かなければなりません。また、取立債務の場合、第三債務者（雇用主）は、差押債権者（滞納処分庁）に対して、弁済の準備の通知をして、その受領の催告をすれば（換言すれば「準備したから取りに来い」と言えば）、その時から債務不履行の責任を逃れます（民法492・493）。

　なお、給料差押えに対して、雇用主が、全く無反応な場合、給料債務の履行日（給料支払日）を徒過すれば、雇用主は、履行遅滞による債務不履行の責任を負い、取立訴訟の提訴が可能となります。

Q4－2　雇用主から第三者納付の申出と差押えの解除要請が あった場合はどうするか。

 　給料の差押え後、雇用主から、「毎月、自分が立て替えて、定額の支払いをするので、給料差押えを解除してくれ」との申入れがされる場合があります。

　差押債権の取立時期は、滞納処分庁の裁量に任されているので、雇用主の第三者納付に期待して、差押債権の取立てを保留する扱いは違法ではありません。

　しかし、差押えの解除は、法定の解除事由が存在しなければできません。差押えを解除して、他の行政庁の滞納処分あるいは民間債権者の民事執行法による差押えがなされると、先順位差押えによる優先権を失うことになります。また、雇用主分割による第三者納付約束も将来確実に履行されるとは限りません。

　雇用主の申出が、給料の差押額の計算が面倒だという理由であれば、給料の定額差押えに差押換えすることを検討すべきです（Q4－20（57頁）参照）。

　また、雇用主が、滞納者の生活を気遣っているというのであれば、滞納税を立替えて一括して第三者納付してもらうか、従業員（滞納者）に滞納税額相当額を貸付けて従業員に納税してもらい、従業員の雇用主に対する返済を、毎月少額とするように協議してみるべきです。

Q4－3　雇用主から、差し押さえた給料債権の取立金の減額 や分割払いの申出があった場合、受け入れてよいか。

 　原則として、受け入れるべきでありません。ただし、分割払いについては、滞納者の同意がある場合には、受け入れても違法ではありません。

(ア)　取立金額の減額和解はできない

　債権差押えにより、滞納処分庁は、滞納者に代わって債権の取立権を取得しますが（徴収法67①）、被差押債権（給料債権）について処分権を得るものでなく、取立ての目的を超える処分行為はできません（「徴基通逐条解説」67条関係3解説(1)）。これは、債務者（滞納者）の意向を確認もせず無断で、原告（滞納処分庁）と被告（雇用主）が勝手に和解して、債務者の財産権（給料債権）を毀損することはできないからです。

　取立ての目的を超える処分行為としては、被差押債権の債務の免除（一部免除を含む）、債権の譲渡、弁済期限の変更、退職金債権の取立てのための雇用契約の解除等があります（徴基通67-3）。

　被差押債権の取立金額の減額和解は、債務の免除に該当するので、絶対にできません。

(イ)　支払方法（分割弁済）に関する和解の方法

　原則として支払方法に関する変更（分割払い）も差押債権の処分にあたる弁済期限の変更として認められません。弁済期限の変更後、第三債務者の経営の悪化や倒産等により、支払不能に至った場合に、差し押えた給料債権の取立ても不可能となり滞納者の利益を損なう可能性があるからです。

　もっとも、分割なら支払えるのに、一括払いに固執して滞納が解消せず、取立訴訟によって履行の請求をしなければならないとなれば、滞納者の利益にも適いません。雇用主の資力状態を勘案し、判決を得て強制執行する場合と、和解して分割支払いを認めた場合とを比較し、回収に要する期間、事務的費用的負担等を検討して、分割払いが徴収上有利である場合には、分割払いの和解は、実務的には受け入れたいところです。

　この点、被差押債権自体の免除、期限の猶予は、認められませんが、取立債権者（滞納処分庁）の取立権自体について支払いの猶予、支払いを分割にする合意および訴訟上の和解は、差押債権者が有する取立権の処分として許されます。取立訴訟でも、債務者を訴訟参加させず、差押債権者と第三債務者の合意だけで、分割払いの和解が行われることがあります（第13章第5の

6（214頁）参照）。

　差し押えた給料債権につき、差押債権者（滞納処分庁）が処分行為を行うことができない実質的な理由は、債務者（滞納者）の利益を害するからです。したがって、雇用主の分割払いの内容について滞納者の同意があれば、滞納者が自らの権利を放棄したものとして、分割払いの合意は可能といえます（徴収法67④ただし書参照）。

　また、差し押えた給料債権の支払いを分割払いとする場合、事実上の分納誓約方式によるのではなく、法令上の履行延期の特約方式（自治令171の6①二）によって行うべきです。すなわち、雇用主が債務の全部を一時に履行することが困難であり、かつ（雇用主が）現に有する資産の状況により、履行期限を延長することが徴収上有利であると認められることを確認したうえで、雇用主と滞納処分庁との合意により分割払いとするべきです。実務的には雇用主に、滞納者の同意の署名のある履行延期の申請書を提出させ、これを滞納処分庁が許可する（承諾する）という手続きを踏むことになります。

Q4-4　給料差押え後、雇用主の滞納処分庁への支払いがなくなった場合はどうするか。

A　まずは、雇用主に対して電話により催告します。その際に、支払いがない理由および給料から差押可能金額分を天引きしているかどうかを確認します。また、滞納者にも、差押金額が給料から天引きされているかどうか確認します。

　もし、雇用主が、天引きせずに滞納者に給料を全額支払っていた場合であっても、滞納処分庁は、雇用主にさらに支払うよう請求できます（民法481①）。つまり、雇用主は二重払いを強いられる結果になります。もちろん二重払いをした雇用主は、二重払い分を取り戻すため、滞納者に対して求償することは可能です（同法481②）。

　雇用主に電話催告しても支払いがない場合や電話に出ない場合は、差押債

権支払催告書【書式4－2】により文書催告します。必要に応じて訪問して催告します。

　それでも支払いがない場合は、最終催告として、訴訟手続移行予告通知兼催告書【書式12－1】を送付します。

　最終催告によっても支払いがない場合、支払督促または取立訴訟により請求することになります（第3編（152頁）、第4編（162頁）、第5編（197頁）参照）。

第2　債権差押え債権者の取立ての責任

1　給与債権の消滅時効

　債権の差押えにより、差押えに係る滞納税の消滅時効は完成が猶予されますが、被差押債権（給与債権）については、時効の完成猶予の効果は生じません。差押え後も、給料債権の消滅時効は進行しており、給与の支払日の翌日から時効期間の経過により、消滅時効が完成します。

　給料債権（賞与を含む）の消滅時効期間は、改正民法に合わせて、令和2年3月27日に改正された労働基準法により、2年から5年に延長されました（改正労基法115）。ただし、経過措置として当分の間は、時効期間は、3年間とされ（改正労基法附則143③）、本書改訂日（2024年10月）では、3年間です。

　延長された消滅時効期間は、改正された労働基準法の施行日（2020年4月1日）以降に支払期日が到来した給与債権に適用されます。

　なお、退職手当は、改正の前後を通して、消滅時効期間は、5年です。

〔表1〕　給与債権の消滅時効期間

給料の支払期日	消滅時効期間
2020年3月31日以前に支払われた給料	2年間
2020年4月1日以降に支払われる給料	3年間
2020年4月1日以降、当分の期間を経過した後に支払われる給料（「当分の期間」は未定）	5年間

2　差し押さえた給与債権の取立義務

　自治体の給与債権の差押えにより、滞納者は債権の取立てその他の処分が禁止され（徴収法62②）、差押えを受けた範囲で給与の支払いを請求できなくなり、滞納者は給与債権の時効中断の措置をとることができません。他方、徴税吏員は、自ら差押債権の取立てに必要な裁判上および裁判外の行為をすることができます（徴基通67－3）。

　滞納者に対して給与債権の取立てを禁止しながら、徴税吏員が給与債権の取立てをせずに差し押さえた給与債権を時効消滅させた場合、滞納者は給与の支払いを受けることも滞納税への充当もできなくなります。徴税吏員は、自らの不作為により滞納者に損害を与えたことになり、滞納者に対して損害賠償しなければならない場合があります（徴基通67－7、民執法167の14、同法158参照）。

　給料差押えをした以上、徴税吏員には、給与債権の消滅時効期間が経過する前に取立訴訟をしてでも給与の差押可能金額を取り立てる責任があります。

Q4－5　給料差押えから3年以上経過した場合、給料の時効消滅との関係で、取立てはできるか。

　㋐　事　例

　給料差押え後、5年以上取立てをせず、放置された案件があります。差押可能金額が毎月1万円であったとして、

事例①　滞納額84万円の場合

事例②　滞納額36万円の場合

事例③　滞納額24万円の場合

それぞれどうなるのでしょうか。

　㋑　給料債権の時効完成後の取立て

　給料支払日から時効期間（給料の支払日が2020年3月31日以前は2年、2022年4月1日以後は3年）が経過した給料債権は、雇用主の消滅時効の援用に

より、取立てができなくなります（雇用主の消滅時効の援用がなければ取り立ててかまいません）。

すなわち、取り立てようとする時からさかのぼって、給料の支払日が3年を超えている給料債権は消滅時効期間が経過していることから、雇用主の消滅時効の援用により給料債権は消滅して取立てができなくなります。

㈦ 滞納額に満ちたのちは取立てができない

継続的収入である給料債権の差押えは、差押えに係る滞納税額を限度として、差押え後に支払われるすべての給料に効力が及びます。その反面として、給料差押えの効力の上限は、差押えに係る滞納税額であり、それ以上には及びません（第1章第2の3（9頁））。

したがって、給料差押えの効力は、滞納税額に満つるまでしか及ばないので、満ちた以降に発生する給料債権の取り立てはできません（月刊「税」2023年2月号197頁「二 継続的収入に係る債権について、差押を維持したまま、取立てを一時保留する（第三債務者から滞納者に対する弁済を承諾する）ことの可否」参照）。

もっとも、差し押さえた給料債権が、雇用主の消滅時効の援用により、取立てができなくなった場合でも、再度給料差押えができます。ただし、給料債権を取り立てず、時効消滅させた場合、滞納者から損害賠償請求を受ける可能性があります（第4章第2の2（30頁）参照）。

㈢ 事例①

滞納額が84万円の場合、給料差押えから7年を経過した時点Ⓐで、差押え可能額の累積は、84万円を超えて滞納額に満つるので、Ⓐ以降に発生する給料債権には差押えの効力は及ばず取立てはできません。そして雇用主が消滅時効を援用した場合、3年以上前の給料債権は時効消滅して、差押えから7年を経過した時点Ⓐで滞納税が残るので、再度差押えを行う必要があります。

事例①　滞納額84万円

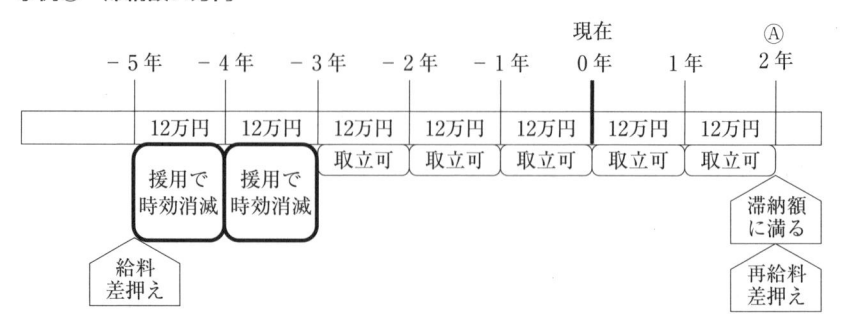

㋔　事例②

　滞納額が36万円の場合、給料差押えから3年を経過した時点Ⓑで、差押可能金額の累積は、36万円を超えて滞納額に満つるので、Ⓑ以降は、取立てはできません。雇用主が消滅時効を援用した場合、3年以上前の給料債権は時効消滅し、現時点Ⓒで滞納税が残るので、再度差押えを行う必要があります。

事例②　滞納額36万円

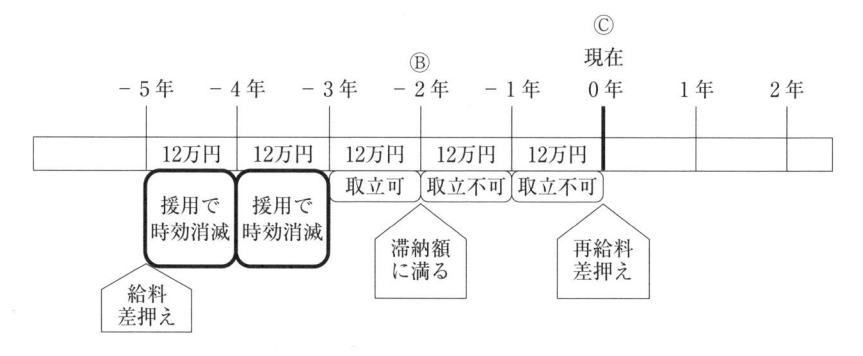

㋕　事例③

　滞納額が24万円の場合、給料差押えから2年を経過した時点Ⓓで、差押え可能額の累積は、24万円を超えて滞納額に満つるので、Ⓓ以降は取立てができません。そして、雇用主が消滅時効を援用した場合、3年以上前の給料債権は時効消滅し、現在時点Ⓔで滞納税が残るので、再度差押えを行う必要があります。

事例③　滞納額24万円

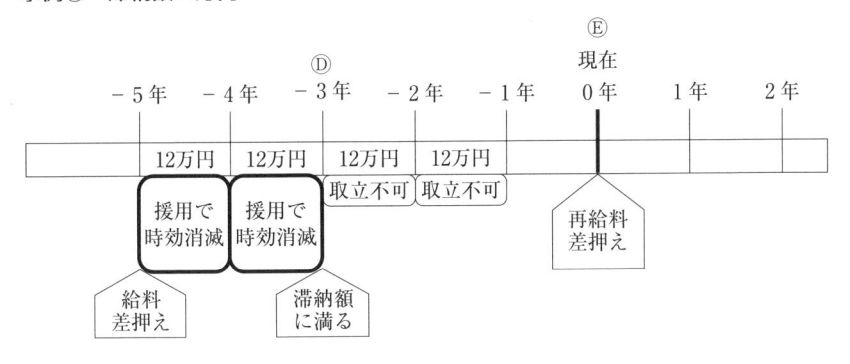

第3　給料・退職金・年金等の差押可能金額

1　給料差押可能金額の計算は誰がやるか

　債権差押通知書には、国税徴収法76条1項各号の差押禁止額を控除した金額の差押えである旨明示されており、差押可能金額計算表【書式3－4】も同封するので、第三債務者（雇用主）が自分で給料の差押可能金額を計算のうえ、滞納処分庁に支払うことが原則です。

　しかし、雇用主は、一般に給料債権の差押えを受ける経験は少なく、差押可能金額の計算にも慣れていないことから、徴収担当職員が計算したほうが、計算間違いもなく、事務処理は円滑に進みます。給料の支給額等が確定したら、徴収担当職員に連絡してもらうよう雇用主に伝えておきます（【書式3－5】の【留意点】(3)参照）。

　また、給与照会の回答がないままで、給料差押えをした場合には、差押え後、給料の支払額が確定し、差押可能金額の計算をする段階で、差押可能金額の有無が判明することになります。差押可能金額が出ず、昇給の予定や賞与の支払いもなく、今後も給料の差押可能金額が生じないのであれば、差し押さえることができる財産がないものとして、差押えを解除します（徴収法79①二）。

2　給料等の差押禁止額

給料等の差押禁止額は、国税徴収法76条1項各号で規定されています。すなわち、1号の源泉徴収の所得税、2号の特別徴収の住民税、3号の社会保険料等、4号の最低生活費（本人10万円および本人を除く生計を一にする親族一人につき4万5千円の合計額）、5号の地位体面維持費（給料等から1号～4号の金額を控除した金額に0.2を掛けた（乗じた）金額。ただし、4号の2倍の額を限度とする）の合計額です。

各種手当を含む給料等から、これら各号の差押禁止額を差し引いた金額が、差押可能金額となります。

差押可能金額の計算方法を少しわかりやすく説明すると、

A　手取給料額（①額面給料額－ア所得税－イ住民税－ウ社会保険料）

エ　最低生活費（10万円＋4万5千円×滞納者本人を除く生計同一親族数）

オ　地位体面維持費（（A手取給料額－エ最低生活費）×0.2）

給料等差押可能金額＝A手取給料額－（エ最低生活費額＋オ地位体面維持費）

となります。

〔図5〕　給料等差押可能金額

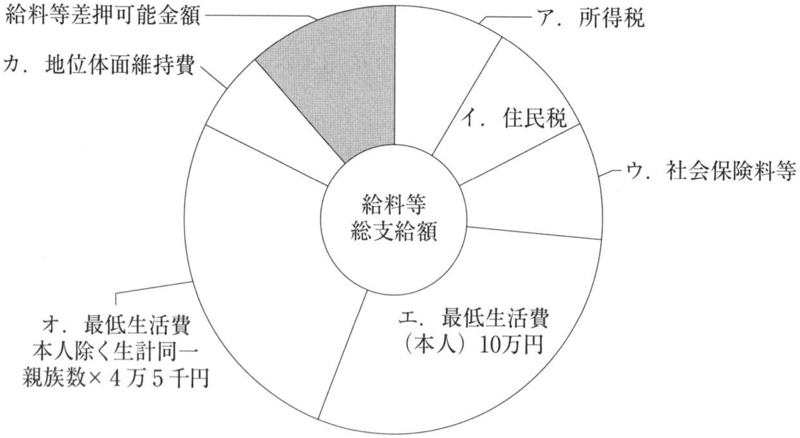

〔表2〕　給料等差押可能金額計算表

項目・費目			金額	端数処理	端数処理後の金額		国税徴収法76条1項
給料等の総支給額（額面給料額）			円	千円未満端数切捨て	①	円	
差押禁止額	給料から差し引かれる額	源泉徴収の所得税額	円	千円未満端数切上げ	ア	円	1号
		特別徴収の住民税額（市町村・道府県民税）	円	千円未満端数切上げ	イ	円	2号
		社会保険料等	円	千円未満端数切上げ	ウ	円	3号
	最低生活費	本人10万円＋生計同一親族（本人除く）×4万5千円			エ	円	4号
	地位体面維持費	{①−（ア＋イ＋ウ＋エ）}×0.2	円	千円未満端数切上げ	オ	円	5号
	差押禁止合計額	ア＋イ＋ウ＋エ＋オ			②	円	柱書
差押可能金額		①−②				円	

　なお、端数処理については、第三債務者の計算を簡便にするため、計算の基礎となる期間が1月以上の場合は、給料等の金額の千円未満を切り捨て、国税徴収法76条1項1号〜5号の差押禁止額の千円未満をそれぞれ切り上げることとしています。計算の基礎となる期間が1月未満の場合は、100円未満を端数処理することとしています（徴基通76−3）。

Q4−6　収入がある親族も生計同一親族として数えるのか。

　㋐　問題の所在

　　給料の差押え禁止は、滞納者およびその者と生計を一にする親族（以下、「生計同一親族」という）の最低生活を保障することが

主要な目的です。滞納者と生計同一親族の収入を合計すると、世帯収入が最低生活費を超える場合、法の趣旨からすれば、滞納者の給料差押えを禁止すべき、福祉的な配慮は不要のはずです。

とすると相当額の収入のある親族については、国税徴収法施行令34条の「その他の親族」に該当せず、最低生活費を算出する親族数から除外してもよさそうです。

たとえば、給与所得者が４人ある家族の場合、滞納者の手取給料の額が、最低生活費である23万５千円（10万円＋４万５千円×３）を超えなければ差押えはできません。この４人家族のうち、滞納者以外にたとえば、一人に手取り20万円の月額給料収入がある、あるいは２か月に１回20万円の年金収入がある場合、世帯の月額収入は、最低生活費を大きく上回ります。

しかし、個別給与所得者ごとに判断すれば、給料の差押可能金額はなく、給料差押えをしても、取立てはできません。はたして、そこまでの家計収入額を保障すべきなのか疑問を生じます。

(イ)　「生計を一にする」親族の意義・解釈

「生計を一にする」（徴収法37一・75①一・二・十・十二・76①四）とは、「有無相助けて日常生活の資を共通にしていることをいい、納税者がその親族と起居をともにしていない場合においても、常に生活費、学資金又は療養費等を送金して扶養しているときは、生計を一にするものとする。なお、親族が同一の家屋に起居している場合には、明らかに互いに独立した生活を営んでいると認められる場合を除き、これらの親族は生計を一にするものとする」とされます（徴基通75－２・37－６）。

「親族」とは、配偶者および六親等内の血族または三親等内の姻族をいい（民法725）、婚姻または縁組みの届出はしていないが、事実上、婚姻関係または養親子関係にある者は、親族と同様に取り扱います（徴基通75－２）。

「生計」とは、「日常生活の資」をいいます。

「日常生活の資」とは、具体的には、食費、光熱費（電気代、ガス代、水道料金、下水道料金、し尿・浄化槽清掃料金）、電話料金、医療費、新聞代、

NHK 受信料等をいいます。これらの費用が、個別親族ごとに精算されずに、世帯員の一人が支払っている場合、日常生活の資を「共通にしている」ことになります。

　国税不服審判所平成 5 年12月17日裁決（裁決事例集46巻42頁）は、親族が同一の家屋に起居している場合、「明らかに互いに独立した生活を営んでいるというためには、少なくとも家事上の共通経費について、実費の精算が行われ、家事上の支出に関して親族間における債権債務の発生及び決済の状況が、明らかにされていることが必要であると解するのが相当である」としています。

　そして、国税徴収法施行令34条の表記は、単に「親族」とあり、「扶養親族」（納税義務者が扶養している親族）とは表現されていません。したがって、親族の収入の有無・多寡、扶養関係のいかんにかかわらず、①血縁上親族（事実上の配偶者を含む（徴収令34））に該当し、②生計を一にしていれば、給料の差押禁止額を算出する場合、国税徴収法施行令34条の配偶者その他の親族の数に含めざるを得ません。

　㋒　「生計を一にする親族」の解釈理由

　「滞納者と生計を一にする親族」を、上記のように幅広く解する理由は、法令の統一的な解釈を保つためです。

　すなわち、共同的な事業者の第二次納税義務（徴収法37一、地税法11の 6 一）を、滞納者および生計同一親族に対し、広く課す必要があるからです。また、納税者およびその同居の親族の最低生活を保障するため、単に納税者だけでなく、広く納税者と生計を一にする親族の衣食住に不可欠な財産も含めて絶対的差押禁止財産とするためです（徴収法75①一・二・十・十二）。

　㋓　住民基本台帳の世帯が原則

　以上から、「同一の家屋に起居」し、食費、光熱費等の分担・精算がされていなければ、「日常生活の資を共通」にすることとなり、「生計を一にする親族」に該当します。社会実態に則せば、住民登録事項上の同居している者は、まずは「生計を一にする親族」といえるでしょう。

　留意すべきは、同じ住所地で、世帯分離しているような場合です。世帯分離していても、同じ家屋内で起居していれば、一般には「日常生活の資」もしくは「家事上の共通経費」が同居の世帯員間で精算されている事例は、ほとんどないでしょう。住民登録事項だけで、生計を一にする親族数を、形式的に数えると、給料の差押可能額を多く計算することになり、誤りが生じるので注意が必要です。

　ほかには、滞納者の生活実態をより正確に把握している勤務先から得た情報、給与照会の回答も生計同一親族の範囲を判断するための重要な資料となります。

　㋺　実務対応

　（ⅰ）納税折衝

　滞納者と同居する親族にそれぞれ月額10万円以上の収入があれば、滞納者およびその同居の親族の最低生活の維持に不安はありません。滞納者と濃密な納税折衝を行い自主納付の意識付けをするとともに、家計の状況【書式2－6】を聴取し、納付可能額を算出して、徴収側から自主納付計画を提案します。

　（ⅱ）給料差押え

　質問の事例で、滞納処分の方針として、給料差押えの方針を貫くのであれば、滞納者から差押承諾書【書式4－1】の提出を受けて、給料の差押禁止部分についても取立てを行うほか方法はありません（徴収法76⑤）。

　また、賞与があれば、賞与支給月だけでも賞与を差し押さえて、取り立てることになります。

　（ⅲ）親族の納税保証

　滞納者の滞納額が累積することを心配する親族があれば、換価の猶予を行い、親族の納税保証を取り付けます（地税法16①六、通則法50六）。

Q 4 − 7　養育費を送金している子は、生計を一にする親族として数えるべきか。

A　(ア)　問題となる事例

離婚前は、生計同一親族として、子ども一人につき4万5千円を給料の差押禁止額に加えられたので、滞納者の最低生活は保障されていました。離婚後、一人暮らしとなり、別居している実子の養育費を送金している場合、給料の差押可能金額を全額取り立てると、養育費が払えなくなります。

そこで、送金している実子を、生計同一親族として数えることができないかが問題となります。

(イ)　別居の子と生計同一か

滞納者と別居している子であっても「親族」です。

では、生計を一にしているといえるでしょうか。

離婚して相手配偶者がひきとり別居している子どもとは、日常生活の資を共通にしている実態はなく（Q 4 − 6 (イ)（36頁）参照）、生計同一親族として扱うことはできません。

(ウ)　実務対応

実務的対応としては、滞納者から養育費の額、従前の養育費の支払い状況、別居している子どもの生活状況（子どもと同居している親権者の収入やその家計の状況等）を聴き取ります。そして、別居している子どもの最低生活の維持、就学の機会を保障するために送金すべき相当な金額を確定します。

この相当な金額もしくは毎月の養育費のうちいずれか低額となる金額を、給料の差押可能金額から差し引き、その金額の差押承諾書【書式4 − 1】を徴し、定額の給料差押え（Q 4 − 20（57頁）参照）とする方法が考えられます。

Q4－8　出稼ぎ（単身赴任）で、生活費を送金している親族は、生計同一親族として数えるべきか。外国人就労者の場合はどうか。

㋐　問題となる事例

滞納者が、出稼ぎ（単身赴任）しており、一人暮らしの場合、給料差押可能金額全額を差し押さえると、送金ができなくなり、滞納者の家族の最低生活が維持できなくなります。

そこで滞納者の別居家族を生計同一親族として数えることができないかが問題となります。

㋑　別居家族と生計同一か

納税者が親族と起居をともにしていない場合でも生活費を送金して扶養しているときは、生計を一にする者となります。出稼ぎしている滞納者が、一人暮らしをするうえで必要となる食費、光熱費等を除き、その収入の大半を地元の家族に送金し、地元の家族がその送金に頼って生活している場合には、地元の家族は、生計を一にする者となり、給料の差押可能金額を計算するうえで、生計同一親族として数えることができます。もっとも、滞納者の扶養の事実や親族数の認定は、本人の申出に加えて住民票の記載、健康保険の扶養の有無などを参考にして、慎重に行う必要があります。

以上の基準は、外国人就労者が、生活費を海外送金している場合であっても異なる点はありません。しかし、外国人の場合、送金先が親族なのかどうか、送金は債務の返済ではないか、送金によって扶養がなされているのかどうか、何人の親族がいるのか、その認定には相当の困難を伴います。

Ｑ4－9　通勤手当は差押可能金額の計算対象に含めるか。

　　国税徴収法76条1項の「これらの性質を有する給与」とは、役員報酬、超過勤務手当、扶養家族手当、宿日直手当、通勤手当等をいいます（徴基通76－1）。

　よって、通勤手当も給与として給料に加算して、差押可能金額の計算をすることになります。結果として最低生活費から通勤費を支出することになり、国税徴収法基本通達76条関係1については明らかに問題があります。

　なお、民事執行法による給料差押えでは、通勤手当は、使用目的を限定した実費弁償に該当し、労働の対価である給料には該当しないと解釈され、支払われる手取給料額から通勤手当を控除して計算する運用がなされています。滞納処分と民事執行法による給料差押えの相違について第三債務者（雇用主）は認識していない場合があり、注意喚起しておく必要があります。

Ｑ4－10　役員報酬は、給料等に該当せず、全額差し押さえることができるか。

　　役員報酬であっても、全額差押えはできません。国税徴収法76条1項の給料等には役員報酬も含まれます（徴基通76－1）。したがって、同項の各差押禁止額を控除した残額しか差押えができません。契約上、役員報酬は、雇用契約ではなく、委任契約により発生する債権ですが、国税不服審判所平成20年12月3日裁決（裁決事例集76巻612頁）は、国税徴収法76条1項が「歳費」まで例示していることから、同項の「『給料等』とは、雇用契約に基づいて支給されるものに限定されず雇用契約又はこれに類する関係その他一定の勤務関係に基づき、使用者の指揮命令又は所属する組織の規律に服してその使用者又は組織に対して提供した労務又は職務遂行の対価として、その使用者又は組織から継続的に受ける又は受けることが予定されている給付をいうものと解するのが相当であるところ、取締役の

役員報酬は、取締役の任期中、会社と被選任者との間で締結される任用契約による勤務関係に基づき、その会社の機関又は機関の構成員として会社の規律に服し、その職務を行った対価として、その会社から継続的に報酬を受けるのであるから、役員報酬も本件規定に定める『給料等』に該当すると解するのが相当である」として、役員報酬は、同項に規定する給料等に含まれるとするとしました。

　なお、民事執行法による差押えでは、業務担当取締役については、事業者と従業員との資格を兼併していることから、実務上4分の1の範囲内に給料の差押えが制限されますが（民執法152①二）、代表取締役の役員報酬は、労働の対価ではないことから、全額の差押えが可能とされています。

Q4−11　給料の差押禁止額に含まれる社会保険料には何があるか。

　健康保険料、労働保険料（雇用保険料）、介護保険料、厚生年金保険料、公務員共済掛金、私立学校教職員共済掛金等があります（詳しくは、「徴収法精解」76条二1（一）参照）。

Q4−12　会社が社会保険に未加入で滞納者が国民健康保険に加入している場合、国民健康保険料（税）額は差押禁止額として控除すべきか。

　控除すべきでありません。

　国民健康保険料（税）は、社会保険料に該当し、たとえば所得税の計算では、所得から控除して計算することができます。

　しかし、滞納処分による給与差押えでは、「法令の規定によりその給料等から控除される社会保険料」（徴収法76①三・④二）と規定されていることから、普通徴収される国民健康保険料（税）は、差押可能金額の計算で給与か

ら控除することはできません。この点は、普通徴収される住民税も同様です。

Q 4 −13　２箇所から給料の支払いを受ける場合の差押可能金額の計算方法。

滞納者が同一の期間につき二以上の給料等の支払いを受けるときは、その合計額を国税徴収法76条１項の給料等として最低生活費（徴収法76①四）または地位体面維持費（同法76①五）に掲げる金額に係る限度額を計算します（同法76①二文）。国税徴収法基本通達76条関係９には、ＡとＢの２箇所から支払われる場合の事例として、二通りの計算方法が示されています。

一つ目の計算方法は、まずはＡのみで給料差押可能金額を算出し（①）、その後、ＡとＢを合算した差押可能金額を算出し（②）、②から①を差し引いた金額をＢの差押可能金額とする方法です。国税徴収法基本通達では、Ａ、Ｂそれぞれの最低生活費と地位体面維持費の算出方法として説明されているので、ややこしい説明となっています。

なお、支給額や控除額の千円未満の端数処理は、滞納者の生活保障のためではなく、合算前にＡとＢそれぞれ行うのか、合算後に行うのか迷います。端数処理は、第三債務者の差押可能金額の算出を簡便にするための方策であることからすれば（「徴基通逐条解説」76条関係３解説）、合算後の端数処理であれば１回の端数処理で済み簡単であることから、合算後に端数処理すべきでしょう。

二つ目の計算方法は、ＡとＢを合算した差押可能金額を算出した後、ＡとＢの源泉徴収される所得税、特別徴収の住民税および給料から控除される社会保険料を控除した後の残額の比率から、ＡとＢの最低生活費および地位体面維持費の金額を按分して算出する方法です。この場合、按分した後に千円未満を切り上げて端数処理するので、一つ目の計算方法に比べて、ＡとＢの最低生活費と地位体面維持費の合計額が多くなります。

　いずれの方法でも誤りではありませんが、一つ目の計算方法であれば、先に給料の支給額が確定した方から差押可能金額を計算して差し押さえ、順次取立てができ、確実に収納できます。

　二つ目の方法は、AおよびB双方の給料の手取支給額が確定しないと差押可能金額が計算できず、仮にAの支給日が先に来て、Bの支給日前のときは、Aの給料の差押可能金額が計算できず、Aの給料支払日までにAの給料について取立可能額は定まりません。かといってAは、給料日に給料の支払いを止めることもできないので、給料全額が滞納者に支給されることになり、取立ての機会を失うことになります。

> ## Q 4 −14　給料が日払いまたは週払いの場合の最低生活費の計算方法。

　国税徴収法施行令34条では、「支給の基礎となつた期間一月ごとに10万円（滞納者と生計を一にする配偶者……その他の親族があるときは、これらの者一人につき4万5千円を加算した金額）」（下線は筆者による）と規定しています。

　支給の基礎となった期間が、1月未満の場合は、1月に占めるその期間の割合を乗じた金額が最低生活費となると考えますが、月によって1月の日数が28〜31日まであるため、この点について明確な規定や国の通達等はありません。

　そこで、参考となるのが、民事執行法施行令2条1項5号および6号の1月を30日として計算する方法です。滞納処分による給料差押えの場合も、これに準じて1月を30日として、日払いの場合の1日の最低生活費は「最低生活費÷30日」、週払いの場合の1週間の最低生活費は「最低生活費÷30日×7日」で算出するのが妥当と考えます。

> ## Q 4 −15　給料と賞与が同一月に出る場合の差押可能金額の計算方法。

　　　　2箇所から給料が支払われる場合の差押えと同様に（Q 4 −13 （43頁）参照）、給料と賞与を合算し、1月分の給与として差押可能金額を計算します。賞与は、その支払いを受けるべきときにおける給料等とみなして差押禁止額を計算し（徴収法76③一文）、支給の基礎となった期間も1月であるとみなすからです（同法76③二文）。

　給料と賞与は、別の日に支給されることが多いので、Q 4 −13 （43頁）の一つ目の計算方法により算出します。たとえば、12月10日に賞与、12月25日に給料が支給される場合、まずは賞与のみで差押可能金額を算出し、賞与からその金額を取り立てます。次に、給料の金額が確定したら、賞与と給料を合算して差押可能金額を算出し、その金額からすでに賞与から取り立てた金額を差し引いた金額を給料から取り立てます。

> ## Q 4 −16　給料の差押可能金額を超えて取り立ててしまった（もしくは納付されてしまった）とき、超過取立金を還付せず、誤納金として滞納税に充当してよいか。

　　　　給料（年金）の差押可能金額を超えて取り立てた金額は、過誤納金ではなく、民法上の不当利得として滞納税に充当せずに返還しなければなりません。

　㋐　事実概要

　質問の事案は、市税滞納者の給料につき、「毎月分の給料等のうち国税徴収法第76条第1項各号に掲げる金額を控除した金額」として給料差押えをしたところ、差押禁止額を超えて、取り立て、収納してしまった場合です。差押禁止額を超過して取り立てた理由は、雇用主・滞納処分庁の計算違い、生計同一親族の数え間違い等で、意図的なものでなく滞納処分庁もしくは雇用

主の単純な過失による場合です。

　㈡　給料差押えの適法性

　差押通知書の被差押債権として「毎月分の給料等のうち国税徴収法第76条第1項各号に掲げる金額を控除した金額」として表記し、具体的な金額の表記がないことから、給料差押え自体には法令違反はなく、有効です。

　㈢　過誤納金か

　給料差押え自体は違法でないものの、取立金額が、給料等の差押可能金額を超えており、超過した部分は、違法・無効な取立てであり、返還する必要があります。

　もっとも、この超過取立部分が、過誤納金となれば、滞納税に充当しなければならず（地税法17の2①）、返還は認められないことになります。

　この点、滞納税に充当される「過誤納に係る徴収金」とは、地方団体の徴収金として納付納入されたものが、超過納入納付となった場合におけるその超過額をいいます（「地方税総則逐条解説」17条解説―1）。

　滞納処分庁は、滞納者の債権の差押えにより、債権の取立権を取得し、滞納者に代わって給料債権の取立てを行うことができます。給料差押えでは、滞納者（従業員）に代わって、給料の一部（給料の差押可能金額）の支払いを雇用主（第三債務者）に対して求めることになります。したがって、雇用主は、滞納処分庁の取立て（請求）に応じて、従業員の給料の一部を支払っただけであって、元々雇用主には滞納はなく、地方団体の徴収金（地方税等）の支払いとして納付したものではありません。

　このように、給料の差押可能金額を超えて取り立てた（納付された）金額は、滞納税に充当すべき過誤納金に該当しません。

　㈣　不当利得による返還

　以上から、給料の差押可能金額を超えて取り立ててた金額は、無効であり、かつ過誤納金も該当しないので、法律の原因なく、滞納処分庁が利得した金銭となることから、不当利得（民法703）として、損失者である滞納者へ返金することになります。滞納税に充当あるいは相殺することはできません

（地税法20の 9 ）。

　もっとも滞納者の承諾を得て、不当利得返還金を滞納税に充当することは可能です。

Q 4 −17　給料差押えの最終回の取立てにつき、差押可能額全額を取り立てて、配当してよいか。

A　㋐ 事　例

　当市は、給料（年金）の差押えについて「滞納額に満るまで」として差し押さえていません。債権は全額差押えが原則とされることから、最終回の取立てで、計算上の法定差押可能額全額を取り立てる場合、いくばくかの余剰が生じることから、これを配当しています。

　たとえば、滞納額13万円で、給料差押可能額が毎月 3 万円の場合に、 5 回目の取立ては、 1 万円で、滞納税額に満つるのですが、法定の差押可能額である 3 万円全額を取り立てて、余剰の 2 万円は、交付要求を受け得て配当しています。

　㋑　最終回の取立額は滞納税額を超えることはできない

　給料の差押えについて、「滞納額に満るまで」として差し押さえていない場合であっても、そもそも継続的給付債権の差押えは、滞納税の金額の範囲（「徴収すべき国税の額を限度として」徴収法66）でしか、差押えの効力は及ばないことから、滞納額を超えて取り立てることはできません（第 3 章第 3 （20頁）参照）。高松高判平成23年 7 月 7 日税資徴収関係23-41の原審地裁判決も、年金の受給権に対する差押えの効力は、徴収すべき租税額を限度として及ぶものであり、当該税額を上回る金額の取立ては許されないとしています（月刊「税」2023年 2 月号198頁「 2 高松高裁平成23・7・7 判決」参照）。

　㋒　債権差押えの基本原則と継続的給付債権の修正

　債権は一つひとつ独立した権利であることから、その差押えは個別に行うことが原則です。継続的給付に係る債権も、 1 回の給付ごと（毎月の給料ご

と）に別々の債権なので、本来は月給を月ごとに毎月個別に差し押さえなければなりません。

　しかし、継続的給付に係る債権で、毎月、差押えを繰り返していては、①差押債権者の負担する事務手続が煩雑になること、また、②個別に各月ごとの給料債権を差し押さえる場合と比して、将来発生する個々の給料債権を一括して差し押えても、債務者や第三債務者に不利益が生じることもありません。そこで、国税徴収法66条は、債権差押えの特別規定として、継続的給付債権については差押えに係る債権の額を限度として、差押えの後、将来受けるべき給付に差押えの効力が及ぶことを認めました（第1章第2の3（9頁）参照）。

　㈢　滞納処分の基本原則と債権の性質による修正

　公租公課の滞納処分は、滞納額の範囲でしかできないことが大原則です。国税徴収法48条は、このことを定め「国税を徴収するために必要な財産以外の財産は、差し押えることができない」と規定しています。

　もっとも、債権の実質的価値は、債権額そのものではなく、第三債務者の弁済能力とその意思によって定まるものなので、どれほどの債権額を差し押さえれば徴収に支障がないか（滞納税額全額を取り立てられるか）、知り難いという性質を持つことから、債権の差押えでは、名目上超過差押になる場合でも、債権の全額を差し押えることを認めました（徴収法63本文）（詳しくは、Q4−20（57頁）で記載）。

　㈣　給料差押えによる滞納税の充当

　上記㈢と㈢を合わせ考えると、継続的給付債権について、順次取立を行い、滞納税に充当して、最終回となる給料の差押え余剰金についても債権の全額差押えの原則により、差押可能額全額を取り立てて、交付要求があれば、余剰金を配当をしてよいようにも思われます。

　しかし、そもそも、継続的給付について、一回の差押えで将来給付される債権にまで、差押えの効果（処分禁止効、取立権の発生）を及ぼした上記趣旨（毎回差押えをする煩瑣を回避する）からすれば、差押えの将来効が及ぶ範囲は、

差押えにかかる租税額（滞納額）に限定されるべきものです。

　また、継続的給付債権の差押えでは、滞納額に満つるまで将来発生する債権に差押えの効力が及びます。毎月の給料差押額を順次滞納額に充当でき、最終回まで納付は確実に確保されます。したがってどれほどの債権額を差し押さえれば徴収に支障がないか知り難いという事情はありません。

　よって、原則（徴収法48）に戻り、滞納税額を超えて、債権の差押えおよび取立てをすることはできないことになります。国税徴収法66条は、「徴収すべき国税の額を限度として」と明示して、この理を定めたものといえます（徴基通66－2）。

3　給料等に基づき支払いを受けた金銭の差押禁止額

　国税徴収法76条2項の「給料等に基き支払を受けた金銭」とは、捜索した際などに、現金を動産として差し押さえる場合です。

　たとえば、現金が給料袋等に入っていて、「給料等に基き支払を受けた金銭」であると認められた場合は、最低生活費および地位体面維持費の合計額に、その給料等の支給の基礎となった期間の日数のうちに差押えの日から次の支払日までの日数の占める割合を乗じて計算した金額を限度として、差し押さえることができないとされています。

　なお、「給料等に基き支払を受けた金銭」には、給料の支払者から銀行口座等に振り込まれた金額に相当する預金債権は含まれませんが、その差押えにより生活の維持を困難にするおそれがある金額については、換価の猶予によりその差押えを猶予し、または解除することができることとしています（徴基通76－11）（なお、給料振込口座の全額差押えについては、第10章第4（140頁）参照）。

4　賞与等の差押禁止額

　賞与についても、その支払いを受けるべきときにおける給料等とみなして、差押禁止額を計算します（徴収法76③）。

5　退職手当等の差押禁止額

　退職手当等については、国税徴収法76条4項に規定されていますが、給料

等と同じく制限的差押禁止債権であり、源泉徴収される所得税（徴収法76④一）、特別徴収の住民税および給料等から控除される社会保険料（同法76④二）が差押禁止額となる点は給料等と同じです。

　異なる点は、差押えが禁止される最低生活費と地位体面維持費の金額です。

　最低生活費は、本人10万円および生計を一にする親族一人につき４万５千円の合計額を３倍にした金額となります（徴収法76④三）。

　地位体面維持費は、退職手当等の支給の基礎となった期間が５年をこえる場合に、こえる年数に最低生活費の３倍を乗じ、さらに0.2を乗じて算出した金額になります（徴収法76④四）。「こえる年数」に１年未満の端数があるときは、すべて切り上げて計算します（徴基通76−14）。

　退職手当等の差押可能金額を少しわかりやすく説明すると、

　A　手取退職手当（①退職手当等総支給額－ア源泉所得税－イ住民税－ウ社会保険料）

　エ　最低生活費の３倍（(10万円＋４万５千円×滞納者を除く生計同一親族数)×３）

　オ　地位体面維持費（(勤続年数－５)×エ最低生活費の３倍×0.2)

　退職手当差押可能金額＝A手取退職手当－（エ最低生活費の３倍＋オ地位体面維持費）

となります。

6　年金の差押禁止額

　年金は、原則差押えが禁止されますが、老齢基礎年金や老齢厚生年金等は、滞納処分による差押えが認められる差押可能金額があります（徴収法77①、国民年金法24、厚生年金法41等）。

　すなわち老齢基礎年金や老齢厚生年金等は、実質的経済的にその性質上給料等とみなして国税徴収法76条の規定が準用されます。

　これら年金は２か月に１回支給されますので、支給の基礎となる期間が２か月となるため、最低生活費の金額を２倍にして控除します（徴収令34）。

〔図6〕　退職手当等差押可能金額

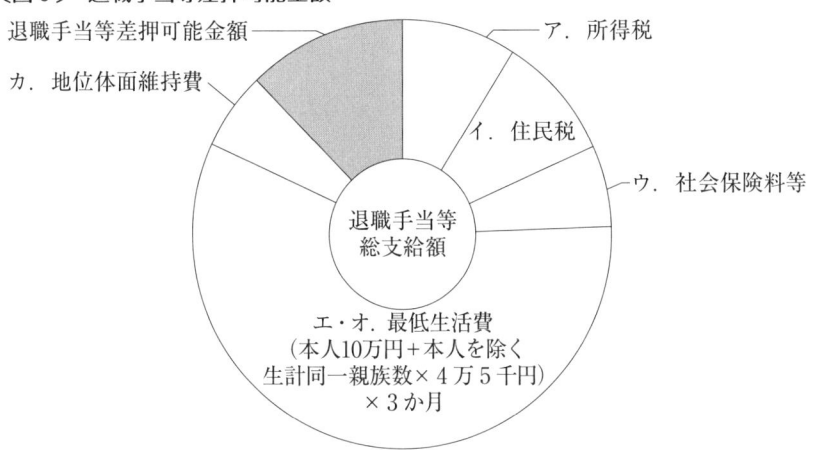

〔表3〕　退職手当等差押可能金額計算表

項目・費目		金額	端数処理	端数処理後の金額	国税徴収法76条4項
退職手当等の総支給額（額面）		円	千円未満端数切捨て	①　　　　円	
差押禁止額	退職手当等から差し引かれる額 源泉徴収の所得税額	円	千円未満端数切上げ	ア　　　円	1号
	特別徴収の住民税額（市町村・道府県民税）	円	千円未満端数切上げ	イ　　　円	2号
	社会保険料等	円	千円未満端数切上げ	ウ　　　円	2号
	最低生活費の3倍 本人10万円＋生計同一親族（本人除く）×4万5千円×3			エ　　　円	3号
	地位体面維持費 （エ）×（勤続年数－5）×0.2	円	千円未満端数切上げ	オ　　　円	4号
	差押禁止合計額 ア＋イ＋ウ＋エ＋オ			②　　　　円	柱書
差押可能金額　　①－②				円	

Q 4 −18　給料と年金を合算して差押禁止額を計算することは可能か。

　　⑦　事　例

　　滞納者が、年金を受給し給料収入もある場合、年金と給料を合算して、給料等の差押可能金額を計算することができるか。

　⑷　結　論

　給料と年金は、同一の期間の支払いでないことから、合算して、差押可能金額を計算することはできません（著者の私見）。

　㈦　問題の所在――みなし給料である年金と給料の合算の適否

　老齢年金等は、給料等とみなされ（徴収法77①前段）、そうであれば年金のほか給料収入のある者は、2箇所以上の給料等の支払いを受けるときとして、その合計額を基礎額として、差押禁止額を計算することになります（同法76①二文）。

　一方、合算できる給料等は、同一の期間でなければならず（徴収法76①二文）、給料は1か月間、年金は2か月間であることから、合算はできないのではないか、疑問が生じます。

　㈢　実務上の問題――最低生活費の計算方法

　たとえば、一人暮らしの滞納者の場合、年金の給付額が毎回20万円以下、給料の支払額が毎月10万円以下の場合、それぞれ単独で計算すれば、差押禁止額以下ですが、合計した金額を収入とすれば、年金給付月には差押可能金額が生ずることがあります。

　また、年金、給料それぞれの手取額が単独で差押禁止額以上の場合、別個に差押可能金額を計算すると、年金と給料でそれぞれ最低生活費を二重に計上することになるという不都合があります。

　㈠　第三債務者の不利益――二重払いの危険

　債権の差押えは、滞納者と滞納処分庁の紛争に無関係の第三債務者を巻き込みます。第三債務者は、差し押さえられた債権の種類と金額が明確でない

と二重払いの危険を負います。第三債務者（雇用主）が、二重払いの危険を回避するため債務者（従業員）への支払いを躊躇すれば、債務者に損害が生じ、第三債務者は、場合によっては給料未払いの債務不履行責任、労働基準法上の刑事責任（労基法120・24①）を負います。

　特に給料のような継続的債権の差押えでは、毎月の給料額によって差押可能金額が変化するうえ、さらに2箇所から給料等の支払いを受ける場合、払うべき給料の計算は困難を伴います。2か月ごとに給付される年金と、月1回の給料を合算する場合、年金給付額を2分の1として毎月差押可能金額を計算するのか、あるいは給料の2か月分と年金を合算して、年金給付月に差押可能金額を計算するのかという基本的な疑問が生じます。地位体面維持費の計算では、給料と年金の手取額を合算することになりますが、年金機構も雇用主も他者の支払額を直接知ることはできず、差押可能金額の計算に困難を伴います。

　東京地判平28・9・23判自428号74頁（判例秘書L07132189）は、滞納者の役員報酬額が最低生活費を超えていることから、年金の差押可能額の計算では、最低生活費の控除をしない（最低生活費をゼロ円とする）ように滞納処分庁が年金事務所に対して通知した事案につき、年金差押えにつき役員報酬（給与）の支給額を考慮してよいかどうかについては明確に判示せず、滞納処分庁の通知に誤りがあり、差押可能額を超えて過大な差押えがされる可能性がある場合には、そのような差押処分自体、違法なものとして、取り消し得べきものと判示しました（月刊「税」2021年11月号20頁「①給料と年金を受給している場合の差押手続等に関する裁判例」参照）。さかのぼって考えるに差押可能金額の計算を誤るような差押方法は、過大な差押えの可能性があり、差押債権額を識別できないことから差押債権の特定を欠き違法というべきでしょう。

　以上のように、期間の異なる給料等を合算して差し押さえる場合、無関係な第三債務者が不測の損害も被りかねないことを考えると、支払いの基礎となった期間が異なる年金と給料を合算して、差押禁止額を計算することはで

きないと解すべきことになります（著者の私見）。

　　㈏　時代背景

　昭和34年の国税徴収法改正当時、定年は55歳が一般的で、年金支給年齢が昭和29年までは55歳から、昭和34年になっても60歳から年金を受給できました。また、当時日本国民の平均寿命は、男子が65歳、女子が70歳程度であり、年金の受給者で、なお給与所得者として就労する者は、社会状況として少なかったことから、差押可能金額の計算で、給料と年金を合算することは念頭になかったものと考えられます。

　このような立法事実からしても、国税徴収法76条1項は、給料と年金の合算を前提としていないということができます。

7　給与・年金差押えの承諾がある場合の差押禁止額

　　(1)　承諾により差押可能額を増額できる趣旨

　滞納者の承諾がある場合は、その承諾を受けた範囲内において、給料の差押禁止額の範囲の全部または一部についても差押えすることができます（徴収法76⑤）。賞与の場合もこれに準じて差押えできます（徴収法76③）。

　滞納者の承諾により、差押可能額を超えて、給料の差押えができる根拠は、差押えの承諾は給与収入をもって任意納付する場合と同様に解することができることによるとされます（「徴収法精解」76条解説一3）。すなわち、給料の差押え後、差押可能額を差し引いた給料を滞納者が雇用主から受け取った後、その受け取った給料から滞納者が任意に納付する場合と同視できるということです。滞納者の承諾は、書面（【書式4－1】）により徴しておきます（徴基通76－15）。

　　(2)　承諾により給料・年金差押えができる上限額――世帯収入額につき
　　　　最低生活費が残るまで

　滞納者の承諾があっても、源泉所得税、特別徴収の住民税および給料等から控除される社会保険料の部分までは差押えできません（「徴基通逐条解説」76条関係16解説）。すなわち手取給料がマイナスになるような差押えはできないということです。

　法律上は、承諾による差押えの範囲について上記のほか制限はありません。

　しかし、承諾による差押えの趣旨が、滞納者が任意納付する場合と同様であることからすれば、社会通念上、滞納者が任意に納付することに同意するであろう金額を上限とすべきです。

　一般的に最低生活費を削ってまで任意で納付することは想定し難いので、その承諾の範囲は、滞納者の世帯員全員の合計収入が、最低生活費を上回る金額の範囲内に留めるべきです（著者の私見）。また、滞納者の家族の状況を確認し、平穏な家庭生活を維持するために必要不可欠な支出（例：教育費、介護費用、自動車の維持費等）まで、承諾を得るべきではありません（著者の私見）。

　(3)　差押えの承諾の時期

　給料差押は、継続的給付の差押えですから、滞納者の差押えの承諾は、給料差押の時から差押えが終了するまで存在していなければなりません。

　実務的に、差押えの承諾書は、給料差押えのときでなく、分納誓約時に徴求されており、承諾書の提出から承諾書による給料差押えまで、数年を経過していることもあります。承諾書の提出から長期間経過し、給料差押えの執行時に滞納者の承諾の意思が継続しているかどうか、判然としない場合もあります。もっとも、差押えの承諾は、いつでも滞納者側から一方的に撤回することが可能なので、給料差押え後、差押額に不満があれば滞納者は承諾を撤回すればよく、給料差押えの執行に際して、改めて滞納者の承諾の意思を確認する必要はないでしょう。ただし、承諾による二重差押えでは、承諾の意思を再確認すべきです（Ｑ6－5（74頁））。

Ｑ4－19　給料・年金差押えの承諾は撤回・変更ができるか。

　㋐　事　例

　年金の差押えについて、承諾した金額を差し押さえていたが、滞納者から「生活が苦しいので、承諾をなしにしてくれ」「承諾

額を減らしてくれ」と言われました。承諾の撤回、承諾額の変更の申出があってもそのまま承諾書に基づく差押えを続けてよいのでしょうか。

(イ)　承諾の撤回・取消しは可能

給料・年金差押えの承諾は、一方的に撤回・変更することができ、撤回があったときは、滞納処分庁は、法定の差押可能額までしか取立てできなくなります。

滞納者の承諾とは、徴収職員が差押禁止額を超えて、給料の差押えをすることに滞納者が同意することをいうとされます（徴基通76−15）。この同意は、滞納者の一方的意思表示であり、滞納者の書面による承諾（同意）により、滞納処分庁の行政処分を要することなく、給料の差押え範囲を拡張できる効果が生じます。

同意が、滞納者の一方的な意思表示である以上、その意思表示は、一方的に撤回することができ、滞納処分庁の許可処分は不要です。差押えの承諾によって差押え範囲が拡張される根拠が、給与収入をもって任意納付する場合と同様に解される点にあることからも、任意納付の意思が失われれば、承諾を撤回変更することは可能です（月刊「税」2022年5月号86頁「ここが知りたい最新税務Q&A」差押禁止部分の差押えに対する承諾の撤回参照）。

もっとも、承諾撤回の効果は、将来に向かってのみ生じ、遡及効はありません。また、承諾の撤回は、書面でなく、口頭でも可能です。

(ウ)　承諾の撤回後の手続き

承諾による給料差押えは、行政処分の公定力により、いったんは確定していることから、滞納者の承諾の撤回・変更の意思表示だけでは、差押えの効力は、喪失しません。

承諾の撤回があった場合、滞納処分庁は、承諾差押えを解除もしくは更正して、差押金額を国税徴収法76条1項の法定差押額に変更する義務が生じ、変更しなければなりません。もしくは、取立額を、法定差押可能額以内としなければなりません。

的確な資料（文書等）により給料差押えの承諾の撤回・変更が行われたに

もかかわらず、差押えの解除もしくは差押額を減額せず、そのまま取立てを続ければ違法となります（東京高判令和3年9月22日（判例秘書L07620579）は、滞納者から減額の連絡はあったが承諾の撤回はなかったと事実認定し、滞納者の請求を斥けたが、承諾の撤回は可能であることを前提としている）。

Q4-20　給料を定額で差し押さえる場合はどうするか。給料の差押可能額以下の定額差押えは可能か。

A　㋐　事　例

給料の差押え後、雇用主から差押可能金額の計算が面倒なので定額にしてほしいとか、滞納者から介護、医療費、学費、車の維持費等で生活ができないので毎月の差押額を減額してほしいと要請がある場合、どのような対応策があるでしょうか。

㋑　給料差押えの承諾書による定額差押え

給料は変動する可能性があることから、一定額としたい場合は、滞納者から毎月差し押さえる額を記載した承諾書（【書式4-1】）を徴求して定額での給料差押えに差押換えをする方法があります。

㋒　債権の全額差押えの趣旨と一部差押できる場合

債権を差し押さえる場合、原則として全額を差し押さえなければなりませんが、全額を差し押さえる必要がないと認めるときは、一部を差し押さえることができます（徴収法63本文）。

債権の場合、その実質的価値は、帳簿や請求書に記載された名目上の債権額（額面）そのものではなく、第三債務者の弁済能力と弁済意思によって定まるものなので、どれほどの債権額を差押えれば徴収に支障がないか（滞納税額全額を取り立てられるか）、あらかじめ知り難いという性質があります。

たとえば、①第三債務者に資力がなくて差押債権の支払いができない、②あるいは抗弁付きの債権で第三債務者から支払いを拒まれる、③差押債権について相殺の可能性があることなど、滞納税の全額を徴収できない可能性が

あります。

　そこで、国税徴収法63条は、債権の差押えでは「国税を徴収するために必要な財産」として、債権の全額を差し押えることを原則としつつ、債権の一部差押えであっても徴収に支障がなく、全額差押えの必要がないと認められる場合には、一部差押えができることを認めています。そして、債権の全額差押えか、一部差押えか、一部差押えの場合に差押債権額をいくらにするかは徴収職員の裁量に委ねられています（「徴基通逐条解説」63条関係2解説）。

　第三債務者の事務負担の軽減、滞納者の生計の維持の観点から、徴収の確保および滞納税の円滑な解消のためにどのような徴収方法を選択することが効果的か検討し、給料債権の一部を差し押さえて取り立てることは可能です（同旨・月刊「税」2022年5月号88頁「ここが知りたい最新税務Q&A」差押可能額のうち一部の差押え）。

　定額差押えのために徴求する承諾書は、雇用主の求めに応じて定額とする場合など、差押可能額前後の金額であれば、給料の支給額によっては、差押可能額を超えることもあるので、国税徴収法76条5項による承諾書といえます。他方、滞納者の求めに応じて、定額とする場合など、承諾書に記載された金額が、差押可能額を明らかに下回る金額の場合は、差押額を念のために確認する文書ということになります。

　定額差押の給料差押通知書の差押債権の表示に、給料債権について滞納者の承諾がある旨の記載はありませんが、債権差押通知書に承諾書の写しを添付します。

◎　給料の定額差押えの場合の差押債権の記載例

差押債権	債務者が滞納者に対して支払うべき○年○月以降の給料（扶養手当、残業手当、通勤手当、宿日直手当等を含む）のうち、各支給ごとに○○円の支払請求権。
履行期限	毎月の給料支給日

㈢　承諾書による定額差押えと先行の差押処分の処理

　法定額の給料差押えをした後、定額差押えに変更するため定額差押えの債権差押通知書を雇用主に交付した場合、法定の給料の差押可能金額と定額差押金額との差額につき、差押債権の処分禁止効および滞納処分庁の取立義務がどうなるのか疑問が生じます。

　雇用主（第三債務者）としては、給料差押可能金額全額の差押えが残ったままであれば、処分禁止効により、差額分の給料の支払いはできず、仮に差額を従業員に支払ってしまった場合、二重払いのリスクを負います。一方、滞納処分庁としては、差額を取り立てずに放置して、差額分の給料債権を時効消滅させてしまった場合、滞納者から損害賠償の請求を受けることになります。

　以上を考えると、法律に規定はないのですが、納税者にとって利益処分となることから、先行する法定額の給料差押えは、行政裁量により解除することが可能であり、そうするべきと考えます。

> **Q4-21　どのような事情があれば、定額の給料差押えあるいは差押給料の一部取立てとしてよいか。**

A　国税徴収法の給料の差押禁止額は、生活保護の支給基準を参考にして定められています。この趣旨からすれば、生活保護法で経常的最低生活費に加算される事情（妊婦、障害者、介護施設入所者、在宅患者、児童養育、母子加算）がある場合は、差押額を減額して定額差押としてよいでしょう。また、経常的生活費以外の臨時的一般生活費（家具什器費、入学準備金）、教育費、出産費、技能習得費、葬祭費に該当する事情があれば、取立てを一時保留してもよいでしょう（中法法規出版『生活保護手帳』保護の実施要領第7）。

第5章　給料差押えの解除

第1　給料差押え解除の要件

1　完納等

給料差押えの場合は、「滞納市税等に満つるまで」として差し押さえるので、当該給料差押えの充当により完納した場合は、滞納がなくなり、差押えは目標を達して、差押えの効力は消滅することから、解除の必要はありません。

しかし、自主納付や減額更正等により差押えに係る滞納が消滅した場合は、差押えを解除しなければなりません（徴収法79①一）。

2　差押換えする場合

滞納者が、滞納額を全額徴収することができる財産を提供した場合は、差押えを解除することができます（徴収法79②二、徴基通79－9）。

たとえば、滞納者が、担保が設定されていない不動産を所有しており、公売したら全額徴収できる財産価値がある場合、その不動産を差し押さえて、給料の差押えを解除することができます。

3　徴収猶予に伴う解除

徴収の猶予をした場合に、当該徴収の猶予に係る滞納について差し押さえた財産があるときは、滞納者の申請により、その差押えを解除することができます（地税法15の2の3②）。

4　換価の猶予に伴う解除

換価の猶予をした場合に、必要があると認めるときは、差押えにより滞納者の事業の継続または生活の維持を困難にするおそれがある財産の差押えを猶予し、または解除することができます（地税法15の5の3①・15の6の3①）。

なお、給料差押えの場合は、国税徴収法76条1項各号により最低生活費が保障されるので、「生活の維持が困難」になるおそれはないことが建前ですが、医療費や親族の介護、子弟の教育、親権のない子の養育費などに多額の費用が必要な場合など、やむを得ない事情が認められる場合は、換価の猶予

を適用して、差押えを解除することができます。

5　滞納処分の執行停止をした場合

滞納処分の執行停止をした場合に、その停止に係る滞納について差し押さえた財産がある場合は、その差押えを解除しなければなりません（地税法15の7③）。

第2　給料差押えの解除手続

給料差押えの解除をする場合は、以下の者に差押解除の通知書【書式4－3】を交付します。

① 第三債務者（徴収法80①ただし書）

② 滞納者（同法80②二）

③ 質権者等および交付要求をしている者（同法81）

第3　差押えの解除の効力

差押えの解除は、差押えによる処分の禁止の効力を将来に向かって失わせるものなので、差押えを解除する前に一部の取立ておよび充当がされた場合に、すでになされた取立て等の処分に影響は及ぼしません（徴基通79－14）。すなわち、給料差押えの解除により、取立済みの金銭を返還する必要はありません。

また、滞納税の消滅時効は、給料差押えをした時点で、完成猶予となり、完成猶予の効果は、給料差押えの解除まで継続し、差押解除の時に消滅時効が更新して、再び消滅時効が進行を始めることになります（民法148。徴基通47－55）。

Q5－1　少額の給料差押えはいつまで続けるべきか。

（ア）具体的事例

滞納者Ａ：給料差押えを継続している滞納者について、収入は給料のみで、学齢期の子どもが多く、毎月の給料差押可能金額は、5000円から1万円程度。

滞納者Ｂ：就職超氷河期に大学を卒業し、派遣社員で独身45歳。手取給料16万円弱で収入は不安定。

Ａ、Ｂいずれも財産調査の結果、不動産、預貯金、生命保険もなく、換価できる財産はない。給料の差押えを続けても完納まで10年くらいかかる。

（イ）差押えの継続の適法性と妥当性

上記具体的事例につき継続的給付債権である給料につき、差押可能金額があれば、その差押えを継続する期間に制限はないことから、長期に渡って滞納税の全額の納付に至るまで差押えを続けることも適法で、そうした選択もあり得ます。

しかし、毎月5000円程度の取立てを続けて、長期間毎年滞納税を繰り越せば、徴収事務全体の負担が増し、徴収職員の人員が限られている中では、滞納整理業務全体に渋滞を招きかねません。また、収納率向上の足かせにもなり、長期少額差押えは、どこかで見切りをつけたいという実務上の要請があります。第三債務者である雇用主に10年以上もの間、給料から天引きして納付手続きの負担をかけることも問題です。滞納者にとっても、終わりの見えない給料差押えの継続は、就労意欲を失わせ、納期内に自主納付する納税意識も薄れます。

（ウ）換価の猶予への変更

上記長期少額分納の状態を解決する方法としては、給料差押えを、換価の猶予処分とする方法があります。

「生活の維持を困難にするおそれがあるとき」を理由として、まず1年間、給料差押可能金額程度の金額を毎月分割納付する換価の猶予処分を行います

（地税法15の5①一）。同時に、給料の差押えは解除するか（地税法15の5の3
①）、あるいは取立てをしない扱いとします。滞納処分による差押え後、換
価（取立てを含む）の時期は、法的には定めがないことから、取り立てをし
ない扱いは違法ではありません（もっとも二重差押えがあった場合、後順位の
滞納処分庁には迷惑をかけることになります（Q6-3（70頁）参照））。そして、
換価の猶予処分の1年経過後に再度、同様の内容で換価の猶予処分を更新し
ます（同法15の5②・15④）。

　換価の猶予処分による分割納付期間の上限は、2年までなので（地税法15
の5②・15④ただし書）、地方税法に忠実に従えば、2年経過した後にとりう
る措置は、一括納付か、滞納処分の再開か、滞納処分の執行停止しか選択肢
はありません。多くの場合、少額分納者にとって一括納付は、現実には不可
能で、差押えできる財産もないので、滞納処分の停止とするほかありません。

　滞納処分の停止と同時に給料の差押えを解除し（地税法15の7③）、3年の
停止期間中は、滞納者本人の自主納付に期待します。滞納処分の停止が解除
されることなく、3年が経過すれば租税債権は消滅することになります（同
法15の7④）。

　換価の猶予処分による分割納付は、2年間で終わらせて、滞納処分の停止
とし、3年の停止期間中は、滞納者資力の回復を待つとともに滞納者の自主
納付に期待し、資力が回復しなければ、納税義務を消滅させることになりま
す。すなわち、合計5年で滞納整理の決着をつけるというのが租税徴収法全
体の建て付けといえます。

　(エ)　滞納処分の一部停止

　ほかに長期少額分納を解決する方法としては滞納処分の一部停止とする方
法があります（月刊「税」2024年2月号234頁「債務整理としての一部停止」三
木信博は反対）。

　滞納処分の停止は、滞納者が無財産もしくは生活窮迫の状態にあるときに
可能な処分ですから、滞納者の財産全部について行うことが原則です。もっ
とも、滞納者の所有する財産に限りがあるときは、その財産の限度を超えて、

取り立てることは、不可能であり、徴収不可能な滞納額を抱えたまま、毎年滞納額全額を繰り越して滞納処分を続行することは無意味です。そこで滞納処分（財産の差押え）によっても、取り立てることができない滞納税額について、滞納処分の一部停止を行うことが認められています。

　すなわち、国税徴収法基本通達153条関係8（一部停止）(1)は、「滞納処分により差し押さえた債権について、その全部又は一部の取立てに長期間を要すると認められる場合」、滞納処分の一部停止が認められることを規定しています。

　そして、国税庁の通達である徴収事務提要第83の7滞納処分の一部停止では、「次のいずれかに該当するときは、それぞれに掲げる金額を控除した税額について、滞納処分の停止をして差し支えない」として「(1)　滞納処分により差し押さえた債権について、その全部又は一部の取立てにおおむね1年以上の期間を要すると認められる場合において、その債権額を除くと、滞納処分の停止をすることができると認められるとき　その差押債権の額」（下線は筆者）としています（徴収事務提要は、前付7頁のQRコードを読み込んで、書式集のページからダウンロードできます）。

　すなわち、給料の差押可能金額を差し押さえて、取り立てても、滞納税の完納まで1年以上の期間を要する場合、滞納処分の一部停止を行うことができるということです。

〔図7〕　債権の一部執行停止

滞　納　税　額　総　額	
「その差押え債権の額」 （取り立てを行う額）	一部停止する額

・取立額を1年＋1年の分納金の総額とする。

　問題は、停止しない金額（取り立てる金額）をいくらとするか、すなわち、「その債権額を除くと、滞納処分の停止をすることができると認められるとき　その差押債権の額」の「その差押債権の額」がいくらかという点です。

　給料は継続的給付なので、毎月、差押可能金額の範囲で給料債権を差し押

64

さえることができることから、「その差押債権の額」は、形式的には退職予定日（定年退職日もしくは、雇用期間終了日）までの累積額ということもできます。しかし、それでは取立てに１年以上を要する場合に、滞納処分の一部停止を認めた目的に適いません。

　この点、換価の猶予処分で、最長２年間の分割納付が許されることとの平仄を図り、毎月の給料の差押可能金額の２年程度の合計額とすることが妥当でしょう（著者の私見）。

〔図８〕　少額分納・少額給料差押え執行停止

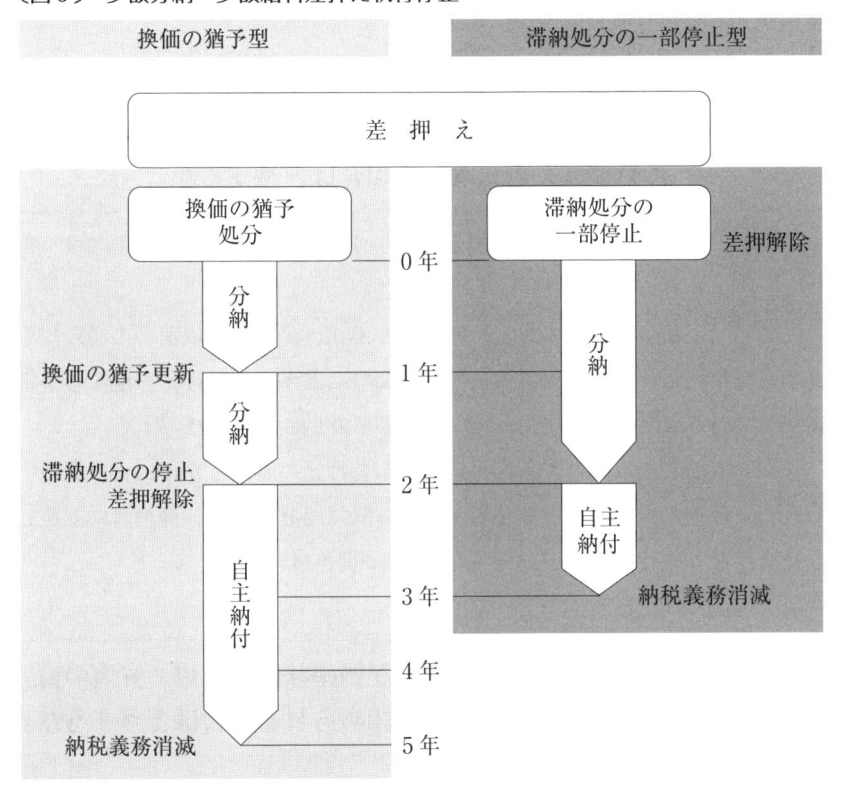

したがって、滞納処分の一部停止を判断する時点での、給料の差押可能金額の２年分程度を超える部分の滞納税額につき滞納処分を停止して（ただし、

給料差押えは解除しない）、2年間、給料の差押可能金額を雇用主から取り立てます。取立てが完了した時点で、給料差押えを解除し、残った租税債権は、一部停止処分の日から3年経過すれば、消滅することになります。

　㈘　処分の選択基準

　以上のように、長期少額差押え事案を終了させる手立ては、十分に整備されています。後は、徴収職員の皆さんが、滞納者と踏み込んだ納税相談を行い、滞納者の財産・収入そして支出内容を聴取し、少額の給料差押えを継続するのか、換価の猶予もしくは滞納処分の一部停止とするか、与えられた裁量により適正に判断することになります。

Q5−2　審査請求の裁決や裁判所の判決等により差押処分を取り消すことになった場合はどうするか。

　　　国税徴収法80条の規定に準じて、差押解除の通知をします（徴基通80−13）。

　　　法令上特段の規定がありませんが、差押えの取消しの場合にも、滞納者や第三債務者等に対する通知が必要なことから、差押えの解除の手続に準じて行うことになります（「徴基通逐条解説」80条関係13解説）。

　なお、取消しの場合は、差押えの効力が差押えの時にさかのぼって消滅するため、取消しまでに第三債務者から取り立てた財産等は、滞納者に返還しなければなりません（「徴基通逐条解説」79条関係14解説）。

Q5−3　給料差押え後、雇用主が倒産状態となり、弁済の資力が無く、取立不能と認められる場合はどうするか。

　　　給料差押えを解除します。この場合において、取立不能の判定は、原則として支払督促の申立て（第12章（162頁））もしくは差押債権取立訴訟の提起（第13章（197頁））、および強制執行（第17

章（234頁））を実行した後に行います。もっとも、会社が倒産しており、支払督促や取立訴訟を行っても、強制執行することができる財産がなく、回収見込みがない場合は、訴訟費用や訴訟事務に費やした労力が無駄になってしまいます。第三債務者の資力その他の状況により、その取立てが不能と認められるときは（徴基通67-11）、民事訴訟、強制執行手続を行うことなく差押えを解除します。

　また、滞納者に第三債務者（雇用主）から給与債権を直接回収する手段を与えるために、給料差押えを解除して処分禁止効を失わせる必要があります。

第6章　給料差押えの競合・優劣関係

　第6章では、他の滞納処分庁による給料差押えや、民事執行法に基づく裁判所の給料差押えがある場合（以下、「強制執行による給料差押え」という）など、給料差押えが競合する場合について、ＱＡ方式で解説します。

Q6-1　先行する滞納処分による給料差押えがある場合に後から追加して給料差押えをする方法。

A　すでに滞納処分による差押えがされている債権（以下、「先順位の差押え」という）に対する滞納処分による差押え（以下、「二重差押え」という）の手続については、国税徴収法基本通達62条関係7に規定されています。

　給料差押えの場合は次のようになります。

　㋐　債権差押通知書および差押調書の謄本の送付

　通常の差押えと同様に、第三債務者（雇用主）に対して債権差押通知書【書式3-2】を送付し、滞納者に対して差押調書【書式3-1】の謄本を送付します。

　なお、先順位の給料差押えの取立てが継続している間は、二重差押えによる取立てはすることができません（差押先着者優先主義）（徴基通62-7(2)）。先順位の給料差押えの取立てにより滞納税が完納に至り、先順位の給料差押えの効力が消滅した後か、自主納付による完納等により先順位の給料差押えが解除された後、二重差押えをした滞納処分庁の取立てが可能になります。

　㋑　先順位の滞納処分庁に対する交付要求

　二重差押えした場合、その差押えと同時に、先順位の滞納処分庁に対して交付要求をします。このとき、交付要求書には、二重差押えを行った旨を付記します。たとえば、「当該給料債権については、国税徴収法第62条の規定により、差押えも併せて行ったので通知します」と記載します。

　なお、給料差押えの効果は、継続的収入債権に対する差押えとして滞納税額を限度とし、滞納額に満つるまでしか及ばないので、先順位の滞納処分庁は滞納額を超えて取り立てることはできません（Ｑ４−17（47頁）参照）。

　よって、交付要求をしても、先行の滞納処分庁が、劣後する二重差押えをした滞納処分庁に配当する余剰金はありません。ただ、交付要求をしておけば、先行の滞納処分庁が第三債務者（雇用主）から取り立てるたびに配当計算書の謄本を二重差押えした滞納処分庁に送付するので、先行の滞納処分庁の滞納税残額を把握でき（債権現在額申立書を毎回提出する手間がかかりますが）、いつから取立てできるのか予想が立ちます。

　また、先行の給料差押えが解除されたときは、差押解除通知書【書式４−３】が届きます（徴収法81）。交付要求をしていないと、差押解除通知書が届かないので、給料差押えがいつ終了したのかわかりません。

　㈡　二重差押え解除時は先行の滞納処分庁に通知する

　先行の差押えがある間に、二重差押えを解除したときは、交付要求解除通知書にその旨を付記して、先行の滞納処分庁に対して通知します。

Ｑ６−２　公課の先行する給料差押えがあるところ、税で二重差押えをした場合どうなるか。

　Ｑ６−１（68頁）に記載したとおり、先行の差押えが継続している間は、二重差押えに基づいて、直接に取り立てることはできません（差押先着者優先主義）。これは、先行の差押えが公課（例：国民健康保険料）であっても同様です。

　後行の差押債権者として、公課による給料差押処分庁に対し、交付要求することになります。交付要求すると、租税優先の原則（徴収法８、地税法14）により、租税が優先して配当を受けられ、後行で二重差押えした租税にかかる滞納税が完納に至るまで公課には配当が回りません。公課の給料差押処分庁は、債権を取り立てて、租税に全額配当することになります（要するに、

二重差押えした後行の滞納税回収のため、完納までただ働きをすることになります）。

　もし、税の滞納額が高額で、完納まで長期間を要し、公課への配当が見込めない場合は、公課の給料差押えは、差押解除（徴収法79①二）を検討してよいでしょう。

Ｑ6－3　給料差押えをした先行の滞納処分庁が、差し押さえた給料の取り立てをしない場合（取立保留）、二重差押えをした後行の滞納処分庁は直接雇用主から取り立てできるか。
　　　　また、先行の滞納処分庁が、差押可能額の一部だけを取り立てている場合（一部取立保留）はどうか。

A　㋐　設　例

事例①

　　　先行して給料差押えをした滞納処分庁は、給料差押え後、滞納者から分納誓約書をとって分割納付を受けていることから、差し押さえた給料を取立てず（実務的に「取立保留」と呼ばれることがあります）、かつ給料差押えを解除しません。

事例②

　先行して給料差押えをした滞納処分庁は、滞納者の生活状況を慮って、差押可能額の一部だけしか給料を取り立てていません（一部取立保留）。

　事例①、②の場合、後行の二重差押えをした滞納処分庁は、差押可能額の範囲で、直接、雇用主から取り立ててよいでしょうか。あるいは、先行の給料差押えが解除されるまで、待つほかないのでしょうか。

　㋑　回　答

　計算上、先行する給料差押えの差押えの合計総額が、給料差押えに係る滞納税額に満つるまでは、二重差押えをした滞納処分庁は、直接、雇用主から

取り立てることはできません。

その反面、先行の滞納処分庁が実際にいくら取り立てたのか、その金額のいかんにかかわらず、計算上、給料の差押可能額の合計が、滞納税額に満ちた以降は、二重差押えをした滞納処分庁は、直接、雇用主から取立てできます（初版および第2版のQ6－3記述を改めます）。

　㈡　差押債権の取立て時期

滞納処分により差し押さえた財産の換価、取立ての時期は、滞納処分庁の裁量に任されており、いつ、いくら、何回に分けて取り立てるかは、自由裁量であり、取り立てをしない取扱いであっても、違法ではありません。

ただし、差し押えた給料を取り立てず、給料債権を時効消滅させてしまうと、滞納処分庁は、滞納者から損害賠償請求を受ける可能性があります。こうしたリスクはありますが、差押財産を、いつ換価し、いつ取り立てるかは、やはり滞納処分庁の裁量事項です。

　㈢　債権差押の効力が及ぶ範囲

継続的収入債権の差押えは、差押えに係る滞納債権の額を限度として、差押え後に支払われるすべての金額に効力が及びます。しかし、その反面として、継続的収入債権の差押えの効力は、差押えに係る請求債権の額を上限とし、それ以上には及びません。

すなわち、差押えの処分禁止効により、雇用主は、滞納税額を限度として、差し押さえられた給料を支払うことはできず、滞納者も同額の範囲で給料の支払いを受けられず、かつ滞納処分庁の取立可能額も滞納税額が上限となります。

他方、給料債権の取立てが未了であっても、計算上、毎月の給料の差押可能額が累積し、その合計が、滞納税額を超えた場合、その時以降に支払われる給料には、差押えの効力は及びません。

先行する給料の差押可能額の合計が滞納税額に満ちたのちに支払われる給料には、後行の二重差押えの効力が及ぶので、二重差押えをした滞納処分庁は直接、雇用主から給料を取り立てることが可能になります。

(オ)　取立保留していた滞納処分庁の取立て

以上の結論による場合、先行の給料差押可能額の合計が計算上、滞納税額に満ちたのちに、先行して給料差押えをした滞納処分庁は、取立保留した給料を取り立ててよいのか疑問が生じます。

この点、給料差押えを解除しない「取立保留」の場合、滞納額に満つるまでに支払われた給料債権の処分禁止効は継続したままです。そして、差押債権をいつ取り立てるかは滞納処分庁の裁量なので、処分禁止効が生じたままの取立保留（取立未了）となっている給料債権を、取り立てることは可能です。

(カ)　先行の滞納処分庁・雇用主との調整

事例①、②のように、先行の滞納処分庁が、分納誓約により分割納付を受けている場合あるいは滞納者の最低生活を維持するために取立金額を少なくしているような場合、先行する給料差押えの合計額が、計算上滞納額に満ちた時点で、二重差押えをしている滞納処分庁が、直ちに雇用主から取立てを始めると、先行する滞納処分庁の滞納整理計画や滞納者の経済生活に支障をきたします。

また、第三債務者である雇用主は、先行の給料差押えの取立て（支払い）が終了していないのに、後行の差押えの取立てに応じてよいのか混乱するでしょう。

法律上は、先行する滞納処分庁が給料差押えを解除する前でも、計算上滞納額に満つれば、後行の二重差押えをした滞納処分庁は取立てを開始できますが、後行の滞納処分庁が取立てを開始するにあたっては、先行の滞納処分庁と取立方法について、協議を尽くすべきでしょう。

Q6-4　先行する定額の給料差押えがある場合に、二重差押えをした後行の滞納処分庁は、定額差押額と法定の差押可能額の差額を取り立てできるか。

A　法定の給料差押可能額を下回る定額差押えの場合、給料差押えの効果（処分禁止効・取立可能額）は、定額の金額までしか及んでいません。一方、二重差押えによる給料差押えの効果は、定額を超える法定差押可能額まで及んでいます。

　よって、差押先着主義で定額差押えをした滞納処分庁は、定額の範囲で優先的に取り立てることができますが、定額を超える額を取り立てることはできません。他方、後行の給料差押えは、定額を超える法定の差押可能額まで及んでいるので、後行で二重差押えした滞納処分庁は、定額の金額と法定の差押可能額の差額を直接雇用主から取り立てることができます。

　形式的には上記のような結論となりますが、次の点に留意が必要です。

　給料の定額差押えは、通常、雇用主の「毎月の計算や振込額が毎月変わることが面倒」、あるいは滞納者の「月々の生活費が足りない」という要望に応じて、行われています。

　二重差押えをした滞納処分庁が、定額の差押金額を法定の差押可能額との差額を取り立てると、先行の滞納処分庁が、給料差押えを定額にした目的が損なわれてしまいます。

　特に、滞納者の最低生活の維持のため定額差押えをしている場合、二重差押えをする滞納処分庁は、先行の滞納処分庁と充分に協議を行い、二重差押えによって滞納者の生活が窮迫するような事情があれば、先行の定額差押えの取立てが完了するまで給料の二重差押えを待つという配慮をすべきです。

Ｑ6－5　先行する給料差押えがある場合に、滞納者が承諾した金額で二重差押えして、法定の差押可能額を超える部分の金額を取り立てできるか。

A　㋐　回　答

　　先行する給料差押えは、法定の差押可能額までしか効力が及ばないので、形式的には、承諾により二重差押えをした滞納処分庁は、法定差押可能額と承諾金額の差額を取り立てることができます。

　㋑　通常の給料差押えと承諾による給料差押えの優劣関係

　先行する給料差押えの効力は、毎月発生する給料のうち法定の差押可能額までしか及んでおらず、その額までしか取り立てることができません。

　一方、滞納者から法定の差押可能額を超える承諾書を取って、その承諾額で、給料を差し押さえる場合、毎月発生する給料のうち承諾書の金額まで差押えの効力が及びます。

　差押え先着主義により、先行して給料差押えをした滞納処分庁は、法定の差押可能額全額につき優先権があります。しかし、その優先範囲は差押可能額が上限となります。後行の滞納処分庁の承諾書による差押金額が、法定の差押可能額を超えている場合は、超えた金額につき、後行の滞納処分庁は、雇用主から直接、取り立てることができることになります。

　㋒　承諾について厳守すべき事項

　先行する差押えがありながら、その給料差押えが終了するのを待たず、滞納者が提出した承諾書を利用して給料を二重差押えする場合、その承諾は滞納者の自由な意思に基づくことは絶対条件です。

　まず、後行の滞納処分庁に承諾書が提出されているのに、どうして先行の給料差押えが、承諾による給料差押えでなく、通常の給料差押えであったのか、疑問が生じます。承諾書の提出から1年を超えるような場合、滞納者の承諾の意思を再確認したうえで二重差押えをすべきです。

　たとえば給料差押えや捜索をしないことを交換条件にして提出を受けた承

諾書を利用して二重差押えをすることはもってのほかです。

　また、二重差押え後、滞納者から承諾の撤回があったときは、速やかに二重差押えを解除しなければなりません（Q4－19（55頁）参照）。

　㈑　承諾金額の上限

　滞納者自ら進んで、給料の差押額を増額するような申出をすることは通常想定されません。特に最低生活費を下だる承諾をすることはありえません。

　滞納者の世帯員全員の合計収入が、最低生活費を超えており、承諾金額を取り立てても、滞納者の最低生活が保障される範囲の承諾金額でなければなりません。承諾金額で給料を差し押さえた結果、世帯収入が最低生活費を下回るような場合は、二重差押えを控えるべきです（第9章第3の7(2)（54頁）参照）。

Q6－6　民事執行法による給料差押可能金額の計算方法。

A　民事執行法による給料の差押えでは、給料（基本給と諸手当。通勤手当は除く）から源泉所得税、特別徴収の住民税および社会保険料等を控除した手取給料額の4分の1が、差押可能金額となります（民執法152①）。また手取給料が44万円を超える場合には、33万円を超える部分の全額が差押可能金額となります（民執令2①一）。

　婚姻費用や養育費などを取り立てるために給料を差し押さえた場合は、4分の1ではなく2分の1が差押可能金額となり（民執法152③、151の2①）、手取給料が66万円を超える場合には、33万円を超える部分の全額が差押可能金額となります。

　通勤手当は、滞納処分による差押えの場合は給料等として差押えの対象に含まれますが（徴基通76－1）、民事執行法による差押えの場合は給料等から控除する取扱いとされています。

　民事執行法では、債務者の最低生活の保障は、収入の4分の3を保障することによって図るという観点に立っています。たとえば、収入が10万円以下

であっても、その 4 分の 1 の金額について差押えが可能であり、低収入の債務者の場合、最低生活費に不足を生じることがあります。

　なお、債務者の裁判所への申立てにより、債務者の生活の状況その他の事情を考慮して、差押禁止の範囲の変更（給料差押えの全部または一部の取消）がされる場合があります（民執法153①。第10章第 4 の 3 （142頁）参照）。

> **Q 6 － 7　強制執行による給料差押えが先行している場合の滞納処分による給料差押えの方法。**

A　滞納処分による差押えは、すでに強制執行による差押えがされている債権に対しても執行することができます（滞調法36の 3 ①）。

　第三債務者に対して債権差押通知書を送達するとともに、執行裁判所に対しても債権差押通知書を送達します（同法36の 3 ②）。裁判所に対する債権差押通知書は、滞納処分と強制執行等との手続の調整に関する法律の逐条通達別紙様式15の内容を記載した書面となります。

　差押通知書が、第三債務者に送達されると第三債務者は、「差押えが競合している部分」について法務局に供託しなければなりません（滞調法36の 6 ①）。この供託は義務ですので「義務供託」といいます。

　差押えが競合している部分とは、たとえば、滞納処分による差押可能金額が 5 万円、強制執行による差押可能金額が 4 万円の場合、競合している部分は 4 万円です。この場合、第三債務者は、 4 万円を供託する義務を負います。

　差押えが競合していない部分、すなわち滞納処分による差押えのみとなる 1 万円は、第三債務者は供託する必要はなく（供託できる根拠規定も無い）、直接滞納処分庁に支払うことになります。

　一方、滞納処分による差押可能金額が 4 万円、強制執行による差押可能金額が 5 万円の場合、競合している 4 万円について供託義務があることは同じですが（滞調法36の 6 ①）、差押えが競合していない強制執行のみに係る 1 万円は、民事執行法156条 1 項により供託することもでき（権利供託）、供託せ

ずに直接強制執行の差押債権者（民事執行法により差押えをした債権者）に支払うこともできます。競合していない部分も含めて5万円を供託する場合は、供託書に二つの根拠条文（滞調法36の6①および民執法156①）を併記して供託します。

　差押えが競合することで供託された金銭については、裁判所が配当手続を行います。配当期日までに裁判所に対して差押えの通知をしている場合、滞納処分による差押えの時に交付要求があったものとみなされます（滞調法36の10①）。

　実務上は、裁判所の配当は、数か月間ごとにまとめて行われるケースが多く、配当金は供託されている法務局から支払われます。

　配当は、まず民事執行費用に充てられ、次いで租税優先の原則により、租税に配当されます。

　なお、第三債務者にとって、強制執行による差押えのみが実行されている場合は直接差押債権者に支払うだけでよかったところ、滞納処分による差押えが加わることで、差押えが競合する部分について、法務局に供託する必要が生じ、手続がかなり煩雑になります。差押えが競合する結果を生じるときは、滞納処分による差押えをする前に、第三債務者に対して、供託方法について供託所（法務局）に電話で問い合わせるよう、説明しておくとよいでしょう。また、滞納処分による差押可能金額は、法務局は計算しないので、第三債務者に滞納処分の差押可能金額も同時に伝えておきます。

Q6-8　強制執行による給料差押えが先行している場合に、滞納処分による給料差押えをせずに交付要求のみできるか。

　滞納処分（給料差押え）をせずに交付要求のみすることは可能です。また、民事執行法による強制換価手続が行われた場合、滞納処分庁は交付要求する義務があります（徴収法82①、地税法331

④等）。

　交付要求は、配当要求の効果を有するので（「徴収法精解」82条五１）、第三債務者は法務局に供託しなければなりません（民執法154①、156②）。

　交付要求のみ行うメリットとしては、第三債務者が複雑な手続を回避できる点があります。

　すなわち、強制執行による差押え後に、滞納処分による差押えを執行した場合には、Ｑ６−７（76頁）に記載したように、第三債務者である雇用主は、強制執行による差押金額と滞納処分による差押金額を、それぞれ算出し、競合する部分を確定する必要があります。差額が生じたときは、法務局に供託するのか、どの債権者にいくら支払うのか、その判断をしなければなりません。これらの計算、供託、支払いの事務手続きはとても複雑です。結局、滞納処分を行った自治体が、第三債務者に計算方法と供託手続きの説明をし、行うべき手続きを教示することになります。

　しかし、交付要求のみであれば、第三債務者は民事執行法により差押可能金額のみを計算して（手取給料額を４で割るだけ）、その金額全額を供託するだけで済みます。

　一方、デメリットは、強制執行による給料差押えがあり、これに交付要求し、さらに他庁による滞納処分による給料差押えもある場合に、強制執行による給料差押えが取り下げられると、裁判所の強制執行手続は、終了することから、裁判所に申し出た交付要求も失効してしまうことです。結果として、交付要求のみしていた自治体は、後から給料差押えをした滞納処分庁に先を越されてしまい配当を得られなくなります。

　また、民事執行法による給料差押可能金額よりも滞納処分による給料差押可能金額が多い場合、交付要求のみだと、毎月の給料のうち民事執行法の給料差押可能金額である手取給料の４分の１の範囲でしか取立てができず、滞納税の完納に至るまで時間がかかることがあります。

> Q6-9　滞納処分による給料差押えが先行している場合に、後から強制執行による給料差押えがされた場合はどうなるか。

A　強制執行による差押えは、すでに滞納処分による差押えがされている債権に対しても執行することができます（滞調法20の3①）。この場合、裁判所書記官は、滞納処分による差押えがされていることを知ったときは、差押命令が発せられた旨を徴収職員等に通知しなければなりません（同法20の3②）。

強制執行による差押えをした債権者は、先順位の滞納処分による差押えがされている部分については、滞納処分による差押えが解除されるまでは（例：滞納税額の取立てが完了するまで）、取り立てることができません（滞調法20の5）。

第三債務者は、差押えが競合している部分について滞納処分庁に支払うか、もしくは供託することができます（滞調法20の6①）。この供託は「できる」規定なので「権利供託」となります。

競合していない部分は、Q6-7（76頁）と同様で、滞納処分による給料差押可能金額が上回る場合は、その上回る差額を直接滞納処分庁に支払うことになります。強制執行による給料差押可能金額が上回る場合は、その上回る差額を直接強制執行の差押債権者に支払うか、競合部分と合わせて供託するか、どちらもできます（滞調法20の6①、民執法156①）。

第三債務者は、上記の供託をしたときは、事情届によりその事情を滞納処分庁に届け出なければなりません（滞調法20の6②、滞調令12の5①、滞調通26の6-4、同通達別紙様式13）。また、事情届には、供託書正本を添付する必要があります（滞調令12の5③）。

第三債務者から事情届が提出された場合には、滞納処分庁は、その旨を執行裁判所に事情届通知書により通知しなければなりません（滞調法20の6③、滞調令12の6①、滞調通20の6-5、同通達別紙様式14）。

Q6−10　先行して民事執行法による給料差押えがある場合、滞納処分による給料差押えでは差押可能額が出ないときでも、二重差押えもしくは交付要求をすれば、配当を受けられるか。

A　(ア)　二重差押えによる場合に差押えは競合しているか

差押えの競合とは、滞納処分による差押えと民事執行法による強制執行の差押えが同一債権に対して行われる場合をいいます。

給与債権に対して滞納処分による差押えを執行したところ差押禁止額以下であった場合、滞納処分による給料差押えは禁止され取立てはできません。この場合には滞納処分による差押えと強制執行による差押えは競合していないので、強制執行のみが無条件に優先します。差押えは競合していないので、滞納処分と強制執行等との手続の調整に関する法律の適用もありません。したがって、本設例で、二重差押えにより滞納処分庁は取立てができません。

(イ)　交付要求による場合

もっとも、滞納者の財産である給与債権に対して強制執行による差押えがなされたわけですから、滞納処分による給料差押えでは給料の差押可能額が出ない場合であっても、「滞納者の財産につき強制換価手続が行われた場合」に該当することから、強制執行による給料差押えを執行した裁判所に対し、交付要求しなければなりません（徴収法82①）。

交付要求は、民事訴訟法上の配当要求と同一に扱われることから、交付要求をすれば、民事執行法156条2項後段により、第三債務者は義務的に供託しなければなりません。その金額は、民事執行法の給料差押可能額（手取給料額の4分の1）となります（同法152①）。

そして地方税優先の原則（地税法14）により、地方税債権がすべての債権に先立って弁済を受けられることから、条文操作の結果としては、供託された金額は、差し押さえをした執行裁判所により、交付要求庁に全額、配当されることになります（滞納処分による給料の差押可能額が、ゼロ円でなく、例え

ば3万円であって、民事執行法による給料の差押可能額が、8万円であった場合
では、8万円の配当を受けられる）。

　すなわち、滞納処分による給料差押えでは、1円も取り立てができないの
に、交付要求さえすれば、私債権の民事執行法による給料差押えに便乗して、
滞納処分による給料の差押可能額以上の配当を受けられる結果になります。
はたして滞納者の最低生活費までを徴収するような配当を受けてよいのか、
極めて奇異に感じられます。

　原点に遡って考えるに、地方税優先の原則は、地方税法14条によって特別
に認められた強力な優先権です。そして地方税が優先する「納税者の総財
産」（地税法14）とは、納税者に帰属する財産のうち、差押禁止財産を除い
たすべての財産をいいます（「徴収法精解」8条二2（注））。

　交付要求による配当原資のうち、国税徴収法の定める差押禁止財産の換価
（債権の取立てを含む）代金に相当する部分は、元々「納税者の総財産」に該
当しないことから、地方税優先の原則は及びません。したがって、給料の差
押禁止額を超えて、配当を受けることはできないというべきです（月刊「税」
2023年4月号194頁「民事執行による差押債権者の取立権と交付要求との関係等」
同旨）。

　交付要求自体は滞納処分ではありませんが、滞納処分の執行をすることが
できる財産は、差押禁止財産でないことが要件であることの趣旨からしても、
この結論は妥当でしょう。

　したがって、本設例では、交付要求によっても滞納処分庁は配当を受ける
ことはできません。

Q6−11　給料の前借りと給料差押えの優劣。

　㋐　問題となる事例
　給料を差し押さえたところ、雇用主（第三債務者）から、「給料
の前借りがある。毎月給料から、天引きしている」と主張されま

した。差押可能金額や取立てに何か影響があるのでしょうか。

　㈣　給料差押えと給料前借りの優劣——給料差押え以前の前借り

　給料の前借金を給料天引きで返済していたとしても、差押可能金額の算出には何ら影響はなく、差押可能金額は同じです。

　給料の前借りをして、毎月、給料の天引きをしている場合、その法的な性質は、雇用主と滞納者間の金銭消費貸借契約の返済方法として、給料債権と貸金債権を毎月合意した額で相殺する契約が成立しているものといえます。

　第三債務者の債務（本事例では給料債務）と反対債権（本事例では貸金債権）との相殺については、「被差押債権及び反対債権……の弁済期がいずれも到来している場合には、第三債務者は、相殺をもって差押債権者に対抗することができる」（徴基通62−31(1)）に該当することから、第三債務者の相殺が、滞納処分による差押えに優先します（民511①）。

　給料の前借りの場合、給料（被差押債権）の弁済期と前借金（反対債権）の弁済期は同時に到来します。一方、給料の差押えは、個別の給料債権が発生し、弁済期後（給料の支払日）でなければ効果を生じません。したがって、給料の前借りによる相殺は、滞納処分による給料差押えよりも、優先します。

　もっとも、給料前借りによる返済金の天引額は、通常は毎月の手取給料額の一部分です。給料から前借金の天引きをして、なお雇用主から支払われる給料（剰余部分）に対して給料差押えの効力は及ぶことから、雇用主から取り立てることは可能です。

　簡単にいえば、債権の差押えをしたところ優先する債権があるが、その優先債権者が取り立てた後も剰余金があるので、後順位となる差押えも取り立てることができるということです。

　たとえば、税および社会保険料控除後の手取額が20万円、前借りの返済金が5万円、差押可能金額が8万円の場合、手取額20万円から前借りの返済金5万円を天引きしても15万円残っており、この15万円から差押可能金額8万円を取り立てることが可能です。この事例で、滞納者の生活費が足りないとうのであれば、滞納者が雇用主と交渉して、相殺による前借金の弁済を延期

してもらうか、あるいは、差押可能額以下の定額差押え（Ｑ４−20（57頁）参照）に留めることを検討することになります。

㈡　給料差押え後の前借り

給料差押え後に、滞納者が、雇用主から給料の前借りをして、前借金の返済方法を、給料天引とした場合、差押え後に取得した債権（貸付金債権）なので、雇用主の天引（相殺）は、差押えに劣後します（民法511①前文）。

よって、給料差押えが、前借金の給料の天引相殺（返済）に優先するので、天引額を考慮することなく、差押えた給料の取立てができます。

第2編
預金債権の差押え

第7章　預金調査の方法

第1　効果的な預金調査の必要性

　金融機関への預金照会書の様式としては、平成27年度に全国地方税務協議会において取りまとめられた金融機関照会の標準様式があります（【書式7－1】、【書式7－2】、【書式7－3】）。全国の自治体に対して、この標準様式を使用するように、総務省自治税務局企画課他3課発で平成31年1月24日付け「平成31年度地方税制改正・地方税務行政の運営に当たっての留意事項等について」により通知されています。もっとも、自治体ごとにシステム変更の必要があるなどの理由からそれほど行き渡っておらず、わかりやすい照会文であれば、それぞれの自治体独自の照会様式でも問題はありません。

　金融機関の多くが、預金調査に対する回答する専門の部署を設けています。本店および全支店を網羅して、口座開設店舗を調査のうえ、残債務だけでなく、取引履歴まで添付して回答してくれる金融機関もあります。

　一般的に、預金者は自宅や勤務先の近隣にある金融機関で口座を開設している場合が多いですが、現在はインターネット上での取引を中心に営業している銀行（ネット銀行）などもあり、それらも含めてすべて照会をすると、手間と時間がかかるうえ、金融機関側にも回答事務の負担をかけてしまいます。

　そこで、以下に、効果的に口座開設店舗を調査する方法をあげます。

第2　預金照会書の預金名義人の記載の留意点

金融機関に照会するにあたり、預金者の特定は、注意が必要です。

預金口座の氏名は、犯罪による収益の移転防止に関する法律により、住民票、免許証等で本人確認のうえ、その記載によって登録されます。外国人の場合は、在留カードの記載によって登録され、口座名義がアルファベットのものもあります。フリガナは、公簿等に記載されないことから、漢字、アルファベットを問わず、本人の申出どおりに登録されます。

金融機関が、自行の全店舗に照会するにあたり、システム上、フリガナ検索しかできない金融機関もあることから、債務者のフリガナの記載は必須です。もし漢字やアルファベットの読み方が不明な場合、複数のフリガナを記載してもかまいません。

また、同姓同名の預金者も存在することから住所、生年月日も併記することで預金者の確実な特定ができます。生年月日は、西暦のみで管理している金融機関もあるので、西暦と和暦を併記します。前住所、前々住所、旧姓も預金者を特定するうえで有力な情報となるので、判明していれば記載します。

第3　給与照会による給与振込口座の調査

滞納者が給与所得者である場合は、雇用主に対して給与照会をし、給与振込口座を調査します。給与振込口座は、給与所得者のメイン口座になっている場合が多く、そこから生命保険料の引落しが見つかることがあります。見つかったら、保険会社へ契約内容を照会し、解約返戻金の有無を確認します。

また、同じ金融機関で、定期預金等のほかの預金口座が見つかることもあります。

第4　所有不動産の抵当権者の調査

滞納者の所有不動産に、金融機関の抵当権が設定されている場合、その金融機関にローンの返済口座がある可能性が高いです。住宅ローンの返済口座は、給与振込口座などのメイン口座である場合が多く、そこから雇用主を把

握できることもあります。

　また、住宅ローンの残債や返済額を確認できるため、不動産を公売した際の剰余金や配当の見込みを確認できます。住宅ローンの返済額が高額で滞納者の収入に見合っていない場合は、滞納者に対して、金融機関に返済計画の見直し（リスケジュール）の相談に行くよう勧めたりします。

　なお、その口座を差し押さえても、反対債権（ローンの残債）と相殺されてしまう可能性もありますが、後述（第10章第3（133頁））のとおり、反対債権のある預金口座であっても差押えをすることは可能であり、住宅ローンの引落口座を差し押えることで、行き詰まっている滞納整理を進展させることができます。

第5　納税に使用した金融機関

　滞納者が過去に納付書を使用して租税を納めている場合、金融機関から自治体へ届く領収済通知書の領収印を確認すれば、どこの金融機関で納付したかわかります。その金融機関に口座があり、ATMからお金を引き出して、窓口で納税している可能性があります。

第6　確定申告書の国税還付金振込口座

　滞納者が確定申告して国税還付金が発生している場合は、確定申告書に振込口座の記載があります。税務署で確定申告書の閲覧をして、還付金の振込口座を調査します。また、税務署を第三債務者として、国税還付金の支払請求権を差し押さえることもできます。

第7　携帯電話の引落口座

　滞納者が使用している携帯電話の通信会社名がわかれば、契約内容を照会して（徴収法141三）、料金の引落口座を調査します。

　どの通信会社と契約しているかわからない場合は、総務省のホームページで公開している「電気通信番号指定状況」から、NTTドコモ、KDDI、ソ

フトバンク等のいずれの通信会社にその番号が指定されているか確認することができます。ただし、番号ポータビリティの導入により、電話番号を変えずに、別の通信会社に契約を移転している場合があります。

なお、電話をかけたときの呼び出し音で、通常の「プルルッ……」という呼び出し音の前に、通信会社によって固有の呼び出し音が付く場合があり、その呼び出し音で通信会社が判明する場合があります。詳細についてはインターネット上で解説されている情報などを参照してください。

第8　庁内の税外債権の引落口座

水道料金、市営住宅家賃、給食費などは、口座引落しにしている可能性が高く、地方税法20条の11に基づき、所管部署に照会します。

特に水道料金については、一般的には世帯主の名義で契約していることが多く、滞納者が世帯主の場合は、引落口座が判明する場合があります。

ほかに、国民健康保険料（税）、介護保険料、保育料などの引落口座も調査します。

第9　捜索による調査

滞納者の自宅や事務所を捜索（徴収法142①）し、預金通帳を発見して口座の開設店舗を把握します。

この場合、捜索終了後、滞納者が直ちに預金金額を引き出すことがあるため捜索担当職員とは別に、庁内に職員を待機させておき、捜索担当職員から電話連絡を受けた後、金融機関の窓口に直ちに臨場して債権差押通知書を交付する体制を整えておきます。

第10　ホームページに掲載のある取引先

滞納者が法人もしくは自営業者で、ホームページがある場合、「会社概要」などのページに取引先の金融機関が掲載されている場合があります。

第8章　預金差押えの方法と差押預金の取立て

第1　預金差押え関係書類の準備

1　差押調書および債権差押通知書の作成

給料差押えの項でも解説したとおり（第3章第1（17頁））、財産を差し押さえたときは、差押調書【書式3－1】を作成し、その謄本を滞納者に交付しなければなりません（徴収法54二）。

債権差押えの効力は、債権差押通知書【書式3－2】が第三債務者である金融機関に送達されることで生じます（徴収法62③）。

これらの調書を作成する際の留意点は以下のとおりです。

2　滞納者の住所・氏名

金融機関の口座登録上の住所または氏名が、転居や婚姻等により、現在の住所または氏名と異なっている場合があります。その場合は、口座登録上の住所および氏名を、かっこ書で追記するか、二段書きにするなどして追記します（預金口座の帰属認定については、第10章第2（127頁）参照）。

【記載例】

住所：○○市○町○丁目○番○号（口座登録上の住所：△△市△町△丁目△番地） 氏名：甲野　太郎（口座登録上の氏名：乙野　太郎）

3　第三債務者

第三債務者（差押調書【書式3－1】、債権差押通知書【書式3－2】の債務者欄）は、金融機関の本店所在地および名称を記載しますが、支店に口座がある場合は、名称を「株式会社○○銀行（○○支店扱）」と記載します（所在地は本店の住所を記載する）。

4　差押債権の表示

被差押債権（差押調書【書式3－1】、債権差押通知書【書式3－2】の差押債権欄）の表示は、具体的事実によって第三債務者が被差押債権を確知でき

る程度（他の債権と区別できる程度）に表示されていれば、その債権の差押え
は有効です（徴基通62－24）。

5　差押債権の範囲

　債権を差し押さえるときは、その債権の額が徴収すべき租税の額を超える
場合においても、一部の差押えをする場合を除き、その債権の全額を差し押
さえなければなりません（徴収法63本文、徴基通63－1）。

　なお、債権の全額を差し押さえる必要がないと認めるときは、一部を差し
押さえることができます（徴収法63ただし書）。

　国税徴収法基本通達63条関係2では、

①　第三債務者の資力が十分で、履行が確実と認められること

②　弁済期日が明確であること

③　差し押さえる債権が、国税に優先する質権等の目的となっておらず、
　　また、その支払いにつき抗弁事由がないこと

これら三つの要件を満たすときに、債権の一部を差し押さえることができ
るとしています。債権の一部を差押えするかどうかは、徴収職員の裁量に委
ねられています（「徴基通逐条解説」63条関係2解説）。

　債権の一部を差し押さえる場合には、債権差押通知書の「差押債権」欄に、
その債権のうち一部を差し押さえる旨を明記します（徴基通63－3）。たとえ
ば、普通預金残高50万円のうち滞納額10万円のみを差し押さえる場合は、
「滞納者（債権者）が債務者（△△支店扱）に対して有する普通預金（口座番
号XXXXXXX）500,000円のうち100,000円の払戻請求権」と記載します。

　以下に、預金の種類ごとに差押債権の記載例をあげます。

①　普通預金

【臨場して全額を差し押さえる場合】
　滞納者（債権者）が、債務者（○○支店扱）に対して有する普通預金
（口座番号1234567）100,000円の払戻請求権及び債権差押通知書到達日ま
での利息の支払請求権。

【臨場して一部だけを差し押さえる場合】

差押債権	滞納者（債権者）が、債務者（○○支店扱）に対して有する普通預金（口座番号1234567）500,000円のうち100,000円の払戻請求権。
	【郵便送達で差し押さえる場合】 　滞納者（債権者）が、債務者（○○支店扱）に対して有する普通預金（口座番号1234567）の債権差押通知書到達日の預金全額の払戻請求権及び債権差押通知書到達日までの利息の支払請求権。ただし、滞納市税等100,000円に満つるまで。
履行期限	本市から請求あり次第即時

② 当座預金

差押債権	【臨場して全額を差し押さえる場合】 　滞納者（債権者）が、債務者（○○支店扱）に対して有する当座預金（口座番号1234567）100,000円の払戻請求権。
	【臨場して一部だけを差し押さえる場合】 　滞納者（債権者）が、債務者（○○支店扱）に対して有する当座預金（口座番号1234567）500,000円のうち100,000円の払戻請求権。
	【郵便送達で差し押さえる場合】 　滞納者（債権者）が、債務者（○○支店扱）に対して有する当座預金（口座番号1234567）の債権差押通知書到達日の預金全額の払戻請求権。ただし、滞納市税等100,000円に満つるまで。
履行期限	本市から請求あり次第即時

（留意事項）

・当座預金には利息はつかない。

③ 定期預金

差押債権	滞納者（債権者）が、債務者（○○支店扱）に対して有する定期預金（証券番号1234567）、満期○年○月○日1,000,000円の払戻請求権及び債権差押通知書到達日までの利息の支払請求権。
履行期限	満期日

（留意事項）

・定期預金の満期日までは取り立てできない。

④　総合口座

差押債権	滞納者（債権者）が、債務者（○○支店扱）に対して有する下記預金の払戻請求権及びこれに対する債権差押通知書到達日までの約定利息の支払請求権。 　　　　　　　　　　　　　　　　記 1　普通預金　口座番号1234567　金100,000円 2　定期預金　口座番号8901234（取扱番号1234） 　　　　　　　満期日　○年○月○日　金500,000円
履行期限	1につき、本市から請求あり次第即時 2につき、満期日

（留意事項）

・当座貸越の場合は、「差押債権」欄には定期預金のみを記載し、「備考」欄に「差押日現在総合口座取引規定に基づく当座貸越額金○○円あり」と記載する。

⑤　積立定期預金

差押債権	滞納者（債権者）が、債務者（○○支店扱）に対して有する積立定期預金（口座番号1234567）100,000円の払戻請求権及び債権差押通知書到達日までの利息の支払請求権。
履行期限	満期日

（留意事項）

・積立定期預金の満期日までは取立てできない。

・差押えの効力は、債権差押通知書送達時の預金残高およびそれ以後の利息についてのみ及び、将来の積立金には及ばない（金融財政事情研究会『実務必携　預金の差押え』（きんざい、2012年）197頁）。

⑥　定期積金

差押債権	滞納者（債権者）が、債務者（○○支店扱）に対して有する下記定期積金契約に基づく給付契約金支払請求権（給付補填金の支払請求権を含む。）。 　　　　　　　　　　　　　記 1　契約年月日　　○年○月○日 2　証 書 番 号　　1234567 3　給付契約金　　1,000,000円 4　満 期 日　　○年○月○日
履行期限	満期日

（留意事項）

・定期積金の満期日までは取立てできない。

・定期積金には、利息相当分として給付補てん金が加算される。

・債権差押通知書の送達時に、掛け金の払込みが完了していなくとも、差押えの効力は満期に額面全額の契約給付金を受け取る権利に及ぶ。また、中途解約返戻金や掛け金の払込みが完了しないまま満期が到来した場合の返戻金に対しても差押えの効力が及ぶ（前掲『実務必携　預金の差押え』210頁）。

・差押え後に引き続き掛け金が払い込まれたが、約定の金額全部までは払い込まれなかった場合に差押えの効力が及ぶ範囲については、債権差押通知書送達時の払込済掛金現在残高に応じた「払込中止満期返戻金」または「中途解約返戻金」であって、債権差押通知書到達後に払い込まれた掛け金に応じた「払込中止満期返戻金」または「中途解約返戻金」には差押えの効力が及ばないと考えられる（前掲『実務必携　預金の差押え』212頁）。

第2　預金差押えの執行および取立て

1　臨場差押えと郵便差押えのメリット・デメリット

　預金を差し押さえる場合は、債権差押通知書を第三債務者である金融機関に対して送達することで効力が生じますが、口座開設店舗へ直接臨場して交

付送達する場合と、郵便送達する方法の二つがあります。

それぞれのメリット・デメリットは下記のとおりです。

送達方法	メリット	デメリット
臨場による交付送達	・残高をその場で確認してから、差し押さえるかどうかを判断できる。 ・朝9時の開店直後など、差し押さえるタイミングを決められる。	・臨場するための移動時間がかかる（遠方の場合は臨場が現実には不可能な場合がある）。
郵便送達	・移動時間がなく、遠方の場合でも対応可能である。	・差押え直前に残高の確認ができないため、残高が僅少な場合でも、差し押さえることになってしまう。 ・差押えのタイミングは、債権差押通知書が送達された時点になるため、開店直後のタイミングでの差押えなどができない。

2　臨場による差押え

(1)　臨場する日時

事前に調査した取引履歴から、定期的に入金がある日や時間帯などを考慮のうえ、残高が多そうな日時を臨場する日とします。

滞納額に比して残高が十分にある場合や、とりあえず時効を中断させることが目的の場合などは、金融機関の窓口が忙しい5日・10日（ごとうび）、月末、週初、週末は避けるようにします。

(2)　臨場および残高の確認

臨場したら、銀行職員に徴税吏員証を呈示し、預金の差押えに臨場した旨を伝え、支店長等の預金差押えの担当者に対応を願います。

担当者に、徴税吏員証と金融機関の預貯金等の調査証を呈示し、現在の預金残高を調べてもらいます。必要に応じて、過去の取引履歴も提出してもらいます。

ここで残高が僅少な場合は、差押えをしない場合もあります。

(3)　債権差押通知書の交付および差押調書への署名・押印

差押えを執行する場合は、債権差押通知書と差押調書に差押金額を記入し、債権差押通知書を担当者に交付し、差押調書の第三債務者用の受領欄に、担当者の署名押印をもらいます。

金融機関によって、システムの入力作業や銀行内の決裁等で、差押調書に署名押印されたものが返却されるまで、時間がかかる場合があります。

(4)　取立て

即日取り立てる場合は、歳計外現金納付書を交付して納付してもらうか、現金で取り立てます。

後日の取立てとする場合は、後で歳計外現金納付書を郵送するか、会計管理者口座へ振り込んでもらいます。

(5)　差押調書の謄本の発送

帰庁したら、差押調書の謄本に差押金額を記入し、滞納者あてに発送します。簡易書留で発送するとよいでしょう。

書留郵便の場合、滞納者が全戸不在で送達できなかった場合、滞納者から再配達の申出がない限り、差押調書の謄本は留置期間経過で返送されます。その場合は、差押調書の謄本と共に返送された簡易書留の封筒（郵便局の留置期間経過の付箋がついたもの）も同封して、普通郵便で再送します。これは、「発送が遅い」という滞納者からのクレームに対して、預金差押え後すみやかに書留郵便で発信したと反論できるようにするためです。

なお、再送する場合、差押調書の謄本の日付けは、再発送日に修正する必要はなく、あくまで差押え時点で作成した差押調書の“謄本”ですので、日付けは差押調書と同じでなくてはならず、修正してはいけません。

3　郵便送達による差押え

(1)　発送日

郵便送達による差押えでは、臨場の場合と同様に、調査した取引履歴から残高が多そうな日を予測し、その日に金融機関に債権差押通知書が届くよう

に発送します。債権差押通知書の送達が差押えの効力発生要件になりますので、送達日を確定するために配達証明付郵便で発送するとよいでしょう。

(2)　差押金額の確認

臨場の場合と違い、郵便送達による差押えでは差押金額をその場で確認できません。債権差押通知書を送付する際に同封する事務連絡書に、差押金額を直ちに電話で連絡してもらうよう、金融機関に依頼しておきます。

自治体によっては、債権差押通知書の正本と副本を同封し、副本に差押金額と受領日時等を記入してもらい、返信用封筒で返信してもらう取扱いをしています。または、副本ではなく、債務確認書を同封し、差押金額、受領日時、反対債権の有無および他の執行機関の差押えの有無等を記入してもらい、返信してもらう方法もあります。

(3)　振込みによる取立て

歳計外現金納付書を郵送するか、会計管理者口座へ振り込んでもらいます。

口座振込の方法で取り立てる場合、第三債務者（金融機関）が役所へ振り込む際の振込手数料は、差押えた預金額から差し引いてもらいます（徴基通67－10(1)）。本来であれば、振込手数料は、取立てに要する費用として滞納処分費となり、別途、滞納者から徴収することとなりますが、結果的に同じこととなり、手数も省けることからこのような取扱いが認められています。

もっとも、滞納者への還付手続を省くため、預金債権の全額を差し押さえず、滞納税額と同額の預金を差し押さえる場合、金融機関は振込手数料を、差押金額から差し引くので、振込手数料額分の滞納が残る結果となってしまいます。

この場合、滞納者からあらためて振込手数料を徴収しなければならず、数百円の徴収のための事務作業が残ります。

(4)　差押調書の謄本の発送

金融機関から差押金額の連絡を受けたら、第8章第2の2(5)（94頁）で記載したとおり、差押調書の謄本に差押金額を記入し、滞納者あてに発送します。

> ## Ｑ8－1　滞納金額に振込手数料を上乗せして、預金債権の差押えができないか。

A　振込手数料の上乗せ差押えは、できないと解されます。

　滞納金額を上限として（「滞納市税に満つるまで」）、預金差押えをした場合、歳計外納付書が利用できない銀行は、差押金額から振込手数料を差し引いて、振り込んでくることがほとんどです。

　この場合、振込手数料額の滞納が残り、あらためて振込手数料額の納付書を作成して、滞納者から徴収しなければなりません。滞納者から振込手数料の支払いがないと、わずかな金額の滞納が残ってしまいます。

　そこで、滞納金額に振込手数料を上乗せして、預金差押えをしたいところですが、これは可能でしょうか。

　債権は全額差押えが原則ですが、債権の一部のみを差し押さえることも認められます（徴収法63ただし書）。もっとも、法が認める債権の一部差押えの基準と範囲は明確でなく、滞納処分庁の判断に任されています。そうすると、滞納額に振込手数料相当額を加えて差押え範囲を指定することも可能なようにも思われます。

　しかしながら、差押えは、請求可能な債権の回収のために行われるものです。将来発生する蓋然性が高い債権であっても、差押え時にいまだ発生していない債権は、請求可能な債権とはなりえません。差押え時に発生していない債権（振込手数料・滞納処分費）を請求債権に加えて差し押さえることはできないというべきです。

　したがって、債権の一部のみを差し押さえる場合は、当該請求債権（滞納税）と、既発生の滞納処分費の範囲内でしか差押えできず、差押え後に発生するであろう将来の振込手数料等を上乗せした金額で差し押さえることはできないと考えられます。

　ちなみに、民事執行法による預金差押えでも、強制執行に要した執行費用（債権差押命令申立手数料となる印紙代、債権差押命令決定書の送達費用等）は、

請求債権として認められますが、銀行の振込手数料を執行費用として上乗せして請求することはできません。

　疑問点としては、債権の全部差押が認められるのに、滞納者にとってより負担の少ない一部の預金の差押が何故ダメなのか。最終的に、滞納処分費として徴収できることから、結果的には同じになるので、上乗差押えを認めてよいのではないか。債権の全額差押えの趣旨は、「滞納額全額を限度とすることなく滞納税金の徴収に必要と認められる限り、差し押さえた債権全額に代位する」（「徴収法精解」63条解説）とされること等からすれば、発生が確実な振込手数料を、差押えの範囲に加える（上乗せする）解釈もありえるかもしれません。

第 3　預金差押えの効果

　預金差押えの効果は、債権差押通知書が第三債務者（金融機関）に送達された時に生じます。

　債権差押えの効果は、債権差押えの共通事項（第 1 章第 1 （4 頁））で記載したとおりです。

> **Q 8－2　預金口座を差し押さえたが、預金残高がゼロ円であった場合、滞納税の消滅時効の完成は猶予（中断）されるか。**

　　　　　　　預金債権の差押えで、預金残高がゼロ円であった場合、差押えは成立しないので、消滅時効は完成猶予（中断）しないと解されます（著者の私見。反対月刊「税」2017年11月号99頁「徴収関係　被差押債権が不存在であった場合の特効中断効」）。

　㋐　差押えの対象財産がないとき

　租税債権は、差押えにより、消滅時効は完成猶予（中断）します（通則法72③、民法148①一、前民法147二）。

　時効の完成猶予の効果が生じる「差押え」の内容として、差押えの執行に

着手するだけでよいのか、それとも差押えが成立してその効果が生じる必要があるのかが問題となります。

　預金の差押えでは、債権差押通知書が第三債務者に送達されかつ預金口座が存在しても、預金残高がゼロ円の場合、差し押さえることができる財産がないわけですから、滞納処分の要件を欠き、差押えは成立しません。当然、差押えの効果（処分禁止効等）は生じません（大判大元・11・26民録18巻1004頁）。

　差押えにより、消滅時効の完成が猶予されることからすれば、ストレートな法解釈としては差押えが成立していなければ、消滅時効の完成猶予はないことになります。

　㈠　「差押えの効力を生じたとき」から「差押えのとき」への変更

　この点、2020年4月改正前の国税徴収法基本通達47条関係55は、「その差押えが効力を生じた時に時効が中断する」と表現していましたが、改正後は「その差押えの時から……時効は完成せず」と変更しました。

　改正前の国税徴収法基本通達47条関係55の表現によれば、預金残高がゼロ円であった場合、預金差押えの効力は生じていないので、消滅時効は中断しないことは明らかです。

　改正後の国税徴収法基本通達47条関係55は、「その差押えが効力を生じた時」から、「差押えの時」と表現を変更しており、時効の完成猶予の効果発生が、差押通知書が送達された時なのか、あるいは差押えの効力が生じた時なのか、判然としません。

　国税庁が、「その差押えが効力を生じた時」という表現を敢えて「差押えの時」と変更したことを忖度すれば、第三債務者（金融機関）に、差押通知書が送達されれば、預金残高がゼロ円であっても、権利の行使にあたる行為を行ったもの（差押えの執行に着手したもの）として、「差押えの時」として消滅時効の完成猶予として認める立場なのでしょうか。

　㈡　民事執行法による差押えの場合

　この点、民事執行法では、第三債務者に差押命令決定書が送達された時点

で、消滅時効中断の効力を生ずるとする判例があります（大判大15・3・25民輯5巻214頁）。

　民事執行法の差押えでは、差押えに着手するまでに、裁判所の判決、裁判上の和解などの債務名義を取得し、裁判所書記官の執行文付与手続きを経て、執行裁判所の債権差押命令決定がなければ債権の差押えはできません。債務者に債権差押命令が送達されるまでに、幾重もの裁判所の審理があり、差押えに係る請求債権の存在も訴訟手続によって明確になっています。仮に預金債権がゼロ円であっても、差押え手続き（権利行使）の着手によって消滅時効の完成猶予の効果を認めることも可能です。

　徴税吏員の判断のみで執行することが可能な滞納処分による差押え（徴収法47①）とは、性質を異にしているといえます。

　以上の理由から、滞納処分による預金口座の差押えをしたときに、預金残高がゼロ円であった場合には、滞納税の消滅時効の完成猶予の効果は生じないと解されます（著者の私見）。

第4　預金差押えの解除

　差し押さえた預金債権の額が、振込手数料にも満たないような少額であった場合、預金差押えを解除することがあります。この場合、預金差押えを解除した場合、滞納税の消滅時効の進行がどうなるか疑問が生じます。

　預金債権の差押え時に、預金口座に残高があれば、消滅時効の完成猶予の効果が生じます（民法148①一）。

　いったん、適法に行われた差押えを解除する場合、差押えの効力は将来向かって消滅するだけです。すなわち、差押えの解除は、成立に瑕疵はないが公益上その効力を存続せしめ得ない新たな事由が発生した場合に行う撤回の性質を持つもので、解除前に生じた効果、処分はその効力を失うことはありません（「徴基通逐条解説」79条関係14解説）。したがって、預金債権の差押え後、差押金額が少額であったことから、差押えを解除しても（徴収法79①二等）、いったん生じた消滅時効の完成猶予の効果は、維持され、差押解除

時まで継続します。そして、差押えの解除の翌日に、消滅時効が更新し、再びゼロから消滅時効が進行を始めます（民法148。徴基通47－55）。

　なお、解除ではなく、差押処分を取り消す行政庁の決定、裁判所の判決があったときは、差押えの効力は遡及して消滅し、時効中断の効果も生じなかったことになります。

第9章　相続預金の差押え

第1　相続預金の差押えの可否と取立て——総論

設例と結論

【設例】

　相続人が複数名存在する場合、死亡者名義の預金債権の差押えはできるか、できるとして金融機関から取り立てることはできるか。

【結論】

　相続人が複数名存在する場合（以下、「共同相続」という）であっても死亡者名義の預金債権（以下、「相続預金」という）は差押えは可能です。ただし原則として遺産分割協議が終了するか、共同相続人全員の同意がなければ相続預金の取立て（払戻し）はできません。

　もっとも相続人全員の共有持分（相続分）を差し押さえた場合は取立てができます（第9章第2）。

1　相続預金で最高裁判所が判例変更

(1)　平成16年判決

　従前、最高裁平成16年4月20日判決（家月56巻10号48頁）等は、相続財産のうち、金銭債権（預金債権）などの可分債権については、遺産分割を待たずに、相続の発生（被相続人の死亡）と同時に当然に相続分に応じて各相続人に承継されて分割単独債権となり、各相続人ごとに承継する預金債権額が確定的に定まるとしていました。

　これに倣い滞納処分の実務でも、共同相続人間の遺産分割を待たずに、亡くなった被相続人名義の相続預金に対して、法定相続分に基づいて計算した承継金額を相続人ごとに差し押さえて、金融機関から取り立てていました（実際には、相続人全員の書面による同意がないと取立てに応じない金融機関が多数でしたが）。

(2)　平成28年決定

　最高裁平成28年12月19日決定（民集70巻8号2121頁）（以下、「平成28年決定」という）は、最高裁平成16年4月20日判決を変更し、共同相続された預金債権は、相続開始と同時に当然に相続分に応じて分割されることはなく、遺産分割の対象になるとして、法定相続分による当然分割承継を否定しました。

　共同相続人は、金銭債権（預金債権）そのものを相続するのではなく、預貯金契約上の地位を準共有するとし、共有財産の処分は共有者全員で共同相続人が全員で預貯金契約を解約しない限り、各相続人に確定額の債権として分割されることはないと判断しました。

(3)　平成28年決定の影響

　共有物の処分・変更は、共有者全員の同意がなければできません（民法264本文・251）。平成28年決定を前提とすると、相続預金は、共同相続人の準共有に属することから（民法898・264本文）、各共同相続人は単独で払戻請求できず、遺産分割が終了して、預金債権の分割方法が定まって準共有状態が解消するか、共同相続人全員が同意しなければ、相続預金の払戻しはできないことになります。

　平成28年決定により、相続預金に対して、そもそも滞納処分による差押えができるのか、できるとしてその範囲はどうなるのか、債権差押通知書の記載方法はどうなるのか、相続預金の取立てはいつどうすれば可能なのかなど、重要な点で変更が生じました。

2　共同相続された相続預金の差押えの可否

　相続財産である預金債権が、共同相続により準共有となっても、預金債権の性質や処分方法まで変更されるものではなく、各共同相続人の共有持分を第三者に譲渡することは可能です（『民事執行の実務(上)』188頁）。このように相続預金の持分は、金銭的価値を有する譲渡可能な財産なので、被相続人の債権者は、相続人の法定相続分（民法900）に応じて、個別にでも全員に対してでも、差押えできます（同法902の2参照）。もっとも、共同相続人は、単独では相続預金口座の解約による相続預金の払戻請求ができないことから、

共有持分の取り立ては、相続人全員の同意を得るか、遺産分割が終わってからでなければできません。

なお、相続人全員の持分を差し押えた場合に取立てができることは、第9章第2（104頁）で詳述します。

3　相続人が一人の場合

共同相続ではなく、相続人が一人であれば、準共有状態は生じないので、差し押さえた死亡者名義の相続預金を取り立てることは可能です。

相続預金の差押債権欄の記載は次のようになります。

◎　相続預金の差押債権の記載例

差押債権	滞納者（債権者）が、被相続人 A（住所：○○市相続町○丁目○番○号）から相続した債務者（○○支店扱）に対して有する下記普通預金の払戻請求権及び債権差押通知書到達日までの利息の支払請求権。ただし滞納者の持分○分の○（法定相続分）。 　　　　　　　　　　　　　　　　　　記 　1　口座番号　　　1234567 　2　預金名義人　　A 　3　金額　　　　　○○円
履行期限	本市から請求あり次第即時

（留意事項）

・持分は、相続分を指定する遺言がある場合は、指定相続分を記載する。

・遺言がないあるいは遺言があるかないか不明の場合は、法定相続分を記載する。

・2の預金名義人は、死亡した被相続人の氏名を記載する。

・被相続人 A の口座の特定のため A の金融機関への届出住所を記載する。

・3の金額は、持分割合による金額ではなく、差押え時の預金残額の金額を記載する。

（送付書類）

・債権差押通知書

・被相続人の出生から死亡までの除籍謄本

・相続人と被相続人のつながりが分かる戸籍・除籍謄本

・相続人全員の現在戸籍

・相続放棄した者があれば相続放棄の受理証明

・相続関係図

第2　相続預金の差押え——被相続人が滞納者のとき

設例と結論

【設例】

　住民税を滞納したＡが、死亡し、相続人が妻Ｂ、子どもＣとＤの二人の場合に、Ａ名義の相続預金につき、Ｂの持分のみを差し押さえた場合、取立てができるか。

　Ｂ、Ｃ、Ｄ相続人全員の持分を差し押さえた場合は、どうか。

【結論】

　亡Ａ名義の預金につき、Ｂの持分のみを差し押さえた場合、遺産分割が終了するか、Ｂ、Ｃ、Ｄ全員の同意がなければ、取立てはできません。

　Ｂ、Ｃ、Ｄ相続人全員の持分を差し押さえた場合、相続人全員が共同して払戻請求することと同様なので、取立てができます。もっとも払戻しに応じない金融機関もあります。

1　個別相続人の単独持分のみの差押え

　設例の亡Ａの預金債権は、相続人Ｂ、Ｃ、Ｄに共同相続され、相続人全員の準共有状態となります。準共有状態となっても亡Ａの滞納税に充てるため、亡Ａ名義の預金につき、Ｂ、Ｃ、Ｄのそれぞれの共有持分に応じて個別に差し押さえることも、共同相続人全員に対して同時もしくは順次に差し押さえることも可能です（第9章第1の2（102頁）参照）。

　もっとも、共同相続人は、単独では払戻請求できないので、設例の事案で、

亡 A 名義の預金債権につき、一部の相続人、たとえば B の共有持分だけを
差し押さえた場合、遺産分割が終わって準共有状態が解消するか、共同相続
人全員から同意を得なければ、差押債権者（滞納処分庁）は、金融機関から
取立て（払戻請求）することはできません。

2　共同相続人全員の持分の差押え

亡 A 名義の預金債権につき、B、C、D 共同相続人全員の共有持分を同時
もしくは順次に差し押さえた場合には、共同相続人全員の同意を得ることな
く、金融機関から取り立てることができます（齋藤毅「最高裁民事判例解説」
法曹時報69巻10号331頁。さいたま地判令元・12・24税務訴訟資料2019－33）。

債権の差押えの効力として、差押債権者（滞納処分庁）は、取立権を取得
します。この取立権は、債務者の第三債務者（金融機関）に対する取立権
（払戻請求）を代位行使するものです（第 1 章第 1 の 5 （ 6 頁）参照）。

したがって、共同相続人全員の共有持分を差し押さえて、共有持分全部
（全額）をまとめて金融機関から取り立てることとは、共有者全員がその共
有持分につき共同して払戻請求をすることと同様（相続人が一人である場合に
相続した預金を差し押さえる場合と実質的に同様）と解することができるから
です。

3　取立てに対する金融機関の対応

共同相続人全員の共有持分を全部差し押さえれば、法的に、金融機関から
取り立てることが可能であっても、金融機関が素直に支払い（払戻し）に応
じるとは限りません。

平成28年決定以前でさえ、銀行実務では、法定相続分の払戻請求であって
も一部の相続人からの払戻しには応じていませんでした。共同相続人全員が
連署・押印した書面もしくは遺産分割協議書を添えた払戻請求がなければ、
相続預金の払戻しに応じない取扱いが一般的でした（畑中龍太郎ほか『銀行
窓口の法務対策4500講』（きんざい、2013年）1268頁）。

金融機関は、平成28年決定が、相続預金が遺産分割の対象となり準共有に
なると判断したこと、相続人および相続分の確定が困難なこと、相続人間の

紛争に巻き込まれたくないことなどの理由から、遺産分割が終了するか、共同相続人全員の同意を得るか、もしくは取立訴訟の被告となって敗訴しない限り、取立てに応じないであろうことが想定されます。

4　持分全部差押後の処理

(1)　滞納税額が預金債権額より高額な場合

たとえば、亡 A の滞納税が120万円で、亡 A 名義の預金残高が、80万円の場合（〔図9〕の事例①）、B、C、D の持分全部、合計80万円を差し押さえて、取り立てることになります。

金融機関は、相続預金の差押えに対して、遺産分割協議書の写しの提出あるいは共同相続人全員の同意書がなければ、取立てに応じない場合があります。遺産分割協議が、進まない案件は、相続人間の対立が激しく容易に合意に至らない場合か、逆に相続人間が疎遠で合意を形成しようという意識が希薄な場合が多いでしょう。

となると、共同相続された預金債権の差押えは、取立てに時間を要し、数年は塩漬けになる覚悟が必要です。

金融機関が任意に取立てに応じず、共同相続された相続預金の取立てに1年以上の時間を要することが想定される場合は、取立可能な金額のみ残し（80万円）、これを超える滞納税額（40万円）は徴収不可能として、滞納処分の一部停止（徴基通153－8(1)）を行うことを検討します。

〔図9〕　差し押さえた相続預金の取立て後の処理

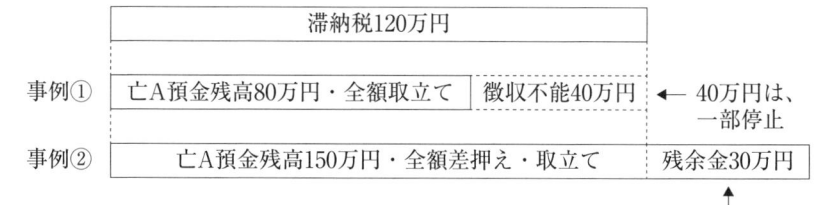

　(2)　滞納税額が預金債権額より少額の場合

　たとえば、亡 A の滞納税が120万円で、亡 A 名義の預金残高が、150万円の場合（〔図 9〕の事例②）、B、C、D の共有持分全部の合計150万円を差し押さえれば、全額取り立てることができます。残余金となった30万円については、法定相続分に応じて、B に15万円、C に 7 万5000円、D に 7 万5000円を還付することとなります。

　なお、相続人が承継した滞納税額を限度にして、B60万円、C30万円、D30万円のみ差し押さえて、滞納額120万円のみを取り立てることも、共有者全員が合意のうえで相続預金の一部を払い戻すことと同様ですので、可能と解されます。

第 3　相続預金の差押え後の相続放棄——被相続人が滞納者のとき

設例と結論

【設例】

　死亡した滞納者 A 名義の相続預金に対し、相続人を滞納者、銀行を第三債務者として差し押さえたのち、相続人が相続放棄した時、差押えの効力はどうなるか。

【結論】

1　相続預金の取立て前の相続放棄——相続人全員が相続放棄した場合

　(1)　結　論

　相続人全員が相続放棄した場合、相続人に対する相続預金の差押えは、全部、無効となります。

　(2)　理　由

　相続放棄の遡及効により、相続放棄した相続人は、最初（相続開始の時点）から相続人とならなかったことになり、相続人は不存在であったことになります。

　結果として、滞納税の承継者でない者を、相続人（滞納者）として、相続

預金を差し押さえたことになるので、その預金差押えは無効となり、預金債権を銀行から取り立てることはできません。

相続財産清算人の選任申立をし、相続財産法人を相続人として改めて差押えをしなければなりません。

なお、当初の預金差押えは、無効であり、本来は取消す必要もありませんが、実務的には、混乱を避けるため差押えの取消通知を銀行に送付する扱いとなっています。

2　相続預金の取立て前の相続放棄──相続人の一部が相続放棄した場合

(1)　結　論

相続人のうち一人でも相続放棄をすれば、相続分が変化するので相続人に対する相続預金の差押えは、全部無効となり、再度、法定相続分を計算し直して、相続した者に対して差押通知書を送付します。

(2)　理　由

相続放棄の遡及効により、相続人は、最初（相続開始の時点）から相続人とならなかったことになります。したがって、相続預金の差押え後に相続放棄した相続人を滞納者とする相続預金の差押えは、滞納税の承継者でない者を滞納者として差し押さえたことになるので、放棄した相続人に対する差押えは無効となります。また、相続放棄により相続人の人数も変わり、相続した人の相続分も間違っていることになるので、放棄していない相続人に対する差押えも無効となります。

よって、相続割合を再度計算して、相続した者に対して差押通知書を送付する必要があります。

3　相続預金の取立て後の相続放棄

(1)　結　論

銀行から取立てをしたのちに、相続放棄の申述があっても、取立てによる徴収の効果（納税による租税債務の消滅）は覆滅せず、有効です。

(2)　理　由

相続放棄の遡及効により、相続預金を差し押さえても、上記1および2に

記載したように相続預金の差押えは無効となります。となると、銀行から相続預金を取立てた後の相続放棄であっても、遡及効により相続預金の差押えが無効となり、取立てによる徴収も無効となりそうです。

　しかしながら、差押債権を取り立てたとき、滞納税を徴収したことになります（徴収法67③）。実際に債権を取り立てて、収納されれば、事実として滞納務債務は消滅します。そして、相続放棄は、家庭裁判所への申述によって行うことからすれば、相続放棄の遡及効といえども、相続放棄の申述をする以前に消滅した租税債務が、相続放棄によって、復活することはなく、相続預金の取立てによる納税が無効となることはありません。

第 4　相続預金の差押え──相続人が滞納者のとき

設例と結論

【設例】

　死亡した A 名義の相続預金があり、その相続人が、妻 B、子ども C、D 二人の場合に、相続人 B が住民税を滞納した場合、亡 A 名義の預金につき滞納者 B の相続分を差し押さえて、取立てができるか。

【結論】

　B が、相続した法定相続分（2 分の 1）の範囲で、亡 A 名義の預金債権を差押えすることができます。ただし、共同相続した預金債権は、準共有となることから、差し押さえた B の持分の取立ては、遺産分割が終了して、準共有状態が解消するか、相続人全員の同意が得られるまでできません。

1　遺産分割を待たず、取り立てる方法

　遺産分割を待たずあるいは共同相続人全員の同意無しに、差し押さえた B の持分を金融機関から取り立てる方法として、実務的に有効な法的手続は思い当たりません。

　煩雑な手続になりますが、滞納処分庁が租税債権者として、債権者代位により滞納者 B を代位し、他の共有相続人者全員（C、D）を被告として共有

物分割請求訴訟（民法258①）を行うことは可能です。しかし、債権者代位といい、共有物分割請求訴訟といい、滞納整理実務において、汎用されている手続ではありません。また、共有物分割請求訴訟の判決が確定したとして、訴外人である金融機関に対する債務名義となりません。共有物の分割を命じる判決は、民法251条のC、Dの同意に代わるものとなり、C、Dの同意なくBを代位して滞納処分庁が、単独で金融機関に払戻請求（取立て）できるようになるだけです。金融機関から支払いを拒まれれば、あらためて取立訴訟を行わなければなりません。

2　相続預金差押えによる処分禁止効

相続預金につき滞納者の個別持分差押えをしても、金融機関から取立てはできないものの、差押えをすれば、処分禁止効が生じるので、滞納処分庁の知らない間に、遺産分割が終了し、あるいは相続人全員が同意して、相続預金が払い戻されてしまうという事態は避けられます。また、差押えの処分禁止効により、滞納者は、遺産分割前の払戻請求権（民法909の2）も行使できなくなります（第9章第5の3（112頁）参照）。

3　差押え債権者の保護

差押債権者は、民法909条ただし書の第三者として保護され、相続預金の差押え後、共同相続人間で、法定相続分（差押金額）と異なる遺産分割がなされても（例：Bの相続分につき差押金額を下回る内容の遺産分割がされても）、差押金額（法定相続分）の取立ては可能です。したがって、とにかく滞納者の相続した持分の差押えだけはしておくことです。

4　滞納処分の一部停止

相続預金を差し押さえても、遺産分割協議書の写しあるいは共同相続人全員の同意書がなければ、金融機関は、取立てに応じません。

遺産分割の終了まで時間を要することが想定される場合は、法定相続分に相当する取立可能と認められる金額のみ残し、これを超える滞納税額は徴収不可能として、滞納処分の一部停止（徴基通153－8(1)）を行うことが可能です。

5　差押相続預金の即時取立てができる法整備

　共同相続された相続預金も、法定相続分で計算した共有持分額の差押えは可能であり、後に遺産分割がどのような内容になろうとも、民法909条ただし書の第三者保護規定により、差押債権者は将来確実に差押債権の取立てができます。また、債権差押えによる処分禁止効で、金融機関は相続人からの相続預金の払戻請求および民法909条の2による遺産分割前の一部払戻請求に応じないでしょう。

　となると、いつかは差し押さえた相続預金の共有持分について、滞納処分庁が収納できることは確実であり、遺産分割の終了を待つ必要性はありません。この点につき立法的な解決が図られることを期待したいところです。

第5　遺産分割前の相続預金の一部払戻請求権の差押えの可否

設例と結論

【設例】

　遺産分割協議が終了する前でも、相続人は、単独で相続預金の一部の払戻請求ができるが（民法909の2）、この遺産分割前の預貯金の一部払戻請求権の差押えはできるか。

【結論】

　民法909条の2で認められた遺産分割前の預貯金の一部払戻請求権は、本体の預貯金債権と性質の異なる複数の預貯金債権を創設するものではなく、払戻請求権それ自体を独立した債権として観念することはできず、差し押さえはできません。

1　遺産分割前の相続預金の一部払戻請求制度

　平成28年決定により、遺産分割協議が終了するか、共同相続人全員の同意がなければ、共同相続人の一人による単独での相続預金の払戻請求はできなくなりました。結果として、資力の乏しい相続人は、自らの当面の生活費、相続債務の弁済、葬儀費用の支払い等で不便を強いられることになりました。

この不都合を解消するために、民法909条の2は、遺産分割前の預貯金の一部払戻請求権（以下、「一部払戻請求権」という）として、法定相続分の3分の1に相当する預貯金については、共同相続人の一人が単独で権利行使できる（払戻しができる）旨定めました。

2　一部払戻請求権の差押え

この一部払戻請求権は、相続人が単独で相続預金の払戻しができない不都合・不便を解消するために、例外的に預金債権の一定額について単独での権利行使を認めたものです。元となる相続預金債権と性質の異なる新たな債権を創設するものではありません。したがって、一部払戻請求権それ自体が預金債権から独立した権利となるものではなく、一部払戻請求権自体を独自の債権として観念することはできないので、差押えはできません（同旨：『新注釈民法(19)』448頁、『民事執行の実務(上)』189頁、反対：橘素子『租税徴収の実務対策101』（大蔵財務協会、2021年）171頁）。もちろん一部払戻請求権の元となる預金債権の差押えは可能であり（第9章第1の2（102頁）参照）、差押えによる処分禁止効により、各相続人は、一部払戻請求権を行使して払戻すことはできなくなります。

3　一部払戻請求権の代位行使

一部払戻請求権の差押えができないとしても、相続預金を差し押さえたことにより取得した取立権（徴収法67①）に基づき、滞納処分庁自らが一部払戻請求権を行使して、金融機関から預金債権の一部を取り立てることができるでしょうか。

滞納処分による預金債権の差押えにより、滞納処分庁は、滞納者に代わって預金債権者の立場に立ち、滞納者（預金債権者）の有する取立権（払戻請求権）を取得することから、一部払戻請求権の行使も可能と解する余地もありそうです。

しかしながら、一部払戻請求権は、預金債権を共同相続した相続人が単独で払戻請求権を行使できない不都合・不便を解消するために特に設けられた制度です。相続預金を差し押さえた者（滞納処分庁）に、これら不都合・不

便が生じることは想定し難く、相続預金債権の差押債権者は、一部払戻請求権を行使できないと考えられます（『新注釈民法⒆』448頁）。

4　預金債権の差押えによる一部払戻請求権の処分禁止効

以上のように、一部払戻請求権は、差押えもできず、相続預金の差押債権者も単独で一部払戻請求権を行使することができません。ただし、元となる相続預金を差し押さえておけば、差押えの処分禁止効により（徴収法62②）、相続分の差押えを受けた預金債権者（滞納者）は、一部払戻請求権を行使できなくなることから、元となる相続預金の持分の差押えは行っておくべきです。

第6　相続預金の差押え──相続人が不存在で相続財産清算人の選任がない場合

設例と結論

【設例】

相続人不存在の場合に、どのようにしたら死亡した滞納者名義の預金を差し押さえて取り立てることができるか。

【結論】

滞納者の死亡前に督促状が送達されていれば死亡した滞納者名義の預金を差押えできます。もっとも、取立てに応じない金融機関も存在します。

1　相続人不存在の預金債権の差押えができる場合

相続人が存在する場合の相続預金の差押えの可否、取立方法は、第9章第1（101頁）・第2（104頁）・第4（109頁）で記載したとおりです。では、相続人が不存在の場合、死亡した被相続人（死亡者）名義の預金債権を差し押さえて、取り立てることができるでしょうか。

結論を先に言えば、被相続人の死亡前に、納税通知書、督促状が送達されている滞納税分（〔図10〕の滞納税①）については、相続財産清算人を選任することなく、死亡者名義の預金債権を差し押さえて、金融機関から取り立て

ることができます。死亡前に納税通知書、督促状が送達されていない部分（〔図10〕の滞納税②・③）は、相続財産清算人を選任し、相続財産清算人に対して、送達をやり直さなければ、差押えできません。

〔図10〕　相続財産清算人の選任なしで、相続預金の差押えが可能な範囲

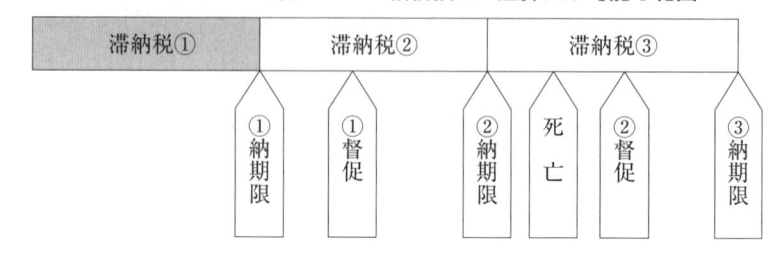

2　相続人不存在の場合の原則的な処理

相続人が不存在の場合、相続財産法人が成立し、相続財産清算人が選任されて、相続財産の清算業務が行われることは、第9章第7の1（121頁）・2（122頁）で記載するとおりです。

相続財産法人と相続財産清算人との関係は、会社とその代表取締役と同様に民法上の委任関係にあります。したがって、相続財産法人の「送達を受けるべき者」（地税法20①、通則法12①）は、相続財産清算人であり、納税通知書、督促状、相続財産の差押調書の謄本、換価執行決定書、配当計算書等の送達は、相続財産清算人を選任したうえで、「亡○○相続財産　相続財産清算人○○」として、相続財産清算人の住所・事務所を送達場所として行うことが原則となります。

3　死亡前に督促状の送達が完了している場合

(1)　預金債権の差押え、取立ての可否

相続人は、被相続人の財産に属した一切の権利義務を承継します（民法896）。相続人が、不存在の場合、相続財産法人が、相続財産を承継します。被相続人の死亡前に、納税通知書、督促状の送達が完了していれば、その送達の効果は、被相続人の財産に属した権利義務の承継として、相続財産法人が承継し、相続財産法人は、納税義務を負い、滞納処分庁は、相続財産に対

して滞納処分を行うことができます。

　そして、滞納処分による債権差押えの効力は、債権差押通知書が第三債務者に送達されることによって生じ（徴収法62③）、同時に差押債権の取立権が発生します（同法67①）。債権の差押調書の作成および同謄本の滞納者への交付は（同法54二）、債権差押えの効力の発生要件ではなく、取立権の発生についても、条文上、差押通知書の謄本の送達は要件とされていません（徴収法67①）。

　ちなみに、民事執行法では、債務者に裁判所の債権差押命令が送達されてから1週間を経過したときに、金銭債権の取立てができる旨の定めがありますが（民執法155①本文）、国税徴収法にはこのような制限はありません。

　したがって、差押調書の謄本が滞納者（相続財産法人）に送達されなくても、債権差押通知書が、第三債務者（金融機関）に送達されれば、預金債権の取立てができます（東京地判平28・2・16判時2320号27頁は、差押調書謄本不交付の場合に、債権差押えを有効としている）。

　作成した差押調書の謄本は、差押記録簿に編綴しておき、相続財産清算人が選任されたときに交付します。

　以上から、滞納者が死亡する前に、督促状を送達した滞納税部分は、第三債務者（金融機関）に債権差押通知書を送達するだけで、相続財産清算人を選任することなく、取立てができます（同旨：月刊「税」2012年12月号75頁「相続が開始された場合の徴収手続に関する若干の事例①」参照）。

　債権差押通知書の滞納者の氏名は、「亡A相続財産」と記載し、滞納者の住所は、最終の住所地を記載します（第9章第1の1（101頁）参照）。

　差押債権の金額は、滞納税に満つるまでとし、滞納税額以上の金額を差し押さえないようにします。滞納額以上の金額を取り立てた場合、相続財産清算人が選任されていないと滞納税に充当した後の残余金の還付先がないので、法務局に供託しなければならず（民法494①一もしくは②）、手続きが面倒だからです。差押えする預金債権が、定期預金、定期積金等の場合は、差押金額の指定ができないことから、残余金が生じた場合、法務局に供託せざるを

得ません。

　相続人不存在の場合の差押債権欄の記載は、次のようになります。

◎　相続人不存在の場合の相続預金の差押えの記載例

差押債権	滞納者（債権者）が、被相続人 A（住所：○県○市○町○丁目○番○号）から相続した債務者（○○支店扱）に対して有する下記普通預金の払戻請求権及び債権差押通知書到達日までの利息の支払請求権。<div align="center">記</div>1　口座番号　1234567 2　預金名義人　A 3　金額　　　○○円（or 滞納市税等○○円に満つるまで）
履行期限	本市から請求あり次第即時

（留意事項）

・2 の預金名義人は、死亡した被相続人の氏名を記載する。

・預金者の特定のため、被相続人 A のかっこ内の住所は、金融機関への届出住所を記載する。

（送付書類）

・債権差押通知書

・被相続人の出生から死亡までの戸籍・除籍謄本

・法定相続人と被相続人のつながりがわかる戸籍・除籍謄本

・法定相続人の現在戸籍

・相続関係図

・相続放棄受理証明（相続人の中で相続放棄した者がある場合）

・月刊「税」2012 年 12 月号 75 頁「ここが知りたい最新税務 Q&A」のコピー（相続財産清算人の選任がなくても差押えが可能であることを論じた記事）

・本書『滞納処分による給料・預金差押えと取立訴訟の実務〔第 3 版〕』113 頁〜121 頁のコピー

・事情説明書（被相続人の滞納税の発生と生前に督促状を送達した事実経過の説明）

・納付書

　⑵　金融機関の対応

　すでに、相続人不存在の場合の相続預金の差押えに対応している金融機関
もいくつかあり、支払いに応じてくれる金融機関も増えてきました。もっと
も相続人が不存在の場合に、相続財産清算人を選任せず、第三債務者（金融
機関）に対する債権差押通知書によって相続預金の取立てを行う事例は少な
いことから（現実に支払いに応じている金融機関はあります）、どうして死亡者
名義の預金を差し押さえて取立てができるのか説明を求められるでしょう。

　丁寧に説明を尽くしても、金融機関によっては、判断に迷い、素直に支払
わないことも予想されます。その場合は、差押債権取立訴訟の提訴の予告通
知書（【書式14－1】参照）を送付します。たいていの金融機関は、この予告
通知によって、支払ってくるはずです（第14章（220頁）参照）。

　⑶　差押調書謄本の交付の必要性

　債権の差押え後は、差押調書を作成し、滞納者に対して差押調書の謄本を
交付しなければなりません（徴収法54二）。

　差押調書謄本の交付は、債務者に、その財産の差押えの事実およびその理
由を告知し、差押えおよびその後の換価・配当処分に対して、不服申立ての
機会を与えることにあり、滞納者の権利を保護する手続保障といえます。

　しかし、相続人が不存在の場合、相続財産清算人が選任されていなければ、
差押調書謄本は、交付できないことから、差押調書謄本の不交付が、滞納処
分手続にどのような影響を与えるのか、疑問を生じます。

　⑷　差押調書謄本の不交付が預金の差押え・取立て・配当処分に与える
　　影響

⒜　預金差押えへの影響

　債権差押処分において、差押調書の謄本の交付は、差押えの効力発生要件
ではなく、差押処分後の事後手続きにとどまることから、その不交付は、差
押処分の違法事由となりません。

(B)　取立てへの影響

　また、取立権の取得要件も、差し押さえた債権の取立てをすることができるとのみ規定し（徴収法67①）、条文上、差押調書謄本の交付は、要件でないことから、その不交付は、取立て処分の違法事由とならないと解されます。実務的にも金融機関への臨場差押えでは、差押え後即時に取り立てて、取立て後、差押調書の謄本を滞納者に送達しています。

(C)　配　当

　差押財産の売却代金、第三債務者から給付された金銭、差押金銭および交付要求により交付を受けた金銭があるときに配当を行うもので（徴収法128①）、差押調書謄本の交付は、要件でないことから、その不交付は、配当処分の違法事由とならないと解されます（ただし、前掲東京地判平28・2・16は、差押調書謄本の交付がない配当処分は違法で、取り消し得べき瑕疵となると判示している）。

(5)　差押調書謄本の不交付が審査請求期間に与える影響

　差押えを知った滞納者は、処分を知った翌日から3か月間経過すると審査請求できなくなりますが（行服法18①）、差押調書謄本の交付がないときは、差押処分を受けた滞納者（相続財産法人）は、処分のあったことを知ることができないので、審査請求期間は経過していないことになります。

　もっとも、処分のあった日から1年を経過すると、処分を受けた者の認識の有無に関係なく、原則として、審査請求ができなくなりますが（行服法18②本文）、差押調書謄本の交付がない場合は、「正当な理由があるとき」に該当し、処分の日から1年を超えていても、処分があったことを知った日の翌日から3か月間は、審査請求できるものと解されます（行服法18②ただし書）。

　したがって、被相続人名義の預金の差押え・取立て後、時を経て相続財産清算人が選任され、相続財産清算人に対して差押調書謄本を交付した場合には、その交付後3か月の間は、審査請求を受ける可能性があるという範囲で、滞納処分は影響を受けることになります。

　ただし、差押債権の取立てが完了してしまうと、債権差押処分は、目的を

達し、差押えの効力は消滅してしまうので、相続財産法人には、債権差押えの取消しを求める法律上の利益がないことから、結局のところ債権差押えの取消しは、認められないことになります。

4 死亡前に納税通知書、督促状の送達が完了していない場合

⑴ 相続財産清算人を選任して送達のやり直し

被相続人の死亡前に、納税通知書、督促状が送達されていない場合には、納税義務は確定しておらず、あるいは滞納処分の前提である督促状の送達もできていないことから、これらの送達をやり直す必要があります。

納税義務者は、被相続人（滞納者）の承継人である相続財産法人であり、納税通知等の送達を受けるべき者も同法人ですが、意思表示（文書の送達）を受けるためには、職務執行者である相続財産清算人の選任が必要です。

したがって、滞納者の死亡前に納税通知書、督促状が送達されていない税額部分（〔図10〕の滞納税②・③）は、相続財産清算人を選任し、相続財産清算人に納税通知書、督促状を送達した後でなければ、差押えはできません。

⑵ 公示送達はできない

この点、相続財産清算人が選任されていない場合、相続財産法人の送達を受けるべき者の「住所、居所、事務所、及び事業所が明らかでない場合」（地税法20の2①）に該当するものとし、公示送達により滞納処分を進める事例もみうけられます。

しかし、公示送達は、あくまで、送達の相手方が、送達を受けることが可能であることを前提として、その住所・居所、事務所・営業所等が明らかでない場合に行う送達方法であって、そもそも送達文書が受領できない場合にはできません。

法人の場合、代表者の死亡、辞任、解任等で、法人の代表者を欠くときは、法人には意思表示および文書の受領能力はありません。これは、送達を受けるべき者が法人の場合、法人には手足目がない以上、職務執行者（代表者、財産管理人等）が選任されていなければ、送達文書を受領できないからです。そして相続財産法人では、相続財産清算人が選任されていなければ、交付も

送達も公示送達もできません。

　このことは、公示送達の方法が、「送達すべき書類を保管し、いつでも送達を受けるべき者に交付する旨を、地方団体の掲示板に掲示して行う」ものとされ（地税法20の2②）、掲示板を見て、役所の保管場所に出頭して書類を受領することを前提としていることからも理解できます。

5　被相続人の死亡を知らずに納税通知、督促をした場合

　被相続人の死亡後、その死亡を知らないで、被相続人名でした賦課徴収処分（納税通知、督促、差押え等）で書類の送達を要するものは、その相続人の一人にその書類が送達されると、被相続人の滞納税につき、相続人全員に送達されたものとみなされるので（地税法9の2④、通則法13④）、滞納処分を続行することができます。

　では、被相続人名義で納税通知書、督促状が、相続人に対して送達されたのちに、相続人全員が家庭裁判所に相続放棄の申述をして、相続人が不存在となった場合、その納税通知書、督促状の送達の効果は生じるでしょうか。

　相続放棄をした者は、初めから相続人とならなかったものとみなされる結果（民法939）、「その相続人の一人に書類が送達された場合」の要件を欠くことになることから、被相続人名で、相続人に対し、相続放棄前に納税通知書、督促状を送達しても、送達の効果は、発生しないものと解されます。

6　相続財産清算人選任申立の予納金との兼ね合い

　家庭裁判所に相続財産清算人選任申立をする場合、相続財産清算人の報酬の引き当てのため、家庭裁判所から40万円から100万円程度の予納金の納付を求められます。

　もっとも相続預金に予納金相当額の残高がある場合、家庭裁判所に「相続預金をもって相続財産清算人の報酬に充てられたい」旨の上申をすることで、予納金の額を官報公告費（5000円程度）のみとしたり、数十万円減額した額とする扱いをしてくれる場合があります。

　相続財産の不動産などを換価して滞納税に充てる必要がある場合、相続財産清算人の選任は必須です。相続財産清算人をせずに相続預金を取り立てて

しまうと、相続財産清算人の選任が必要となったときに、予納金を納付するためにあらためて予算措置が必要になります。

　相続財産清算人の選任申立をせずに、相続預金を差し押さえて取り立てるか、相続財産清算人の選任申立を行い、預金を含むすべての相続財産の換価を相続財産清算人に行わせるか、誤まりのない方針を選択する必要があります。

第7　相続財産清算人口座の差押えの可否と要否

設例と結論

【設例】

　相続財産清算人名義の預金口座は、差し押さえることができるか、できるとして差し押さえるべきか。

【結論】

　相続人が不存在の場合、滞納者の死亡により、相続財産法人が滞納税の承継者となるので相続財産清算人名義の預金も差押えできます。実務上、相続財産清算人は、租税債権の支払いを優先するように配慮していますが、法的には相続財産の清算手続では、租税優先の原則は認められないので、相続財産清算人名義の預金を差し押さえたうえで、取り立てることが無難です。

1　相続財産法人の成立

　法定相続人がそもそもいない、あるいは法定相続人全員が相続放棄をした場合、「相続人のあることが明らかでないとき」として、残された相続財産は、何らの手続きを経ることなく当然に相続財産法人となります（民法951）。これは、相続人が不存在の場合、相続財産の帰属主体がないことから、民法951条により擬制的に相続財産法人を成立させて権利の帰属主体とするものです。したがって、相続財産法人は、被相続人の承継者であり、相続人と同一の地位を有します。

　相続財産法人は、被相続人の財産に属したいっさいの権利義務を包括的に

承継することから（民法896。最判昭29・9・10集民15号513頁）、相続預金は、相続財産法人が所有する財産となり、被相続人が滞納した租税の納付義務も、相続財産法人が承継することになります（地税法9①、通則法5①）。

2　相続財産清算人の選任

もっとも、相続人が不存在の場合、相続開始時（被相続人の死亡時）には、相続財産法人の財産を管理・処分する執行者は、誰もいません。そこで、相続財産を管理・保存するために、家庭裁判所は、利害関係人の請求によって、相続財産清算人を選任します（民法952①）。

相続財産清算人は、相続財産の清算を目的として、家庭裁判所の監督の下、相続財産を換価して、その換価代金から債務の弁済を行い、特別縁故者に財産を分与し、残った財産を国庫に帰属させます（民法959）。

3　租税優先の原則の適用の有無

(1)　破産手続における租税の優先

相続財産清算人は、破産手続と同じく、相続財産法人に属する財産の清算のために財産の管理業務を行います（破産法2①）。しかしながら、相続人不存在の場合の相続財産の清算手続では、租税優先の原則は認められず、一般民事債権と同列（同順位）の扱いとされる点が破産手続と大きく異なります。

破産手続では、破産手続開始決定前の原因に基づいて生じた租税債権で、破産手続開始決定時に納期限の到来していないものまたは納期限から1年を経過していないものは財団債権として扱われ（破産法148①三）、交付要求をすることによって（破産規50①、徴収法82①）、破産手続における配当によらないで他の破産債権に優先して随時に弁済を受けることができます（破産法151）。また、破産手続開始決定時に納期限から1年を経過している租税債権であっても、優先的破産債権となり、他の破産債権に優先して、破産手続による配当を受けることができます（破産法98①）。

(2)　相続財産の清算手続では租税優先原則の適用はない

これに比し、相続財産の清算手続では、民法の規定上、租税債権が他の一般民間債権より優先することを明示した規定はありません。むしろ、相続財

産清算手続では、租税債権、一般民間債権の区別なく、相続財産清算人は債権額の割合に応じて弁済する義務が課せられています（民法957②・929本文）。また、これに違反して弁済したことによって他の債権者を害した場合には相続財産清算人は、損害賠償責任を負うもの（民法957②・934①）とされています。

なお、国税徴収法8条の「先だつて徴収する」とは、「納税者の財産が強制換価手続により換価された場合に、その換価代金から国税を優先して徴収することをいう」（徴基通8－4）のであって、納税者が租税債権を差しおいて他の債権を任意に弁済する場合（相続財産清算人が、債権の申出をした相続債権者に弁済をする場合も「任意に弁済する」場合に該当する）は、租税債権の優先権は働きません（「徴基通逐条解説」8条関係4解説）。

また、民法929条ただし書には「ただし、優先権を有する債権者の権利を害することはできない」とありますが、この優先する権利は、先取特権、質権、抵当権（民法303・342・369）をいい、租税債権であっても、優先権は認められません。

これら民法上の規定からすれば、相続財産清算手続における債権の申出（民法957）には、破産手続等における交付要求のような優先的な効果（破産法151・98①）は認められず、相続財産清算人は、租税債権についても、他の一般債権と同様に取り扱い、債権額の割合に応じて弁済する責務を負っているといえます（民法957②・929本文）。

4　相続財産法人に属する財産の差押えの可否

以上をまとめれば、破産手続では、破産手続の開始後は、新たな滞納処分はできなくなるが、租税優先の原則により、交付要求することで地方税は優先的に弁済を受けられます。他方、相続財産清算手続では、租税債権の優先権は認められないが、相続財産清算人の選任後も滞納処分が可能なので、相続財産を差し押さえて換価もしくは取立てを行うことにより、優先的に弁済を受けるのと同様の結果を得ることができるということになります。

したがって、相続財産清算人の選任後も、租税債権者は、随時、自力執行

権により、相続財産法人に属する預金債権を差し押さえて取り立て、あるいは不動産を差し押さえて強制換価することができます（高松高判平26・11・4税務訴訟資料26−37、原審高松地判平26・6・11税務訴訟資料26−16）。

相続財産清算人の預金差押えの債権差押通知書の滞納者の氏名は、「亡Ａ相続財産」と記載し、滞納者の住所は、相続財産清算人の事務所の所在地を記載します。

相続人不存在の場合の預金債権の差押債権欄の記載は、次のようになります。

◎　相続財産清算人名義の預金債権の差押えの記載例

差押債権	滞納者（債権者）が、債務者（○○支店扱）に対して有する下記普通預金の払戻請求権及び債権差押通知書到達日までの利息の支払請求権。ただし、滞納市税等○○円に満つるまで。 記 1　口座番号　　1234567 2　預金名義人　亡Ａ相続財産清算人弁護士○○
履行期限	本市から請求あり次第即時

（留意事項）

・相続財産清算人の預金口座の金融機関・支店名は、家庭裁判所で記録を閲覧して確認する。租税債権者は、利害関係人として記録の閲覧ができる。

5　相続財産清算人の納税の実務の取扱い

従前より、被相続人の滞納税および被相続人死亡後に課税される固定資産税は、相続財産の清算手続を円滑に進めるため、相続財産清算人の判断により、現実的な対応として、事実上、一般民間債権を後回しにして、優先的に納税されています。

これは、相続財産清算人が租税債権を含むすべての債権につき、按分弁済計画を立案しても、ひとたび滞納処分による差押えが行われると、結果として租税等の弁済が優先され、他の債権者に当初予定した配分を行うことがで

きず、配当手続を一からやり直す必要が生じること、何より滞納処分による差押えを受けて、預金や不動産の換価代金が全部徴収された場合、相続財産清算人の報酬さえ確保できないおそれがあるためです。

　ただし、相続財産清算人の判断による租税債権の事実上の優先納付の取扱いは、実務上の配慮に過ぎず、家庭裁判所の監督が硬直化すると、租税債権と一般債権の別なく、一律按分弁済される可能性があります。

6　相続財産法人の財産の差押えの要否

　(1)　債務超過の場合——相続財産清算人名義の預金の差押えを検討

　相続財産法人が債務超過になっている場合、相続財産清算人は、破産手続開始の申立てもできます（破産法224①）。しかし、債務超過だからといって破産手続に移行すれば、費用がかさみ、債権者への弁済額が減少してしまいます。また、相続財産清算人の業務は、裁判所の監督の下に行われる相続財産の清算であり、内容的には破産手続とほぼ同じです。このことから実務上、相続財産法人が債務超過であっても、破産手続に移行することなく、相続財産清算人において、按分弁済による配当がなされています。

　相続財産法人の財産が、債務超過になっている場合、租税債権と一般債権が同順位で配当される以上、租税債権も一般債権も同率で按分弁済されてしまいます。家庭裁判所で、相続財産管理事件の財産目録を閲覧し、債務超過になっている場合、相続財産清算人名義（例：亡○○○○相続財産清算人弁護士○○○○）の預金を差し押さえなければ、滞納税全額を徴収できなくなることもあるので、相続財産清算人名義の預金債権の差押えが必要となります。

　特に相続財産清算人が、自治体の税務担当課との協議することもなく、一方的に按分弁済の配当表を送りつけてきたような場合は、即刻、相続財産清算人の預金口座を差し押さえるべきです。

　相続財産清算人との折衝では、「租税の支払いを優先せず、按分配当を行うのであれば、相続財産清算人口座を全額差し押さえて取り立てるがよろしいか」、「国税徴収法上、滞納税に満つるまで、債権は全額差し押さえる義務があるので、相続財産清算人報酬を残して差し押さえるあるいは取り立てる

というような取扱いはできない」と明言します。

　(2)　債務超過でない場合——相続財産清算人の弁済方針の確認

　相続財産法人が、債務超過でなければ、いつかは相続財産清算人から、滞納税全額の納付があります。

　しかし、相続財産の清算手続は、相続財産清算人の選任から終了まで順調に進行しても1年6か月ほどかかります。債権者への弁済も、相続財産清算人の選任から1年以上はかかり、2年を超えることもマレではありません。

　そこで、相続財産法人が、債務超過でない場合には、相続財産清算人と面会して、いつ滞納税を納付するのか確認します。相続財産清算人に対して、いずれは全額納税することになるのだから、延滞金の増加を防ぐためにも、一般債権者への弁済時期にこだわらず、随時に支払うよう求めます。随時の支払いに相続財産清算人が協力しない場合あるいは、相続財産清算人の業務が遅滞し、相続財産清算人選任から2年以上経過しているような場合は、早期収納のために相続財産清算人名義の預金を差し押さえて取り立てます。

　(3)　売却可能な不動産は差し押さえるべき

　相続財産に属する不動産があり、その立地・形状からして売却可能な不動産の場合、不動産を差し押さえて、差押えの登記をしておくべきです。差押登記がないと、相続財産清算人は、任意売却に際して、売却代金から納税することなく、売却されてしまいます。

第10章　特殊な預金差押え

第1　少額預金の差押えの適否

設例と結論

【設例】

　残高が数千円の少額預金の差押えは行うべきか。

【結論】

　高額滞納案件で、消滅時効期間が逼迫しており、かつ滞納者について財産調査をさらに尽くすため時間が必要となる場合のみ、時効の更新のために差押えをすべきです。

　預金の差押えにより取り立てることができる金額が、第三債務者への債権差押通知書の送達費用、債務者への差押調書の謄本送達費用、金融機関に臨場して取り立てる場合の旅費の合計額以下の場合、実質的に徴収に要する費用が徴収できる税額を超え、費用倒れになり、差押えすべきではありません。

　また、費用倒れにならない場合でも、財産調査を尽くしたうえで、数千円の少額の預金債権しか発見できなかった場合、滞納処分の執行（差押え）ではなく、「滞納処分をすることができる財産がないとき」（地税法15の7①一）として滞納処分の停止を行います。これは、徴収見込みのない滞納債権の管理に係る無駄な事務手続上、経費上の負担を軽減して、他の徴収可能な滞納整理案件の処理を促進するためです。

第2　他人名義の預金の差押えの可否（預金の帰属認定）

設例と結論

【設例】

　滞納者が他人名義・架空人名義の預金口座を利用している場合、その預金口座の預金債権の差押えはできるか。

【結論】

　滞納者が自己の預金とする意思を有していれば、他人名義・架空人名義の預金口座の差押えも可能です（徴基通62−17(2)）。

1　預金口座の帰属認定の一般的な基準

　預金債権の帰属認定は、まずは、外観となる預金通帳に表示された預金名義人によって判断します（徴基通47−20(7)）。

　滞納者が、他人名義、架空人名義の預金口座を利用していると疑われる場合には、「預金の種類、預金原資の出えん者、預入行為者、出えん者の預入行為者に対する委任内容、預金口座名義、預金通帳及び届出印の保管状況等の諸要素を総合的に勘案し、誰が自己の預金とする意思を有していたかという観点から、その帰属を判断」し、他人名義・架空人名義の預金につき真の権利者に対する滞納処分として、差し押さえることができます（徴基通62−17(1)・(2)）。

　なお、金融機関等による顧客等の本人確認等及び預金口座等の不正な利用の防止に関する法律（平成14年4月26日制定）およびこの本人確認法を承継した犯罪による収益の移転防止に関する法律（平成19年3月31日制定）により、金融機関は、預金契約の締結に際して預金契約者の本人確認をしていることから、本人確認法制定後に開設された預金口座は原則として口座名義人を預金債権の帰属者と認定することになります。

◎　架空人名義（他人名義）預金の差押債権の記載例

差押債権	滞納者○○○○が、△△△△名義で、債務者（○○支店扱）に対して有する下記定期預金500,000円の払戻請求権及び債権差押通知書到達日までの利息の支払請求権。 　　　　　　　　　　　　　　　記 名義人　　　○○市○○町○○１−２−３　　△△△△ 定期預金　　証券番号　　　1234−5678 　　　　　　預入年月日　　○年○月○日 　　　　　　預金額面　　　500,000円 　　　　　　満期日　　　　○年○月○日

履行期限	満期日

2　屋号名義の預金

現在では、ほとんど見かけなくなりましたが、法人格のない商号名のみの預金口座名義があります。たとえば「プラチナ商店ことA」ではなく単に「プラチナ商店」のような場合です。この場合、「プラチナ商店」がA個人の屋号であることが、質屋営業法、食品衛生法、貸金業法、宅地建物取引業法、貨物自動車運送事業法などによる登録もしくは許可から確認でき、プラチナ商店の取引関係の入金、出金が認められれば、「プラチナ商店」名義の預金債権は、滞納者Aの預金債権と帰属認定でき、Aの滞納税の徴収をするために「プラチナ商店」名義の預金口座の預金債権を差し押さえることができます。

3　自営業者（滞納者）の売掛金が振り込まれる配偶者名義の預金

外観上、預金口座名義が配偶者名義であれば、まずは配偶者の預金債権として帰属認定することになります。特に配偶者名義の預金で、配偶者の給料の振込み、配偶者の携帯電話料金、クレジットカード等の引落しが行われている場合は、滞納者の預金債権として帰属認定することは困難です。

一方、滞納者名義の預金口座が存在しない、滞納者の売掛金全部が配偶者名義の預金口座に入金されている、光熱費、家賃もしくは住宅ローンの引落しに利用している配偶者名義の口座が別にあるなどの事情が重なる場合には、売掛金が入金される配偶者名義の預金口座の預金債権を滞納者の預金債権と帰属認定できる余地が高まります。

4　株式会社の売掛金が振り込まれる会社代表者個人名義の預金

たとえば、滞納者である株式会社プラチナの売掛金が、その代表者Aの預金口座に振り込まれる場合はどうでしょうか。

Aの預金口座が、もっぱら株式会社プラチナの取引関係の入出金に利用され、Aが株式会社プラチナの預金通帳、銀行届出印を保管しているのであれば、Aの預金を、株式会社プラチナの預金と帰属認定することは可能

です。

　Aの預金口座が、A個人の水道光熱費、クレジットカードの引落し、家賃の支払い、A個人の役員報酬の受取口座などにも利用されている場合、A個人の預金債権とされ、株式会社プラチナの預金債権と帰属認定することは困難です。

5　未成年の子ども名義の預金

　子どもが稼働年齢に達しておらず、収入もない場合、子ども名義の預金の原資は、他人から調達したものであることは明白です。

　しかし、子ども名義であれば、まずは子どもが他人から贈与を受けた金員を預金したものとして、子どもの預金として帰属認定することになります。

　もっとも、子ども名義の預金でありながら、水道光熱費、NHK受信料、家賃の引落し、父母が契約者となった生命保険の掛金やクレジットカード等の引落しがある場合に、滞納者が預金通帳、銀行届出印、キャッシュカードを保管していれば、子ども名義の預金の帰属者を滞納者と認定する余地は十分にあります。

　また、滞納者が、子どもに金銭を贈与した場合に、無償の譲受人等の第二次納税義務（地税法11の8、徴収法39）を子どもに課すことができる場合は、子ども名義の預金の差押えができることは当然です。

6　類似商号名義の預金

　たとえば、株式会社プラチナ商店が滞納者の場合に、株式会社プラチナ商事の預金を滞納者の預金として帰属認定できるでしょうか。

　法人格が別である以上、原則として、商号が類似しているという事情だけで、滞納者と別名義の預金を滞納者の預金として帰属認定することはできません。

　預金口座の取引内容につき、株式会社プラチナ商店の売掛金の入金、光熱費の支払い、事務所家賃の引落し、従業員への給料の支払いなどが、株式会社プラチナ商事の口座を利用して行われている等の事情があれば、当該株式会社プラチナ商事の預金について、株式会社プラチナ商店の預金として帰属

認定できる場合があります。しかし、このような類似商号を利用している事例の場合、滞納法人は、滞納処分回避のため充分な対策を練ったうえで、類似商号を利用していることが多く、別会社の預金債権と帰属認定できるだけの事実を見つけ出すことは一般的には困難です。

　滞納処分回避、差押え逃れのため法人格を濫用している可能性は極めて濃厚ですが、法人格が異なる場合に、別名義の預金を滞納者に帰属する預金と認定することは、かなりの困難を伴います。

7　預り金口座の預金

　滞納者が経営するアパートにつき、アパート管理会社名義の家賃集金口座の預金を滞納者の預金債権として帰属認定できるでしょうか。同じく弁護士の依頼者が滞納者である場合に弁護士名義の預り金口座の預金を滞納者の預金として帰属認定できるでしょうか。

　家賃の集金口座ないしは弁護士の預り金口座の預金は、アパート管理契約もしくは弁護士との委任契約により、最終的には滞納者に支払われるものではあります。しかし、アパート管理会社、弁護士の名義の預金債権は、それぞれアパート管理会社、弁護士と金融機関との預金契約に基づく債権であり、預金債権の帰属者は、滞納者ではなくその名義人です。弁護士が、依頼者から実費預り金として受領した金銭は、前払費用（民法649）であり、依頼者から受領した時に弁護士に帰属します（最判平15・6・12民集57巻6号563頁）。したがって、アパート管理会社名義の家賃の集金口座、弁護士の預り金口座の預金債権は、滞納者の預金債権でなく、差押えはできません。

　もっとも、滞納者のアパート管理会社に対する預り家賃請求権、弁護士に対する預り金返還請求権自体は差し押さえることができます。すなわち、第三債務者をアパート管理会社もしくは弁護士として、滞納者が有する家賃の返還債権もしくは預り金の返還債権を差し押さえることは可能です。

8　自治会、PTA、マンション管理組合等や法人格のない団体名義の預金

　法人格を有する団体は、権利義務の主体となることができ、当然、預金契

約者となることもできます。もっとも、法人は、民法その他の法律によらなければ、設立することができません（民法33）。

　したがって、法律の要件を欠く団体は、原則として、権利義務の主体となることができず、団体名を冠した預金名義であっても預金契約者は、その団体ではなく、自然人が預金契約者となります。

　しかし、法人格のない団体であっても、社会的活動を営み、財産を保有し、債務も負担し、社会に実在する組織体であることは否定できません。

　そこで、法人格がなくとも団体としての組織を備え、構成員の変更にかかわらず団体が存在し、代表の選任方法、総会の運営、財産の管理方法等が規約によって定められている場合、権利能力なき社団として権利義務の主体として扱われています（最判昭39・10・15民集18巻8号1671頁）。

　滞納処分庁としては、「任意団体名こと A」名義の預金が、権利能力なき社団に該当する任意団体に帰属する預金債権なのか、A 個人の預金なのか、任意団体に照会して確認する必要があります。

　多くの場合、滞納者個人の預金債権として帰属認定することは困難でしょうが、長期間任意団体としての活動がなく、構成員も存在しないかあるいは在籍するのかどうか不明確で、団体の存在が形骸化しているような場合は、個人の預金債権として差し押さえることが可能です。

9　旧姓名義の預金

　婚姻、養子等で、姓が変更されても、人物は同一なので、旧姓名義の預金については、現姓の者の預金です。

　差押債権の表示は、旧住所、口座に登録された住所を併記します。

　添付書類として、旧姓と現姓のつながりがわかる戸籍・除籍謄本、住民票、住民票の除票などを添付し、旧姓者と現姓者が同一人であることを証明して、差押えをします。

10　成年後見人、不在者財産管理人、相続財産清算人口座の帰属者

　たとえば、A 成年後見人 B、A 不在者財産管理人 B、亡 A 相続財産清算人 B との名義の預金口座は、いづれも A の預金口座です。B に預金債権が

帰属するものではありません。

第3　反対債権のある預金差押えの可否と取立方法

設例と結論

【設例】

　反対債権のある預金の差押えはできるか。無益な差押えとして禁止されるのではないか。また差押えをして金融機関は支払いに応じるのか。

【結論】

　反対債権のある預金の差押えは、無益な差押えに該当せず、法律上、何の問題もなく、差押えできます。また現実にも金融機関の判断で、相殺せずに、差し押さえた預金の支払いに応じることが多々あります。

1　反対債権のある預金の差押えと相殺

　反対債権のある預金債権を差し押さえても、金融機関（以下、この項ではわかりやすく「銀行」という）が預金債権と貸付債権を相殺すれば、差押預金債権は消滅することから、取立てできないので、無益な差押えとして禁止（国徴法48②）されるのではないか、疑問を生じます。

　また、銀行は、一方的に意思表示するだけで相殺できるので、反対債権のある預金の差押えは、実益がなく無駄ではないかという疑問も生じます。

2　相殺と相殺予約契約

（1）　相殺とは

　相殺とは、対立する当事者が、相互に同種の債務を負担する場合に、その債権と債務を対当額で消滅させる一方的な意思表示をいいます（民法505①・506①）。

　相殺は、相殺適状時すなわち、①対立する同種の債務が存在し、②双方の債務が弁済期にあり、③相殺を禁止する債権でない場合にできます。一方当事者の相殺の意思表示によって、相手方の同意の有無に関係なく双方の債務は相殺の適状時にさかのぼって消滅します（民法506②）。

(2)　銀行預金と貸付金の相殺

　銀行から貸付けを受けている借主が、当該銀行に預金もある場合、金銭債務という同種の債務を銀行と借主の双方が有していることになります。

　普通預金はいつでも自由に払戻しができ、常に弁済期にありますが、借入金は、金銭消費貸借契約により分割償還となっており、分割償還期限ごとに弁済期が訪れます。

　双方の債務が弁済期にあることという相殺適状の要件からすると、借入金の償還期限を過ぎた部分（償還金額）のみ、相殺できることになります。借主は、一括弁済でなく、償還期限に遅れず分割弁済を続ければ、債務不履行責任を免れるという期限の利益を有していることから、銀行は、借主の期限の利益を無視して相殺することは原則としてできないということになります。

　しかしこれでは、銀行としては、借主の預金口座が差し押さえられ、貸付金の償還が危うくなった時点でも、指をくわえて見ているほかないということになってしまいます。

(3)　期限の利益喪失・相殺予約を定めた銀行取引約定

　上記の事態を避けるために銀行は、期限の利益喪失および相殺予約を規定した銀行取引約定という契約を融資先の借主（預金者）と締結しています。

　銀行取引約定書には、信用を悪化させる一定の客観的事情（手形不渡り、預金差押え、破産申立て等）が借主に発生した場合に、借主は当然に期限の利益を喪失し（期限の利益喪失条項）、銀行側から相殺することができる旨の条項（相殺予約条項）を定めています。

　借主の預金債権が差し押さえられると、その差押えの時点で借主は、借入金の期限の利益を喪失し、銀行側も、定期預金などの期限の利益を放棄することで、借入金債務と預金債務は相殺適状となり、銀行の相殺によって、両債務は、相殺適状時（預金債権の差押え時）にさかのぼって対当額で消滅することになります。

　滞納処分により滞納者の預金債権を差し押さえても、預金債権額を上回る銀行の反対債権がある場合、銀行取引約定により銀行が相殺の意思表示をす

れば、相殺の適状時すなわち滞納処分による差押え時にさかのぼって相殺の効力が生じ、預金債権は遡及して全部消滅してしまいます。その結果、預金債権の差押え時には、「差し押さえることができる財産」が存在しなかったことになり、差押えは無効となり、銀行から預金債権の取立てはできないことになります。

⑷　最高裁昭和45年6月24日判決

最高裁昭和45年6月24日判決（民集24巻6号587頁）は、上記結論を是認しました。令和2年4月1日改正国税徴収法基本通達62条関係31（注）2も「被差押債権の弁済期のみが到来している場合であっても、滞納者と第三債務者との間において、差押え前に、期限の利益の喪失の特約又は債務不履行があった場合等一定の条件の下に第三債務者が相殺の予約完結権を行使出来る旨の特約がされているときは、第三債務者は、当該特約に基づく相殺をもって差押債権者に対抗することができる」としています。

2020年改正の民法511条1項は、この点を明確にし、「差押え前に取得した債権による相殺をもって対抗することができる」との一文を追加しました。

⑸　銀行の相殺には対抗困難

銀行から融資（カードローン含む）を受ける際に、借主は期限の利益喪失条項を含む金銭消費貸借契約書もしくは銀行取引約定書を交わします。この契約により、預金債権の差押えにより、借主（滞納者）は、期限の利益を失い、銀行に反対債権があれば、銀行は相殺により、預金債権を消滅させて、預金差押えを不奏功とすることができ、差押債権者には、これに対抗しうる手段はないということになります。

3　反対債権のある預金差押えは、無益な差押えの禁止に該当しない

以上のように、反対債権のある預金債権では、銀行の相殺権の行使に対抗することができないことから、地方税に優先する債権が存在する場合と同様の状態であり、無益な差押え（徴収法48②）として差押えが禁止されるのではないかという疑問を生じます。

しかし、反対債権のある預金債権において、反対債権は、国税徴収法48条

２項のいう租税に「先だつ」「その他の債権」に該当しません。したがって、無益な差押えとして禁止されることはなく、反対債権のある預金債権の差押えは可能であり、適法です。

4　銀行の反対債権が、「先だつ債権」でない理由

　国税徴収法48条２項の「先だつ債権」とは、地方税債権と他の公課その他の民間債権とが同時に納税者の同一財産の中から弁済を受けようとする場合に、他の債権に先だって弁済を受けることができる債権をいいます。具体的には納税者の財産が滞納処分、強制執行等の強制換価手続より換価されて（債権差押後の取り立てを含む）、その換価代金（取立金を含む）から競合する債権の弁済に充てられる場合に、その債権相互間において先だって（優先して）弁済を受けることができる債権をいいます（「徴基通逐条解説」８条関係４解説、「地税法総則解説」14条解説一）。

　すなわち「徴収すべき国税に先だつ」「その他の債権」とは、優先する留置権や抵当権等によって担保される債権（国税徴収法15条〜21条および地方税法のこれらに相当する規定）等をいいます（「徴収法精解」48条三）。銀行の預金者（滞納者）に対する反対債権は、滞納者の預金債権によって担保されていないので、先だつ債権に該当しません。

　反対債権のある預金債権では、預金債権の差押え後でも、銀行は相殺することができます。銀行が、相殺すると、相殺適状時に遡及して預金債権は消滅し、差押債権者（滞納処分庁）は銀行の相殺に対抗できません。結果として、滞納処分庁は、銀行から取立てができず、銀行が優先弁済を受けたことと同様の結果を生じます。しかし、滞納処分庁が取立てができない理由は、担保権の実行や公売による強制換価手続における配当順位の結果ではなく、相殺予約契約（民法511①参照）と相殺の遡及効（民法506②）によるものです。

　相殺の制度は、「受働債権につきあたかも担保権を有するにも似た地位が与えられるという機能を営む」（前掲最大判昭45・6・24）ものですが、質権や留置権、抵当権のような担保そのものではないので、銀行の反対債権は租税に「先だつ債権」に該当しないということです。

滞納処分の手続の進行過程からみても、反対債権がある預金債権を滞納処分により差し押さえた後、換価処分（債権の取立て）の前段階で、銀行が相殺権を行使した結果として差押えが無効となるのであって、換価・配当の手続中で、銀行の反対債権の優先が認められるものではありません。

5　反対債権のある債権差押えの実情

預金照会に対する銀行の回答で、預金債権を超える額の反対債権の存在が判明すると、差押えを行わない自治体があります。これは、反対債権がある預金債権は、法的に差押えが禁止されていると誤解しているか、もしくは差し押さえても相殺されれば取り立てできないことから、差押えは無駄と判断しているからでしょう。

しかし、上記の認識は、いずれも事実と異なり明白な誤りです。

銀行が相殺をするか、あるいは相殺せずに支払うかの選択は、その自由な判断に任されています。すなわち、銀行取引約定書では、期限の利益喪失事由が発生したときに、銀行は、「相殺することができる」と規定するだけで、銀行は当然に預金債権と相殺するわけではありません。現実にも半数以上の銀行が、預金債権の差押え後、相殺権を行使せず取立てに応じて支払います。

2022年度の市町村職員中央研修所（市町村アカデミー）および全国市町村国際文化研修所（JIAM）の市税徴収事務の受講者（合計500名程）へのアンケートの結果では、預金照会で、反対債権があると回答があった場合に、預金差押えを執行している自治体は、全体の7割くらいです。そして反対債権のある預金差押えをして、銀行が相殺せず、取立てに応じ、支払いを受けた自治体は、62〜70％くらいあります。

この事実からも、反対債権のある預金を差し押さえれば、銀行に相殺されてしまうという認識は誤りであることがわかります。

6　反対債権のある預金差押え後の銀行の対応

(1)　差押えの解除要請

銀行は、相殺権の行使には、慎重です（できればしたくない）。なぜなら、相殺によって預金から貸付金債権を回収すれば、相殺により回収できなかっ

た残りの貸付金債権は、ほぼ間違いなく回収困難な不良債権となるからです。

　そこで、銀行は、「反対債権があるから差押えはできない。差押えは無効もしくは解除すべきだ」と明らかに間違った主張をしたり、甚だしきは、債権差押通知書を返送してくる銀行もあります（返送しても、いったん送達されているので、差押えの効果は発生し、失われることはないのですが）。

　また、「相殺すれば市町村は、取り立てできないので、実益がないから、差押えを解除してほしい」という要請もあります。こうした解除要請に対しては、「差押えは、法律上の解除理由がなければできません。相殺か、支払いか、決めたうえで連絡ください」、「実益がないかどうかは、相殺するまではっきりしません。支払いがある銀行もあります」、「相殺通知書が送られてくるまでは、取立てを続けます」と毅然と回答します。

　(2)　差押えの無視・放置

　反対債権がある預金差押えに対して、全く無反応で相殺もせず、支払いもしない銀行も多々あります。状況を問い合わせると、「相殺もしないし、支払いもしない」と横着な発言をする銀行もあります。

　こうした場合には、回答期限を区切って、差押預金の支払催告書【書式14－1】を送ります。反対債権のある預金差押えの取立訴訟の訴状（案）【書式14－2】を同封して送ると、銀行側も事態が切迫していることに気づいて、相殺か、支払いか、いずれかを選択する可能性が高まります。

　(3)　銀行もしくは滞納者からの支払い

　上述したように、反対債権のある差押えにつき、差押えの解除要請に応じずに原則的な対応をすると、前述したように7割近い銀行は、相殺せず、支払いに応じてきます。

　銀行としては相殺して、住宅ローンや事業資金の貸付債権を不良債権化させるより、差し押さえられた預金の取立てに応じる一方、貸付金の返済も、一括弁済を求めず、差押え前と同様に平穏に分割償還を受けたほうが、貸付債権の回収にとって有利と判断しているからでしょう。

　場合によっては、銀行が、滞納者に納税するよう強く促し、住居を失うこ

とや一括弁済の要求で倒産することを恐れた滞納者から納税されることもあります。将来性のある法人・事業者であれば、銀行が、預金者に追加貸付をして、納税に至る場合もあります。

7　差押債権取立請求訴訟への移行

「差押預金の支払催告兼差押債権取立請求訴訟提起予告通知書」の回答期限が過ぎても、相殺も支払いもない場合、差押債権取立訴訟の提訴に移行します（第14章（220頁）参照）。

もっとも、差押債権取立請求訴訟に至る事案は、稀有です。取立訴訟に至れば、銀行の敗訴は必至で、敗訴までして預金者の利益を図ろうとする銀行はないからです。

8　相殺された場合の消滅時効の更新

反対債権のある預金の差押え後、銀行が、滞納者に対する貸付金と相殺した場合、滞納税の消滅時効は更新するでしょうか。

銀行が相殺すると、差し押さえた預金債権は、差押え時に遡及して消滅するので、残高がゼロ円の預金口座の差押えと同様の状態となります。

差押えの対象となる財産がないことから預金差押えは、成立せず無効ですが、預金口座は存在しており、かつ、銀行に差押通知書は送達されているので、権利の行使にあたる行為を行ったことにはなります。

差押えの効力が生じなければ、消滅時効が更新しないのか、あるいは差押えに着手さえすれば、消滅時効が更新するのか、考え方によって結論がかわります。

詳しくは、Ｑ8－2（97頁）で解説しています。

9　相殺後の差押えの処理

銀行が反対債権で相殺すると、預金の差押えは、無効となるので、特に差押えを解除する必要はなく、放置したままでかまいません。

10　反対債権のある預金差押えで配慮すべき事項

銀行預金の反対債権が、住宅ローンや事業資金など、相殺によって滞納者の最低生活の維持、事業の継続に重大な影響を与える可能性がある場合は、

ほかに差押えの対象となる財産がないかどうか確認し、反対債権のある預金の差押えは、最後の手段とする配慮が必要です。

　他方、滞納者が低収入で、住宅ローンや事業資金の返済を優先すると、毎年課税される住民税、固定資産税も支払えないような場合、家計や事業の収支はすでに破たんしているわけで、住宅の所有や、事業の継続に無理があるというべきです。滞納者が、住宅を所有し、事業を継続することに見切りをつけるよう滞納者の背中を押す意味で、反対債権のある預金を差し押さえるべき滞納案件もあります。

第4　給料・年金等差押禁止債権の振込口座の差押えの可否と適否

設例と結論

【設例】

　給料や児童手当など差押禁止債権が振り込まれる銀行口座の預金債権の差押えは違法か。

【結論】

　差押禁止債権の振込日に近接した日時で、振り込まれた金銭を差し押さえる意図で、振り込まれた債権の差押禁止額を超えて預金債権を差し押さえれば、違法です。

1　給料・年金振込口座差押えの問題の所在

　給料は、制限付差押禁止債権で差押えが禁止される部分があり、その全額の差押えはできません（第4章第3（33頁））。一方、預金債権は、差押禁止財産でなく、その全額を差し押さえることができ、むしろ債権はその全額を差し押さえることが原則です（徴収法63本文）。

　現在、給料・年金・児童手当等各種差押禁止給付金は、ほとんどが銀行等の預金口座に振り込む方法で支払われます。仮にこれらの振込みと同時に、振込先預金口座の全額差押えが可能ということになれば、事実上は、いかな

る債権も差押え可能となり、差押禁止債権は結果的に存在しないことになります。

2　最高裁平成10年2月10日判決

(1)　最高裁判決の結論

この点、最高裁平成10年2月10日判決（金商1056号6頁。以下、「平成10年判決」という）を引き合いにして、「差押禁止債権でも、預金口座に振り込まれれば、預金債権に転化し、差押禁止債権の属性を承継せず、預金全額の差押えが可能」と解釈し、振り込まれた差押禁止債権の全額差押えも合法とする見解があります。しかし、この見解は、平成10年判決について、誤った拡張解釈をしています。

(2)　年金専用口座でない

平成10年判決の事案では、振込先預金口座は、年金の振込専用口座でなく、国民年金、労災保険金、他の金融機関および生命保険会社の入金、本人による預け入れとキャッシュカードによる引き出し、保険の掛金の支払い等、多岐に利用している口座でした。こうした取引内容から、平成10年判決の原審である札幌高等裁判所は、差押禁止債権も当該預金口座に振り込まれると、一般財産（預金債権）となり、差押等禁止の属性は承継しないと判示したものです。

もっぱら給料等の差押禁止債権だけが振り込まれる預金口座の差押えにまで、拡張解釈して合法とすることはできません。

(3)　差押債権者は年金振込口座であることの認識がない

平成10年判決の事案は、財産調査権のない民事上の債務名義による差押えであり、差押債権者（民間の金融機関）は、預金調査なしで、年金が振り込まれる預金口座である事実を認識することなく預金債権を差し押さえています。

(4)　年金振込日を狙った差押えではない

また、平成10年判決の事案は、民事執行法による預金債権の差押えであり、自力執行権がないことから、租税債権のように徴税吏員が年金の振込日当日

を狙って銀行の開店と同時に臨場して差し押さえることはできません。民事執行法による裁判所の債権差押命令手続の流れに任せて差し押さえたものです。

3　民事執行法の債務者救済手続──差押え範囲の変更

差押禁止債権が振り込まれた預金口座に係る預貯金債権の差押えについて、差押え自体は合法・有効としつつ、民事執行法は、差押禁止債権の範囲変更の申立を認めています（民執法153）。

差押債権者は、債務者に債権差押命令が送達されて、1週間経過しないと取立てができません（民執法155①）。債務者は、この1週間の間に執行裁判所に対して、差押預金口座の収支内容、差押禁止債権の入金状況、債務者の生活状況を主張・立証して、預貯金債権の差押えの全部もしくは一部の取消しを求めることができます。滞納処分による預金債権の差押えには、こうした救済措置はありません。

4　民事執行法による預金差押判決は参考にならない

民間債権の場合、国税徴収法141条の財産調査権がなく、差し押さえる預金口座に差押禁止債権が入金されるかどうか、その入金日がいつなのかは、知ることができません。また、民間債権には自力執行権がなく、裁判所の強制執行手続の進行に従うほかないので、日付けと時間を狙ってピンポイントで差し押さえることはできません（なお、執行官送達によれば、日付時間指定で債権差押命令を送達できますが、手続的に煩雑であり、実務的にほとんど利用されていません）。

滞納処分による預金差押えでは、預金調査をし、入金の有無および入金日を把握して、入金日当日に銀行開店と同時に臨場して差し押さえることがあたりまえという実態を考えれば、民事執行法による預金債権の差押判決を引き合いにして、滞納処分による預金債権の差押えの適否を判断することはできないというべきです。

5　蓄積した下級審判決

差押禁止債権の振込先預金口座の預金債権に対する滞納処分による差押え

について判断し、公刊物に掲載されている判決としては、広島高裁松江支判平25・11・27金商1432号 8 頁（第 1 審は鳥取地判平25・3・2 金商1419号51頁。鳥取県敗訴確定）、東京地判平28・9・23判自428号74頁（豊島区勝訴確定）、大阪地判平29・5・25判自437号28頁（枚方市勝訴）、前橋地判平30・1・31判自438号39頁（前橋市敗訴確定）、東京高判平30・12・19判自448号17頁（前橋市勝訴・上告不受理で確定。第 1 審は前橋地判平30・2・28判自438号46頁）、大阪高判令元・9・26判タ1470号31頁（国側敗訴確定。原審大津地判平31・2・7 ）があります。

6　差押禁止債権の振込口座の差押え適否の一般的な基準

差押禁止債権も預金口座に振り込まれれば、預金債権に転化し、原則としては、預金残高全額を差押えできます。もっとも、次の二つの事情が存在する場合、差押禁止債権により形成された預金債権の差押えは違法となります。

①　預金口座に振り込まれた差押禁止債権と他の預金債権と識別可能性があること

②　滞納処分庁において、差押禁止債権を差し押さえて取り立てる目的があること

7　滞納処分による預金差押判決の要旨

上記 5 の全ての判決の要旨をまとめれば、以下の①から③のとおりであり、③の特段の事情にあたらない方法で預金債権を差し押さえなければ、違法無効な差押えとなります。

①　預金債権は差押禁止債権の属性を承継しない

一般に、差押等禁止債権に係る金員が金融機関の口座に振り込まれることによって発生する預金債権は、原則として差押等禁止債権としての属性を承継するものではない。

②　特段の事情があるときは差押えは違法

もっとも、給料、年金、各種給付金等の差押えを禁止した趣旨（納税者の最低生活の保障）は、尊重されるべきであり、滞納処分庁が、差押えを禁止された財産自体を差し押さえることを意図して、預金債権の差

押えを行ったと認めるべき特段の事情がある場合には、差押禁止の趣旨を没却する脱法的な差押処分として、違法となる場合がある。

③　預金債権の差押えが違法となる特段の事情

　　預金口座が差押禁止債権の振込みによって大部分が形成され、その預金債権の原資となった債権が差押禁止債権であることを認識し、差押禁止債権が預金口座に振り込まれる日であることを認識したうえで、振り込まれるであろう差押禁止債権全額を差し押さえることを意図して、預金債権を差し押さえた場合、特段の事情が認められる。

この③の特段の事情が認められる場合には、実質的には差押禁止債権自体の差押えと同視されることから、国税徴収法76条ないし各給付金の差押禁止条項の趣旨に反する差押えとして違法となります。

8　差押禁止債権の振込口座の差押えが違法とされない差押額

(1)　100％差押禁止債権

児童手当、児童扶養手当などその全額の差押えが、禁止される債権が振り込まれる口座は、過去にさかのぼって、児童手当、児童扶養手当の合計振込金額を超える額を差し押さえれば違法と評価されます。

(2)　給料・年金の振込口座

蓄積した判例と令和2年1月31日国税庁通達「差押禁止債権が振り込まれた預貯金口座に係る預貯金債権の差押について（指示）2」を参考にすると、違法と評価されない差押額は以下のようになります。

①　預金口座に振り込まれる給料・年金等の振込金額から給料等の差押禁止額を控除した金額以下の差押え。一般的には、振り込まれる給料は、源泉所得税、特別徴収の地方税、社会保険料を差し引いた額なので、最低生活費と地位対面維持費を差し引いた額となる。

②　滞納者の世帯構成、世帯収入からして、滞納者の最低生活の維持を困難にすると認められない金額以下の差押え。具体的には滞納者の世帯収入を調査し、その世帯収入から滞納者に係る差押禁止額を差し引いた金額となる。

144

③　給料・年金の振込み時に、残っている前月分の給料額、前期分の年金額。

　ただし、①から③の預金債権の一部差押えの方法は、国税徴収法の原則的な枠組みと異なります。債権の差押えは、全額差押えが原則です（徴収法63）。滞納額が、預金残高を超えているのに、預金債権全額を差し押さえず、給料、年金の差押可能金額のみを差し押さえることは、国税徴収法が本来予定するところではありません。給料等の差押可能金額があるときは、直接給料債権を差し押さえる、他方預金債権があればその全額を差し押さえるというのが国税徴収法の本来の建て付けです。

9　即時に取り立てないこと

　預金債権の差押え全般にいえることですが、差押えと同時に即時に取り立てず、1〜2週間、滞納者の反応を待ってから取り立てるという扱いをすべきです（前掲国税庁通達3）。

　差押え後に、違法と評価される預金債権の差押えであることが判明した場合、取立てが完了していなければ、差押えを解除する余地があります。

　近時、一部の都市銀行と自治体との間で、電子データの交換による預金差押えが行われています。これは差押えに関するデータを電子媒体（USBメモリ）に保存して、差押えの数日前に銀行に持ち込み、銀行の電算処理センターで、差押日の午前0時に預金口座を凍結し、差押口座から直接、自治体の口座にまとめて入金するというシステムです。この電子データの交換による預金差押えでは、差押えと取立てとの間に、時間的な間隔はありません。銀行に提出する電子媒体に差押対象の預金情報を保存する段階で、差押禁止債権を原資として差押対象の預金が形成されていないか、確認し、違法な差押えとならないように注意する必要があります。

◎　給料差押禁止額を差し引いた預金債権の差押えの記載例

差押債権	滞納者（債権者）が、債務者（○○支店扱）に対して有する下記普通預金の払戻請求権及び債権差押通知書到達日までの利息の支払請求権。ただし、金○○円を控除し、滞納市税等○○円に満つるまで。 　　　　　　　　　　　　　　　記 1　口座番号　　1234567 2　預金名義人　　○○
履行期限	本市から請求あり次第即時

（留意事項）

・控除する金額は、給料の差押禁止額を記入する。

・数か月間給料の振込額を調査し、控除する差押禁止額に余裕を持たせること（金額を上乗せする）。

第5　破産者の自由財産である預金・給料の差押えの可否と適否

設例と結論

【設例】

　滞納者が、破産した場合、滞納者の財産（預金債権）破産手続開始決定後、破産手続が終了するまでの給料は、いっさい差押えができないのか。

【結論】

　破産手続開始決定後、破産手続中であっても、破産者の「自由財産」であれば、破産財団に属さないので、財団債権となる租税債権に基づいて差し押さえることができます（徴基通47－44）。また、免責決定確定後は、破産者に属する全ての財産を差し押さえることができます。ただし、滞納者が破産した場合、その生活再建と担税力の回復を最優先させて、原則として滞納処分の執行停止とすべきでしょう。

1　破産手続

(1)　破産の意義

破産とは、債務者が、支払不能または債務超過に陥った場合に、債務者の全財産を換価してすべての債権者に適正かつ公平に弁済し、債務者の経済生活の再生の機会の確保を図ることを目的とする法的手続です（破産法1）。

破産者が破産手続開始決定の時において有する差押可能ないっさいの財産が、換価対象財産となり、この財産を破産財団といいます（破産法34①）。

(2)　管財事件（異時廃止）と同時廃止事件

破産手続には、同時廃止と異時廃止（管財事件）の二つの手続があります。

破産手続は、破産管財人が破産財団を回収して現金換価し、その換価代金を債権者に公平に配当する管財事件が原則です。管財事件では、換価配当業務に時間を必要とすることから、破産手続開始決定時と破産手続の廃止（終了）のときは異なるため、異時廃止と呼ばれます。

一方、同時廃止とは、裁判所が「破産財団をもって破産手続の費用を支弁するのに不足すると認めるとき」に破産手続開始決定と同時に破産手続を廃止する手続です（破産法216①）。おおざっぱに言えば、破産者が、債権者に配当できる財産はもちろん、破産管財人の報酬となる財産すら所有していない場合（破産財団がない場合）、破産管財人を選任して、換価業務を行うことは無益なことから、破産手続の開始と同時に破産手続を終了させる手続です。

同時廃止は、例外的な破産手続ですが、破産者は財産を所有していないことがほとんどなので、破産申立件数の大半を占めています。

2　破産手続開始決定後の強制執行・滞納処分の禁止

(1)　個別執行禁止原則

破産手続は、すべての債権者に公平な弁済を行う制度なので、破産債権者の個別の権利行使は禁止され（破産法100①）、破産手続開始決定後は、催告、裁判上の請求、強制執行、滞納処分等はできず（同法42①）、すでに開始されている強制執行は失効します（同法42②本文）。

法人の場合は、破産手続の終結決定まで、個別執行・滞納処分は禁止され

ます。自然人の場合は、免責許可決定の確定まで、個別執行・滞納処分は禁止されます（破産法249①）。

　(2)　新たな滞納処分の禁止

　自力執行権のある租税債権であっても、破産手続開始決定後は、原則として、破産財団に対しては、新たな滞納処分を行うことはできません（破産法30①・43①。徴基通47―16(6)）。もっとも、破産手続開始決定前に、差し押えた財産については、滞納処分を続行できます（同法43②・100②一。徴基通47―41）。

3　破産手続開始決定後も滞納処分の対象となる財産

　(1)　管財事件における自由財産

　上述したように破産財団は、個別執行が禁止されますが、破産財団に属さず、破産者が自由に管理処分できる財産（自由財産）については、明文上、個別執行を禁止する規定はなく、破産手続開始決定後、いつでも差押えが可能です。自由財産としては、次のようなものがあります。

①　破産手続開始決定後に新たに取得した財産（新得財産）。たとえば、破産手続開始決定後の支給される給料、交通事故の損害賠償金、相続によって得た財産などがあります。

②　民事執行法上の差押禁止財産。たとえば、99万円未満の現金は、差押禁止であり（破産法34③一、民執法131三、民執令1、2②一）、破産者の法定自由財産となります。

③　破産管財人が破産財団から放棄した財産。たとえば、オーバーローンの土地・住宅、換価困難な山林、原野、荒廃地等があります。

④　裁判所の決定で、自由財産の範囲の拡張が認められた現金以外の財産。実務としては、銀行預金、自動車の下取りの評価額、生命保険の解約返戻金等の合計額が99万円未満であれば、破産財団に属しない自由財産として破産者が保有してよい財産として認められています（中山孝雄＝金澤秀樹編『破産管財の手引〔第2版〕』（きんざい、2015年）145頁に詳しい具体例が記載されている）。また、破産者が、糖尿病、癌などの持病がある

場合には、解約払戻金が99万円以上ある生命保険、医療保険も自由財産の拡張として保険契約の継続が認められることがあります。

(2)　同時廃止事件の場合

同時廃止事件では、破産手続の開始決定と破産廃止決定が同時に行われ、破産管財人による換価業務がないので、破産財団と自由財産の区別は観念されません。

したがって、同時廃止事件では、破産手続開始決定後、破産手続が終了し、その後、免責許可決定が確定するまでは、新たな滞納処分を行うことはできません。

4　破産手続開始決定後も滞納処分をすることができる租税債権

(1)　財団債権と破産債権

破産債権とは、債務者が破産したときにその債権を届け出て破産財団から公平な弁済を受け、破産手続によってのみ弁済を受けることができる債権をいいます。具体的には、民間の一般債権、納期限が破産手続開始決定の1年以上前の租税債権が、破産債権に該当し、配当手続によらなければ弁済を受けることができません。

財団債権とは、破産手続によらないで破産財団から随時弁済を受けることができる債権をいいます（破産法2⑦）。納期限が破産手続開始決定時に到来していないか、あるいは納期限から1年を経過していない租税債権等の強制徴収公債権が財団債権となります（同法148①三）。

(2)　破産債権による自由財産に対する個別執行

上述したように、明文上、自由財産に対する個別執行を禁止する規定は存在しません。しかし、破産債権については、広く破産手続によらなければ権利行使ができないとされていること（破産法100①）、免責許可の申立てから免責許可決定が確定するまでは、破産債権に基づく個別執行が禁止され、免責許可の申立ては、破産手続開始申立てと同時に申立てをしたものとみなされていることから（同法248④）、これらの規定により、破産債権による自由財産に対する個別執行は、禁止されていると考えられます。

　(3)　財団債権による自由財産に対する個別執行

　一方、財団債権の権利の行使は、破産法上、何ら制限をしていません。破産手続中であっても財団債権となる租税債権に基づき、新得財産だけでなく（徴基通47−44）、これを含む自由財産全部に対して、滞納処分による差押え等の個別執行も可能となります（東京税務協会『滞納整理の基本事例解説』59頁）。

　(4)　結　論

　したがって、破産手続開始決定時に、納期限が到来していないか、あるいは納期限から１年以上経過していない租税債権（財団債権）に基づく限り、破産者の自由財産に属する預金債権の差押えは可能ということになります。

5　自由財産等の調査

　自由財産の内容は、裁判所の破産記録を閲覧することで、確認できます。租税債権者は、官公署等への協力要請（行政共助）により（地税法20の11）、あるいは利害関係人として、破産記録の閲覧請求ができます（破産法11①）。

　破産記録中には、財産状況報告集会で、破産管財人から裁判所に提出された財産目録が篇綴されており、財産目録には、自由財産の拡張が認められた財産の記載があります。

　そして、事件記録には、自由財産の拡張が認められた預金通帳、生命保険証書、自動車検査証の写しなどが、添付されています。破産者の自由財産もしくは同時廃止事件で保有を認められた財産は、裁判所で破産記録を閲覧することにより、完全に把握することができます。

6　自由財産の差押えの適否

　元々、財団債権は、交付要求をすることで、随時優先的に弁済を受けることができることからすれば（破産法２⑦・151）、滞納処分庁も、破産管財人の換価・配当方針に従い、整然と秩序だった破産管財人の清算手続に協力すべき立場にあります。

　破産手続の続行中に、たとえ破産者の自由財産に対してであっても、新たな滞納処分を行うことは、破産管財人が行う破産手続に割って入って、清算

手続をかき乱すものであって、本来破産法が予定しているところではありません。破産手続の終結までは、交付要求による支払いを待ち、滞納処分を行うべきではありません。

また、自由財産、特に破産手続開始決定後に支給された給料、自由財産の拡張として認められた預金は、破産者の生活状況および収入を得る見込み等に鑑みて、配当のために換価・取立てをする財産から外して、破産者の経済生活の再生と生活の安定のためそのもとに留め置くことを裁判所が認めた財産です。

破産手続開始決定の時には、破産者は債務超過に陥っており、財産は何もなく、破産手続開始決定後に得た給料等の新得財産であっても、破産者が経済生活を維持するうえで不可欠な財産です。

ちなみに東京地方裁判所民事執行センターでは、財団債権に基づく強制執行も、破産手続中の強制執行等は破産法249条1項から禁止されると解して、破産管財人の上申により、強制執行の決定を取り消しています（『民事執行の実務(上)』377頁）。

滞納者の経済的再生の機会まで奪う結果となる自由財産の差押えは、滞納者の担税力の回復を妨げ、滞納処分の暴走ともいえます。

破産した滞納者については、自由財産の差押えまで追及せず、原則として滞納処分の停止相当として扱うべきでしょう。

第3編
裁判手続による差押債権の取立て

第11章　差押債権取立訴訟（支払督促）総論

第1　取立訴訟の請求根拠と請求の範囲

1　差押給与債権の取立訴訟の要件

国税徴収法67条１項による取立権に基づき、滞納処分による差押債権の取立訴訟および支払督促（以下、特に断りのないかぎり取立訴訟と支払督促をあわせて「取立訴訟」と記載します）ができます（第１章第１の５（６頁））。

国税徴収法に基づく取立権の取得要件が、取立訴訟の請求原因となり、給料の差押えの場合は、次の①から③の要件が必要となります。また、取立訴訟を提訴するうえで④および⑤の要件が、必要となります。これらの要件の内容は、支払督促の請求原因の記載方法の箇所で詳述します（第12章第9（170頁））。

① 被差押債権（給料債権）の発生原因事実（雇用契約締結と労務の提供および給料の支払い）

② 取立権の取得事実（滞納処分による給料債権差押と債権差押通知書の第三債務者への送達）

③ 被差押債権の存在（給料差押可能金額の存在）

④ 差押調書謄本の債務者（滞納者）への交付

⑤ 行政不服審査申立期間の経過

2　請求できる範囲

取立訴訟の請求金額は、提訴日までに支給日を迎えた給料の差押可能金額の合計となります。将来分の給料は、給料債権が発生していないので請求できません。

　また、裁判実務上の取扱いとして、徴収すべき租税債権全額（完納までの延滞金等）の請求はできず、本税の全額と提訴日（申立日）までの延滞金の範囲に限られます。

　取立訴訟では、請求する金額に支払日までの遅延損害金を付することはできず、提訴日までに確定した元金と利息額しか請求できません。

　これらの理由は、支払督促の請求の趣旨の記載方法の箇所で詳述します（第12章第8　（169頁））。

第2　差押給与債権の取立訴訟の現状

1　取立訴訟を行っている地方公共団体の実数

　現時点で、給料差押え後の取立てで、通常訴訟、支払督促などの裁判手続を利用している地方公共団体の数は、全国約1800弱の地方公共団体のうち、100団体もないでしょう。市町村アカデミーおよびJIAMの市税徴収事務の研修には、毎回100〜120団体の徴収職員が集まりますが、その中でも、訴訟手続を利用している団体は、多くて5団体程度です。

　国税や地方税の滞納処分の実務書やマニュアルでも、給料債権差押後の処理については、「雇用主の協力が得られないと債権の取立が困難になるので勤務先の担当者等に誠意を持って事情を説明する」、あるいは「遅滞なくその履行を請求し、請求に応じないときは、債権取立に必要な方法を講じる」程度の記載があるくらいで、その先の具体的な方法は記述がありません。

2　取立訴訟の実態――勝訴確実

　取立訴訟は、「費用対効果が悪いので行わない」、「訴訟は時間がかかる」という市税徴収担当所管課（あるいは徴収職員）があります。これは、客観的に間違っています。経験したことがない業務を逃れんがための「やらない」ことの言い訳にすぎません。

　雇用主は、従業員を使用して、給料を支払い、事業を継続しているのですから、支払い能力は十分あります。

　取立訴訟（支払督促）で地方公共団体が敗訴することなどあり得ず、

100％勝訴で、裁判期日も普通1回、多くても2回で判決に至ります。時間的には提訴して、通常4か月程度で、長くとも10か月程で判決に至ります。

　雇用主の預金口座も上下水道料金の引落口座あるいは、確定申告書の調査で判明します。金融機関に対する雇用主名義（第三債務者）の預金口座の調査は、任意調査ですが、取立訴訟の判決（債務名義）の写しを添えて、回答を求めれば、今や9割5分以上の金融機関が回答してくれます（第18章第4（267頁）参照）。第三債務者（雇用主）の財産調査権がないことは、取立訴訟を行わない理由になりません。

　給料差押え後の取立訴訟は、徴収確実で費用対効果は抜群です。

3　取立訴訟は年に数件でよい

　実際に、給料差押えをした全件につき取立訴訟を行う必要はありません。

　年に2件も提訴すれば、アナウンス効果で、市町村内の他の事業者も支払ってくるようになります。

　また、納付交渉で、雇用主に対して「支払っていただけないのであれば、訴訟になりますが、負担ではありませんか」と明確に言い切ることができ、差し押さえた給料の取立てに自信と勢いがつきます。

第3　庁内合意のハードル

1　差押給料債権の取立てのため雇用主を訴えること

　給料差押え後、雇用主から取り立てるために、交渉ではなく「訴訟」手段が必要であることを、納税課内、庁内、議会、長から合意を取り付ける必要があります。

　実は、この「取立訴訟提訴の合意形成」が一番エネルギーを要する業務かもしれません。滞納者でない自治体住民（法人）を相手に裁判を起こす、しかも差し押さえた給料債権の回収のためとなると、「給料を差し押さえて、さらに裁判までして、税金をとるのか？」「やりすぎではないか？」「生活再建を優先させるべき」と言った声が、長、議会、他の部署、場合によっては徴税担当課長からも出ます。

2　議会の承認

　訴えの提起には、原則として議会の議決が必要となります（自治法96①十二）。支払督促の場合も、督促異議の申立てにより通常訴訟に移行することから（民訴法395）、その時点では議会の承認が必要になります。

　訴えの提起の議案の決裁は、担当課からのボトムアップになります。

　まず、徴収担当職員が、取立訴訟を行う対象雇用主を選択します。

　訴えの提起の議会の議決を得るためには、最初の課長決裁の段階で、訴訟対象事案の概要を整理して、決裁伺いの記事欄に記載し、完成させた訴状を添付して決裁にあげなければなりません。

　初めて取立訴訟を行う場合、事前に部長説明、長への説明が必要です。また事案の概要や取立訴訟の必要性を理解してもらうために、議員・会派廻りも必要な場合があるでしょう。

　いよいよ議会に訴えの提起の議案を提出する段階になれば、議会事務局と調整し、議会での議案説明書の作成も必要になります。

　このように「担当・係長→課長決裁→部長決裁→長への説明→議会事務局との調整→議案提示・議会議決」という手続きが必要となります。

　また、訴額（取立訴訟の請求金額）が高額な場合、貼付印紙代（【巻末資料1】）、予納郵券の納付などの予算措置が必要となります（もっとも、収入印紙と郵券の総額が5万円を超えることは滅多にありません）。

3　専決条例、専決決議のある自治体

　訴えの提起につき、長の専決で行える条例、議会の委任による専決処分指定議決（自治法180①）があれば、その金額の上限額以下で、議会議決は不要となります。訴えの提起につき専決処分をした次の議会で長の専決で訴えの提起をしたことを報告すれば足ります（同法180②）。

Q11−1　取立訴訟とは何か。取立訴訟までやらなければならないか。

　　取立訴訟とは、滞納処分もしくは民事執行法による債権の差押え後、支払いに応じない第三債務者を被告として行う給付訴訟をいいます。

　租税の滞納があるときは、行政庁の行政処分（自力執行権）で、滞納者の財産を差し押さえ、換価し（債権の取立てを含む）、配当することによって租税債権の強制的な実現（回収）が図れます。

　しかし、差押債権（給料債権、預金債権等）の第三債務者（雇用主、銀行等）は、租税を滞納しているわけではなく、滞納処分による債権の差押えにより雇用主や銀行は新たに納税義務を負うわけでもありません。したがって、雇用主が、差押債権（給料債権）の履行（支払い）を任意に行わないからといって、雇用主の財産に対して滞納処分を行うことはできません。滞納者の給料債権は、私法上の権利であり、その取立てにつき自力執行権は行使できないことから、行政庁の取立権の行使も私法上の債権の実現手段、すなわち支払督促の申立てもしくは、給付の訴え（差押債権取立訴訟）等によって行うほかありません（徴基通67−4）。それゆえ、第三債務者が任意に支払いをしないときは、民事訴訟の一形態である取立訴訟を行う必要があります。

Q11−2　支払督促とは何か。

　　支払督促は、裁判所の金銭請求訴訟手続の一つです。

　　通常訴訟と異なり、債権者の申立書の書面審査だけで、相手方の反論を聞くことなく、強制執行することのできる債務名義を得られる裁判手続です。証拠となる書類の提出も必要なく、裁判期日の指定もないので裁判所に出頭する必要もありません。議会の承認も不要で、決裁区分としては、部長の専決で申立てができます。もっとも、相手方は、不服が

あるときは督促異議の申立てができ、督促異議申立によって通常訴訟に移行することから（民訴法395）、異議申立があると議会の承認が必要となります。

Q11－3　取立訴訟で、会社をクビになったらどうするか。

A　給料差押えを理由とする解雇は無効です。また、取立訴訟で雇用主が被告となっても従業員を解雇することは違法です。

労働関係判例では、給料差押えは解雇の正当理由にならず、解雇は無効です。もし解雇した場合、雇用主は損害賠償義務を負います。

もっとも、取立訴訟に至る前に、従業員本人には、督促状や催告書を幾度となく送り、差押えの予告通知書も送り、電話で催告し、給料差押えの可能性も伝えてあります。また、勤務先に文書で給与照会をしたうえで、給料の差押えをしています。こうした事前の手続きを尽して、給料差押えをした後の取立訴訟であり、突然に裁判を行うものでもありません。

Q11－4　勝訴後も支払わなかったらどうするか。

A　取立訴訟後も雇用主が支払いをしない場合は、民事執行法に基づいて雇用主の財産に対して、強制執行を行います。

支払督促の確定あるいは、取立訴訟の判決後、雇用主が、差し押さえた給料債権の支払いをしない場合、銀行預金や売掛金等を民事執行法に基づき、差し押さえます（第17章（234頁）参照）。融資先の銀行の預金口座を差し押さえた場合、雇用主は、金融機関から借入金の一括弁済を求められ、経営が行き詰まる可能性があるので、最終的に、雇用主は支払いに応じることがほとんどです。

預金口座の調査は、取立訴訟の判決もしくは仮執行宣言付支払督促（債務名義）を得た後、任意調査により、金融機関に預金照会をして行います【書式18－2】、【書式18－3】。債務名義のコピーを添付して預金照会すれば、

9割5分以上の金融機関が回答してくれます（第18章第4（267頁）参照）。

　また、民事執行法の改正により、第三者からの情報取得手続（民執法204～211）が新設され、執行力ある債務名義を有する債権者は、裁判所に申し立てることによって、銀行等から、債務者の預貯金債権に関する情報を取得できるようになりました（詳しくは、第18章第5（268頁）参照）。

> **Q11－5　給料の差押え後、取立訴訟までに給料を支払ってしまった場合、雇用主は、二重払いをするのか。**

A　給料差押え後、従業員に給料を支払った場合、雇用主は、市町村にも支払わなくてはならず、二重払いをすることになります。

　滞納処分により、財産を差し押さえた場合、処分禁止効が発生して、差押財産の処分はできなくなります。債権の差押えでは、債務の支払いおよび債権譲渡が禁止されます。この処分禁止効については、債権差押通知書に記載してあり、給料差押え後も差し押さえた給料を支払うよう雇用主に口頭で請求したときにも説明しています。従業員に給料を全額支払った場合、市町村にも給料の差押可能金額の範囲で支払わなければならないことは、雇用主も十分に理解しているはずです。

　もちろん、従業員と自治体に二重払いをした場合、雇用主は、後に従業員に対して二重払いした金額を返還請求できます。

第4　訴訟提起の方針が確定

1　訴訟前の最後通告

　取立訴訟提起（支払督促申立）の方針が確定したら（議会の議決もしくは長の決裁が下りたら）、いきなり提訴するのではなく、まずは訴訟手続移行予告通知兼催告書【書式12－1】を雇用主に送ります。事業経営者であれば、取立訴訟の帰趨、判決後の強制執行により、自分の事業がどのような影響を受けるのか、十分な知識があります。訴訟となれば、被告事業主が100％敗訴

で、売掛金や預金口座が差し押さえられて信用が失墜することは、十分に承知しています。

　なので、訴訟移行の通知書の送付だけで、5割近くの雇用主は差押えを受けた給料の支払いに応じてきます。

2　訴訟移行通知書を送ったからには、必ず訴訟をする

　訴訟移行通知書を送って、訴訟をせず放置しては、雇用主の納付意識はますます低くなります。

　訴訟移行通知書の送達後、1か月以内には支払督促の申立てもしくは取立訴訟を提訴すべきです。

3　家族経営状態で、雇用主にも支払能力がない場合

　家族で経営する自営業者（法人でない）で雇用主個人にも税金の滞納があり、財産調査をしても、めぼしい財産を発見できないような場合は、そもそも取立訴訟をしないという選択も考えるべきです。おそらく親族従業員の給料はまともに支払われていません。

　他方、雇用主が法人で、その代表者の役員報酬を差し押さえたような場合は、法人に財産がなくても、代表者はがっぽり役員報酬を受け取っている場合があるので、必ず取立訴訟を行います。

第5　選択する訴訟手続——支払督促か、通常訴訟か

1　支払督促のメリットと限界

(1)　支払督促のメリット

(A)　書面の作成だけ

　支払督促の申立ては、申立書を作成して提出するだけです。裁判期日の指定もなく、債務者に反論の機会を与えることもなく、簡易裁判所書記官が支払督促を発付します（民訴法386）。支払督促の申立ては郵送でも受け付けてくれます（ただし、裁判所の事件受付の窓口で提出書面の訂正、記述の脱漏などの教示を得られるので持参することが望ましい）。

(B)　証拠は不要

　債権証書、契約書などの証拠となる書類の提出は不要で、申立書の書面審査のみで債務名義（仮執行宣言付支払督促）を得ることができます。

(C)　請求金額は無制限

　請求金額に上限はありません。少額訴訟のように請求金額が60万円という上限はありませんし、簡易裁判所の管轄ですが、140万円を超える請求額（500万円でも1000万円でも）でも支払督促の申立ては可能です。

(D)　議会の議決は不要

　支払督促は、裁判所書記官が発付するものなので「訴えの提起」（自治法96①十二）に該当せず、議会の議決は不要です。ただし、督促異議の申立てがあると、通常訴訟に移行するので（民訴法395）、その時は議会の議決が必要となります。訴えの提起につき、議会の専決事項の指定決議（自治法180）もしくは専決条例があれば、その指定された訴額の範囲内で、議会の議決なしで長の専決により、訴訟を遂行できます。

(E)　申立費用は半額

　必要となる訴訟手数料（貼付印紙額）は、通常訴訟の半額です（【巻末資料1】参照）。ただし、督促異議の申立てがあって、通常訴訟に移行するときは、残り半分の訴訟手数料の追納が必要になります。

　(2)　支払督促の限界

　支払督促の申立ては、債務者の所在地を管轄する簡易裁判所の裁判所書記官に対して申し立てなければなりません（民訴法383①）。

　債務者が法人の場合、債務者の所在地は、商業登記簿上の本店所在地となり、裁判所が遠方になる場合もあります。

　支払督促の申立ては、郵送で可能なので、債務者（本店）の所在地が遠隔地であっても問題はありません。しかし、督促異議の申立てによって通常訴訟に移行すると（民訴法395）、弁論期日に遠方の裁判所まで出頭することになり、時間と出張費用の負担が生じます。

2　通常訴訟のメリットと限界

　雇用主の本店所在地が遠方でも、義務履行地である自治体を管轄する裁判所に提訴できます。従前の雇用主の対応から、支払督促で、督促異議申立が確実視されるときは、最初から通常訴訟を選択すれば、事務手続上の負担を節約できます。

　通常訴訟の場合は、請求を根拠づける書証（債権差押通知書、給料差押可能金額計算書等）の写しの提出が必要です（詳しくは、第13章第3（198頁）参照）。

第4編
支払督促による差押債権の取立て

第12章　支払督促申立

第1　支払督促制度の趣旨

　通常訴訟では、紛争の解決を適正かつ公平に行うため、原告・被告の両者に平等に主張立証の機会を与え、審理を尽くして、判決が下されます。審理の状況によっては、2年、3年と訴訟が長期化し、当事者の救済、紛争の解決が迅速になされないこともあります。

　こうした紛争解決の遅延を避けるため、債権者の申立てに基づき、債務者の審尋なしで、簡易迅速に債権者に債務名義を取得させる特別の手続きとして「仮執行宣言付支払督促」が設けられました（民訴法382～402）。

　なお第12章では、支払督促で用いられる表現に従い滞納処分庁である自治体（申立人）を「債権者」、雇用主（相手方）を「債務者」と表現します。

第2　支払督促による公法上の給付請求の可否

1　簡易裁判所の事物管轄

　簡易裁判所には、「行政事件訴訟に係る請求」は、管轄がありません（裁判所法33①一かっこ書）。

　滞納処分による差押債権の取立金の請求は、地方公共団体が原告となることから、行政事件訴訟に係る請求となり、簡易裁判所が扱う支払督促の利用ができないのではないか、疑問が生じます。

　滞納処分庁は、債権を差し押さえたことにより、滞納者に代わって給料債権者の立場に立ち、滞納者の有する給料債権の取立権を取得します。滞納処分庁は、取立権の取得により、滞納者の第三債務者に対する取立権を代位行

使して、第三債務者から取立て（預金の払戻請求、給料の支払請求）をすることになります。すなわち、取立権は、公法上の原因に基づく請求権（公債権）ではなく、滞納者と第三債務者の私法上の契約関係（労働契約、預金契約等）に基づく給付請求権です。

　私法上の給付請求権の行使であれば、支払督促の利用は可能です。

2　国税徴収法基本通達も支払督促を認めていること

　国税徴収法基本通達67条関係3も、滞納処分により差し押さえた債権の取立てのために、「徴収職員は、債権差押えにより、その債権の取立権を取得するから……支払督促の申立て……等の行為をすることができる」としています。また、同通達67条関係4も「被差押債権の取立てについて……支払督促の申立て……をする必要がある場合には、法務省の関係部局に依頼して行う」とし、国税徴収法に基づいて差し押さえた債権の取立てに、支払督促の申立てができることを当然の前提としています。

　学説および実務解説書では、「公法上の関係に基づく請求権」については、支払督促によることはできないが私法上の給付請求権であれば、支払督促を利用できるとする見解がほとんどです（『注解民訴(10)』387頁、『条解民訴』1290頁、『注釈民訴(9)』120頁）。

第3　支払督促申立の予告通知

　支払督促の申立て前に、債務者（雇用主）に対し、訴訟手続移行予告通知兼催告書【書式12−1】を郵送します。予告通知が送られると、不安を感じた債務者から連絡があり、5割程度の債務者から支払いがあることは前述したとおりです。

第4　支払督促申立だけで支払いがある割合

　支払督促が送達されると、裁判所から書類が届いたということで、たいていは債務者から何らかの反応があります。

　給料差押え後の差押債権取立訴訟もしくは支払督促では、素直に「支払い

ます」という連絡が、5〜8割程度あります。自治体の給料差押えに違法は
なく、争ったところで、債務者側に勝ち目がないことを事業者である雇用主
（債務者）は十分に承知しているからです。

　事業を継続している債務者の場合、債務者から連絡も督促異議申立もなく、
支払督促が確定することはありえないというのが実感です。

第5　督促異議申立の割合

　発付された支払督促に対する督促異議申立もほとんどありません。雇用主
は、督促異議申立をしたところで、負けるという結果が変わらないことを充
分承知しているからです。

　それでも督促異議申立をする典型的なパターンは、従業員（滞納者）が退
職してしまった場合です。給料差押え後も、雇用主が給料を全額支払い、従
業員が退職してしまうと、自治体に納付した差押金額を将来の給料から天引
きすることもできず、雇用主は二重払いを強いられるからです。もっとも、
督促異議申立をしてもどうにもならないのですが。

第6　支払督促申立の留意点

1　給料債権の消滅時効期間

　給料債権（＝労働債権）の消滅時効期間は、2020年3月31日以前に発生し
た給料債権であれば2年、2020年4月1日以降に発生した給料債権であれば
3年です（労基法115、同法附則143③）（令和2年改正労働基準法による給料債権
の消滅時効期間の変更については、第4章第2の1（29頁）参照）。

　滞納処分による給料差押えによって、差押えに係る滞納税の消滅時効は、
完成が猶予（中断）されます（前民法147二、民法148①一）。しかし、給料債
権の消滅時効は、完成猶予も更新もなく、進行し続け、給料の支払日の翌日
から上記消滅時効期間の経過で消滅時効が完成します。

　給料債権の消滅時効の進行を止めるためには、支払督促の申立てないしは
訴訟を提起するほかありません。したがって、自治体には遅くとも給料差押

〔図11〕　支払督促手続フローチャート

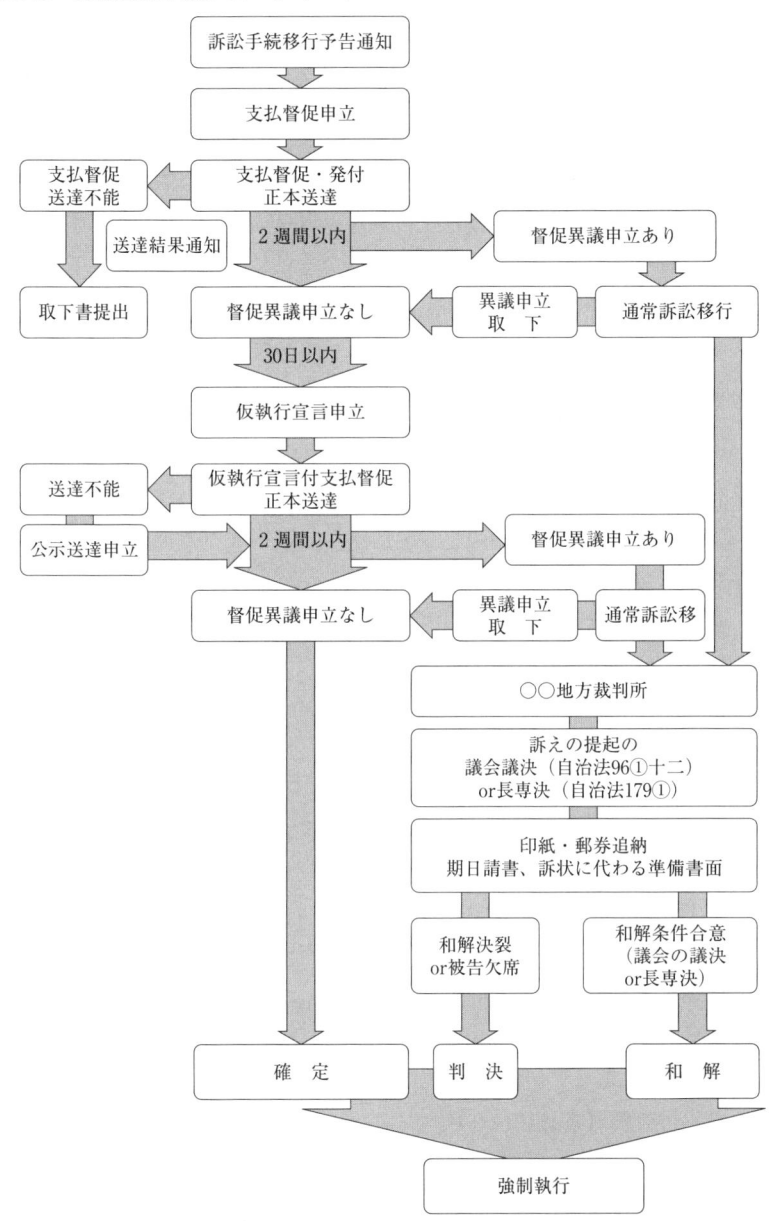

え後、3年以内に支払督促の申立てもしくは提訴する必要（義務）があります（第4章第2（29頁）参照）。

2　指定代理人の選任

支払督促は、書面審理手続なので（裁判所への出頭は不要）、代理人なしで手続きを進めることができます。しかし、自治体職員を代理人として指定することで、申立書の訂正を長の公印でなく、指定代理人の印で訂正できること、督促異議申立により通常訴訟に移行した時点で、慌ただしく新たに代理人を指定する必要がないなど、利点が多くあります。

　もっとも、指定代理人の選任は、自治体の決裁区分規則によれば、税務担当課の単独決裁と担当部長、長の決裁だけでは足りず、人事課、法規文書課等との合議による決裁が必要となります。代理人指定の事務手続が煩雑な結果、支払督促申立の遅滞が想定されるときは、指定代理人なしで支払督促の申立てをし、督促異議申立があった案件に限り、代理人を指定する方法が、迅速な処理につながることもあるでしょう。

3　裁判所書記官との接し方

裁判所書記官は、支払督促手続については、丁寧に教えてくれます。自治体職員が手の届く範囲で調べて、どうしても不明な点は、電話して書記官に教示を求めましょう。

　簡易裁判所に書類を提出する場合は、郵送ではなく、可能な限り、裁判所の事件受付に持参し、書記官と面識をもつように心掛けましょう。

第7　支払督促申立書の作成と必要書類・費用

1　作成する書類

差押給料債権取立事件の支払督促の申立てでは、次の5種類の文書を作成します（代理人を指定する場合は6種類）。

① 申立書表紙【書式12－2】
② 当事者目録【書式12－3】
③ 請求の趣旨および請求の原因【書式12－4】

④　滞納明細書

⑤　給料等差押可能金額計算書【書式12－5】

⑥　代理人指定書【書式12－6】

申立書表紙、当事者目録、請求の趣旨および請求の原因、給料等差押可能金額計算書、代理人指定書は、【書式12－2】～【書式12－6】を参考にして作成してください。請求の趣旨および請求の原因記載方法は、第12章第8（169頁）・第9（170頁）で詳述します。

2　文書の書式、篇綴方法

裁判所に提出する文書は、Ａ4横書き、片面プリントです。上下左右の空白、文字のポイント等の書式の設定は、裁判所に提出する書式の設定【巻末資料2】を参照してください。

作成した申立書一式を、支払督促申立書作成図〔図12〕を参考にして、ホチキス留めをしてください。

3　必要書類、申立手数料、予納郵券

債務者（雇用主）が、法人の場合には、⑦資格証明書（商業登記簿の代表者事項証明書）が必要になります。

申立手数料は、請求金額によって異なります。手数料額早見表【巻末資料1】で確認してください。手数料は、収入印紙を申立書表紙に貼付して納めます。

支払督促正本と送達結果通知書の送達用の郵券を予納します。支払督促正本の送達費用（特別送達）として1220円分の切手、支払督促発付通知費用として110円分の切手、⑩送達結果通知のために郵便はがき1枚もしくは110円分の切手が必要になります。また、⑧支払督促正本送達用の封筒（債務者の住所のあて名を記載する）、⑨支払督促発付通知用（債権者の住所のあて名を記載する）の封筒の提出を求められます。

支払督促申立に際して必要となる、予納郵券額、封筒・はがきの数は裁判所によって異なるので、支払督促の申立て前に簡易裁判所の民事事件受付の支払督促係に電話して確認します。

〔図12〕　支払督促申立書作成図

① 支払督促申立書
印紙
○○市
指定代理人　印
【書式12－2】
収入印紙に割印はしない。

①、②、③、④、⑤を重ねて、左端をホチキス留めする。
作成した申立書は、1部を裁判所に提出。
支払督促の決定正本は、債権者には送達されないので、必ずコピーの控えをとっておく。
捨印を押しておくと、誤りがあると、連絡のうえ、書記官が訂正してくれることがある。

② 当事者目録
債権者　○○市
　　指定代理人　○○
　　送達先
債務者　○○
【書式12－3】

③ 請求の趣旨及び原因
請求の趣旨
　○○円
請求の原因
　1
　2
【書式12－4】

④ 別紙・滞納明細書

月日	納期	金額

⑤ 別紙・給料等差押可能金額計算書

年月		金額

【書式12－5】

⑥ 代理人指定書
○○市長　印
納税課長　○○
納税課係長　○○
【書式12－6】

1部提出。代理人は何人でも指定できる。

⑦ 代表者事項証明書
商号　株式会社○○
本店　○○県○○市
代表者氏名・住所
　○○○○

1部提出。債務者が法人の場合。商業登記簿謄本（代表者事項証明書）。

⑧債務者送達用　郵券・封筒
⑨債権者発付通知用　郵券・封筒
⑩送達結果通知用はがきor封筒（110円切手貼る）

⑧ 債務者の住所・氏名

⑨ 債権者の送達先

⑩ 債権者の送達先　はがき

or

⑩ 債権者の送達先

封筒（長形3号）　封筒（長形3号）

〔表 4〕　支払督促・申立時必要書類一覧

申立手数料	収入印紙		【巻末資料 1 】
送達用郵券	債務者への特別送達用		郵券1220円
	債権者への支払督促発付通知用		郵券110円
	債権者への支払督促送達結果通知用		郵券110円 or はがき
申立書類	支払督促申立書表紙	1 通	【書式12― 2 】
	当事者目録	1 通	【書式12― 3 】
	請求の趣旨及び請求の原因	1 通	【書式12― 4 】
	別紙・滞納明細書	1 通	
	別紙・給料等差押可能金額計算書	1 通	【書式12― 5 】
添付書類	資格証明（商業登記簿）	1 通	
	代理人指定書	1 通	【書式12― 6 】

第 8　請求の趣旨の記載内容

1　請求できる給料債権の範囲

　請求の趣旨とは、債務者に対していかなる金額の金銭的請求をするのか、支払督促の発付を求める結論部分です。

　給料債権の差押えの取立てでは、訴えの提起時（支払督促の申立時）までに履行期（給料支払日）を迎えた給料債権の範囲でしか請求できません。たとえば、滞納税が50万円あっても、給料の差押可能金額が、月額 3 万円で、給料差押え後 6 か月経過して提訴した場合、請求できる金額は、18万円です。支払督促の申立て後、将来支給される給料を含めて、滞納税額全額を請求することはできません。給料債権のような継続的収入の場合、差押えの効力は滞納額に満つるまで、将来の収入にも及びますが（徴収法66）、取立権は、滞納者の有する権利と同一内容の権利であることから（「徴収法精解」67条二1 ）、取立ては、現実に発生している債権の範囲（給料日を迎えた給料の範囲）でしかできないからです。

2　請求金額に民事法定利率は付さない

　通常の金銭請求事件の場合、請求の趣旨に「金○○円及びこれに対する○

年○月○日から支払済みまで年３％の金員を支払え」として民事法定利率による遅延損害金の附帯請求を行うことが通常です。しかし、被差押債権が給料等の継続的給付債権である場合は、理論上、遅延損害金の請求の余地があっても、附帯請求をしない（請求すると裁判所から撤回を求められる）ことが定着した実務の取扱いとなっています。

　これは、遅延損害金は、時間の経過とともに日々増加して変動する浮動的な請求金額であり、これを認めると、第三債務者に計算間違い、二重払いの危険など不測の損害を与え、法的安定性に欠けることと、差押債権者（滞納処分庁）は、本来の債務者（滞納者）に遅延損害金を請求できることから、取立権について利息や遅延損害金等の附帯請求を認めなくても別段の不利益がないこと等の理由によります（第12章第９の５(2)（174頁）参照）。

第９　請求の原因の記載内容

1　請求原因とは

　請求の原因とは、債権者の請求を基礎づける具体的事実をいいます。債権者が、債務者に対して、請求の趣旨記載の金額をどうして請求できるのか、その請求の根拠となる事実および具体的な権利内容を記載します。

　支払督促を発付する裁判所書記官、請求を受けている債務者が、何を根拠にして債権者は金銭請求をしているのか、どうしてその金額になるのか、債権の発生原因と金額の計算根拠を理解できる程度に請求の原因に盛り込んで記載する必要があります（民訴法385①・387二）。

2　当事者

　支払督促の当事者として、債権者が普通公共団体であること、債務者が滞納者の雇用主であり、給与を支払う者であることを明記します。これは、支払督促の発付権者である裁判所書記官に、事実関係を把握しやすくするために記載するもので、法律上、必要な記載事項ではありません。

3　債権の内容と債権発生の法令上の根拠の記載

　差押債権の取立権の請求の原因としては、次の①から⑤の要件が必要とな

ります。次項以下で詳述していきます。

① 被差押債権（給料債権）の発生原因事実（雇用契約締結と労務の提供と給料の支払い）

② 取立権の取得事実（滞納処分による給料債権差押と債権差押通知書の第三債務者への送達）

③ 取立権の生じる範囲（給料等差押可能金額の存在）

④ 差押調書の謄本の債務者（滞納者）への交付

⑤ 行政不服審査申立期間の経過

4　被差押債権（給料債権）の発生原因事実

給料債権が発生した事実の請求原因の記載としては、厳密には、

① 滞納者と債務者との間で、給料の額および支払い時期等について約定（雇用契約）締結の事実とその内容（民法623）

② 給料差押え後、滞納者が労務に服した事実（同法624）

③ 給料差押え後、当月分の給料の支払日が到来した事実

④ 滞納者に支給されるべき給料の具体的数額

が必要になります。

　しかし、雇用契約の当事者でない債権者が雇用契約の締結時期やその内容や滞納者が就労した事実、給料差押え後に支給された各月の給料の数額を正確に知ることは実際には困難で容易ではありません。

　債権者において、債務者（雇用主）と滞納者の雇用関係を明確に知ることができない場合には、知りうる範囲である程度包括的・抽象的な主張もやむを得ません。上記①から④の給料債権の発生原因事実の調査に、債務者もしくは滞納者の協力を得られない場合、雇用契約締結時期の確定は困難であることから、給料差押え時に滞納者が債務者（雇用主）のもとで勤務していた事実を主張することで足ります。

　また、給料や賞与の支給額ないしは手取額については、外形的事実として確実と認められる最低限の金額を主張すれば足ります。正確な金額は、相手方である債務者（雇用主）の反論に期待し、これを待つことになります。債

務者から反論がない（督促異議がない）場合は、申立人（債権者）が主張した差押金額の取立てが認められることになります（淺生重機「取立訴訟」東京地裁債権執行等手続研究会『債権執行の諸問題』（判例タイムズ社、1993年）148頁、最高裁判所事務総局『簡易裁判所民事事件執務資料』（法曹会、1988年）44頁）。

　なお、各月の給料額は、文章で逐一記載することは、煩雑なので「別紙給料等差押可能金額計算書のとおり」とします。

Q12-1　給与照会に回答がない場合の給料等差押可能金額の計算はどうしたらよいか。

　給与照会に対する雇用主の回答がない場合、厳密に給料の差押可能金額を計算することは不可能です。

　　　　入手可能な資料に基づいて計算をすれば足ります。

　一番手っ取り早い方法は、預金調査により給与の振込口座が発見できれば、3～12か月程度の給与の振込金額をもとに平均値を出して、これを手取給料額（所得税、住民税、社会保険料等を控除した額）とします。そして、最低生活費と地位対面維持費を差し引くことで差押可能額を算出します。

　給与の振込口座が不明もしくは、給与が手渡しの場合には、前年度の給与支払報告書をもとに計算します。

　給与報告書に記載された「支払金額」から、「源泉所得税額」（給与報告書に記載在り）、「特別徴収される住民税額」（税務課であれば把握している）を差し引きます。

　次に、滞納者が国民健康保険に加入していない場合には、健康保険料（社会保険等）を控除します。健康保険料は、給与報告書に記載された給与の支払金額を12で割り（賞与が支払われている場合は、判明している範囲で賞与額を差し引いたうえで12で割る）、これを社会保険料の「標準報酬月額」として等級を確認して健康保険料率を定め、健康保険料を計算して控除します（月額従業員負担健康保険料＝標準報酬月額×健康保険料率÷2）。

　雇用保険料（社会保険等）は、給与報告書に記載された支払金額を「賃金総額」として職種別の労働者率（0.6もしくは0.7％）を定め、雇用保険料を計算して控除します（年額労働者負担雇用保険料＝賃金総額×雇用保険料率）。

　以上のように計算した手取月収額から最低生活費、地位体面維持費を差し引けば給料の差押可能金額が計算できます。

　もちろん、こうして算出した金額が、正確な差押可能金額と異なっていることはあります。

　仮に、支払督促申立後（取立訴訟提訴後）、債務者（雇用主）の反論により正確な給料の差押可能金額が判明すれば、その時点の請求金額を訂正すればよいだけのことです。訴訟の進行過程で新たな証拠が加わり、双方の主張反論で、請求金額が変わることは珍しいことではありません。提訴後に、請求金額を変更しても何ら不利益はありません（請求金額の変更については、第13章第5の5（213頁）参照）。

　債務者の反論がなければ、裁判所は、債権者の主張する請求金額をそのまま認めることになります（月刊「税」2024年2月号197頁「ここが知りたい最新税務 Q&A」一東京地判令4・12・27判例集未登載）。

Q12－2　滞納者の給料差押金額の同意書がある場合、給料の差押可能金額を超えて、取立訴訟をしてよいか。

A　承諾を受けた金額の範囲で、差押禁止額を超える金額につき差し押さえることが可能であり（徴収法76⑤）、差押えが可能である以上、滞納処分庁は、取立権も取得することから、取立訴訟の請求金額とすることが可能です。

　同意書がある場合には、給料の差押可能金額の計算は、不要です。もっとも、雇用主に、承諾金額の範囲で、処分禁止効が発生し、支払義務を負っていることを認識させるために、差押通知書の送達封筒に滞納者の承諾書の写しを同封します（Q4－20（57頁）参照）。

　訴訟に至ったのちは、滞納者の同意書（写し）を書証として裁判所に提出することになります。

5　取立権の取得事実

　(1)　取立権取得の要件

　差押債権の取立権は、滞納処分の執行により取得するものです。したがって、取立権の取得には滞納処分の執行要件となる以下の事実の主張が必要です。

①　納期限を過ぎても納税がない事実およびその滞納額

②　督促状を送達した事実

③　督促状の送達から、10日以上経過した事実

④　給料債権を差し押さえ、債権差押通知書が雇用主に送達された事実

⑤　給料等差押え後、給料の支払日が経過した事実

⑥　給料の支払額が差押禁止額を超えていること

　滞納額の詳細は、文章で記載することは煩雑なので、「別紙滞納明細書のとおり」とします。

　(2)　延滞金を付すことができる範囲

　延滞金は、本税が完納されるまで発生します。

　しかし、取立訴訟（支払督促を含む）では、滞納処分に係る租税債権の額については、下記の理由から提訴日までの請求金額を確定させて、提訴します。

　民事執行法による金銭債権執行の場合、請求債権は、強制執行申立日までの利息、遅延損害金に限定して計算し、請求債権の額を確定したうえで債権の差押命令を発する取扱いがなされています（『民事執行の実務㊤』112頁）。これは、第三債務者が、自ら利息、遅延損害金の計算をしなければ、差押債権者の取立てに応ずべき金額がわからないという事態が生じることのないようにするための配慮として合理性を有するとされています（最判平21・7・14民集63巻6号1227頁）。すなわち、第三債務者は、紛争の当事者でないにもか

かわらず、取立てのつど、複雑な利息・遅延損害金の計算を強いられ、計算を誤ったときは二重払いの危険も負担することから、第三債務者に不測の損害を与えないように、その責任の範囲（延滞金額ないし遅滞損害金額）を確定させるわけです。

他方、滞納処分による差押えの場合では、徴収すべき租税債権全額につき差押えができます。すなわち、差押えの効力発生後、将来発生する延滞金も、滞納処分（財産の換価・債権の取立て）により満足（弁済）を受けられます。将来発生する延滞金は、差押えの執行時点では確定できないので、債権差押通知書の滞納明細の延滞税の欄には、「要す」等と表現されています。租税債権の場合、自力執行権があり、差押債権の取立てに裁判所が介在しないことから、第三債務者が行うべき延滞金の計算を第三債務者任せにせず、事実上、滞納処分庁が第三債務者を指導して計算することが可能だからこそできる取扱いです。

しかし、国税徴収法67条1項に基づく第三債務者に対する取立権は、滞納者の給料債権の取立てを債権者（滞納処分庁）が代位行使するものです。滞納処分庁には、給料債権を取り立てる自力執行権はなく、取立訴訟により請求しなければならず、請求金額を確定しておかないと、第三債務者に延滞金の計算などの事務処理および二重支払いの危険など加重な負担を強いることになります。

そこで、差押債権の取立訴訟（支払督促を含む）では、租税の本税額に取立訴訟提訴日（支払督促申立日）までの延滞金額を加えた確定金額を請求金額として提訴（申立て）することとされているのです。

6　取立権の生じる範囲

取立権の生じる範囲は、給料差押えの時から提訴するまでに差し押さえた金額の合計額です。すなわち、月ごとに支払われた（もしくは推計した）給料額を基礎にして差押可能金額を計算し、その合計額が請求金額となります。

差押可能金額は、逐一文章で表現して記載することは煩瑣なので、「別紙給料等差押可能金額計算書のとおり」とします。

以上のほか、不服申立ての教示文が入った差押調書の謄本が債務者（滞納者）へ交付され、行政不服審査申立期間の経過した事実を記載します。

第10　支払督促申立後の手続の進行

1　支払督促申立書の提出

支払督促の申立先の裁判所は、債務者（雇用主）の住所地を管轄する簡易裁判所です（民訴法383①）。申立書一式、手数料（収入印紙）、予納郵券を持参もしくは郵送します。郵送の場合のあて先は「○○簡易裁判所　民事部　支払督促係　御中」とすれば届きます。

発付された支払督促の正本は、債務者には送達されますが、債権者には送達されないので、申立てに際しては、支払督促申立書をコピーして、控えを取っておきます。

2　支払督促発付、支払督促発付通知

申立書の記載に間違いがなく、添付書類に不足がなければ、支払督促申立後、2週間以内には支払督促が発付され、債務者に送達されます【裁判文書A】（民訴規234①）。債権者には、普通郵便で、支払督促の発付通知書【裁判文書B】が送られます（民訴規234②）。

3　支払督促正本の送達

支払督促の正本【裁判文書A】が、債務者に送達されることで、支払督促の効果が生じます（民訴法388②）。

なお、債務者には、支払督促に同封して、支払督促の意味、手続の流れの概要を説明した注意書【裁判文書C】と定型の督促異議申立書用紙【裁判文書D】が送られます。一方的な支払督促の申立てにより金銭請求を受けた債務者が、法的知識の欠如や書面の作成方法が不明なことで、督促異議申立の機会を失うことを防ぎ、権利行使の機会を保障するため、これらの文書が同封されて郵送されるわけです。

4　支払督促の送達結果通知書

支払督促が不送達の場合には理由（不在（留置期間経過）、転居先不明、あて

所なし等）を記載した送達結果通知が、申立人あてに普通郵便もしくははがきで届きます（民訴法388③）【裁判文書E】、【裁判文書F】。

　自治体が申立人（原告）となる支払督促（訴訟）において、最大のハードルが、実は送達なのです。債務者に、支払督促や訴状が送達されなければ、裁判手続は始まりません。しかし、裁判手続が始まりさえすれば、自治体側の主張が認められない可能性は極めて低いからです。

　債務者である雇用主が、意図的に受取りを拒否する、雇用主が廃業等しているなど、限られた場合を除き、雇用主に対する裁判文書が、送達不能となることはほとんどないはずです。

　支払督促が不送達の場合には、休日送達【書式16－2】、書留郵便に付する送達【書式16－4】の申請などをします（詳しくは、第16章（224頁）参照）。2か月以内に送達できる住所を裁判所に申し出ないと支払督促を取り下げたものとみなされます（民訴法388③）。

【裁判文書 A】　支払督促正本

事件番号	○年㈁第○号

支 払 督 促

　当事者の表示、請求の趣旨（請求金額）及び原因は別紙記載のとおり。

　債務者（ら）は、（連帯して）上記金額を債権者に支払え。

　債務者がこの支払督促の送達を受けた日から２週間以内に督促異議を申し立てないときは、債権者の申立てによって仮執行の宣言をする。

○年○月○日

　　○○簡易裁判所

　　　　　　　　裁判所書記官　　○　○　○　○

　上記は正本である。

　　　同　日　同　庁

　　　　　　　　　　　　裁判所書記官　　○　○　○　○　　㊞

（注：支払督促は、債務者だけに送達され、債権者には送達されない）

【裁判文書 B】　支払督促発付通知書

○年㈁第○号

債権者　○○市　　御中

支 払 督 促 発 付 通 知

　　　　　債権者　○　○　市

　　　　　債務者　株式会社　○　○

　上記当事者間の督促事件について、支払督促が、債務者○○○○に対し、○年○月○日に発付されました。

　なお、この件に関する照会先は、当庁支払督促事件係（電話○－○－○　内線○○○）です。

○年○月○日

　　○○簡易裁判所

　　　　　　裁判所書記官　　○　○　○　○　　㊞

【裁判文書 C】　支払督促注意書

注　意　書

1　この支払督促は、債権者（申立人のこと）が提出した申立書だけを審査し、**債務者（あなたのこと）の言い分は聴かない**でされたものです。

　　あなたへの請求金額は「請求の趣旨」というところに、債権者の言い分は「請求の原因」というところに書いてあります。

2　この支払督促について、あなたに言い分がないときには、**直接、債権者に**「請求の趣旨」というところに書いてある金額をできるだけ早く支払ってください。裁判所は金銭の受渡しにはかかわりませんので、裁判所には送金しないようにしてください。

3　この支払督促について、**あなたに言い分があるとき**には、「督促異議申立書」という書面を、下記裁判所督促係に持参するか郵送して、督促異議申立てをすることができます。督促異議申立ては、例えば、**このような契約はしていない**とか、**自分の支払った金額はこれとは違う**などという場合のほか、**計算関係に疑問がある**という場合にもすることができます。請求金額は間違いないが**分割支払い**にしてほしいなど支払方法について**債権者と話し合いがしたい**という場合も同様です。督促異議申立書は同封の用紙を使用することもできます。なお、督促異議の申立てをするときは、事務の都合上必要ですので、**郵便切手1,220円分**（例えば500円切手2枚、110円切手2枚）を同封してください。

4　あなたがこの支払督促正本の送達を受けた日の翌日から数えて**2週間以内（必着）**に当裁判所に対し督促異議の申立てをしないときは、債権者の申立てによって仮執行の宣言が付され**強制執行を受けることがあります**ので、注意してください。

5　督促異議の申立てをすると、通常の裁判手続で審理されることになり、管轄の裁判所から期日呼出状及び答弁書催告状という書面が送達されます。**指定された期日に裁判所に来ないと**、あなたの言い分を直接聴くこともできないし、たとえ分割支払を希望していても話し合いができません。結果として、債権者の言い分どおりの判決が出され、強制執行を受けることもありますので注意してください。

6　今後、あなたは、この支払督促事件の債務者として手続きに関わっていくことになり、必ず裁判所からの郵便物を受け取ることができる場所を**届け出る義務**があります。届け出ないときは、支払督促の住所地に宛てて書留郵便を発送した時点であなたに届いたとされて手続きが進行することがあります。

7　督促異議の申立ての手続きなど不明な点がある場合の照会先は下記のとおりです。当裁判所の窓口に来られる場合には、この支払督促正本と印鑑を持参してください。

　　（照会先）〒○　　○○県○○市○○町1番地の1
　　　　　　　○○簡易裁判所
　　　　　　　ダイヤルイン　○－○－○

【裁判文書D】　支払督促異議申立書

○年(ロ)第○号

督 促 異 議 申 立 書

債 権 者	○　○　市
債 務 者	○　○　○　○

受付印

添付郵便切手	係印
円	

　上記当事者間の督促事件について発せられた支払督促に対して、異議がありますので、督促異議の申立てをします。
　①　　　　年　　　月　　　日
　②　債務者　　　　　　　　　　　　㊞　TEL
　　　住　所　〒
　③　送達場所（書類の送達を受けるべき場所）の届出
　　　□上記の場所（アパートやマンションの場合は、棟・号室まで記入のこと）
　　　□上記の場所以外の下記場所（勤務先等の場合は、会社名も記入のこと）
　　　所在地　〒
　　　名　称
　　　この場所は、□勤務先　□営業所　□その他
　　　（私との関係は　　　　　　）です。
　④　送達受取人の指定（希望者のみ、本人・同居者以外の人）
　　　　氏　名　　　　　　　　　　あなたとの関係
　○○簡易裁判所　御中

［書き方］
　あなたが書くのは、①から④の事柄です。
　②は、あなたの名前です。末尾にあなたの印鑑を押して、住所と電話番号も書いてください。
　①は、この申立てをする日です。
　③は、□の中に「レ」印をつけて、今後あなたが裁判所から書類を必ず受け取ることができる場所を書いてください。また、あなたに代わって、裁判所からの書類を受け取ってくれる人がいれば④にその人の名前とあなたとの関係を書いてください。
　異議申立ての理由などを具体的に書きたいときは、別の用紙を添付して②で使った印鑑でこの申立書と割り印をしてください。
　なお、分割支払の話合いを希望するのであれば、同封の注意書（特に５項）をよく読んで下の□に「レ」印をつけてください。

　　□　分割払いを希望します。
　　　　１ヶ月金　　　　　　　　円
　　　　支払開始日　　　年　　　月　　　日から毎月　　　日限り
　　□　具体的理由は次のとおりです。

【裁判文書E】　支払督促送達結果通知書

事件番号　○年㈥第○○号
債権者　○○市　　御　中

通　　知　　書

○年○月○日
○○簡易裁判所　支払督促係
裁判所書記官　○　○　○　○　㊞

債権者　○○市
債務者　株式会社○○

上記当事者間の債務者に対する
　　□　支払督促正本
　　□　仮執行宣言付支払督促正本
　　□　更正処分正本
の、送達結果は次のとおりです。
　□　送　達　　○年○月○日
　□　不送達　　１．不在（留置期間経過）
　　　　　　　　２．転居先不明
　　　　　　　　３．あて所なし
※この件に関する照会先
　○○簡易裁判所　支払督促係　TEL　○－○－○

【裁判文書F】　支払督促送達結果報告書（不送達）

事件番号　○年(ロ)第○○号
債権者　○○市　　御　中

通　知　書

　　　　　　　　　　○年○月○日
　　　　　　　　　　○○簡易裁判所　支払督促係
　　　　　　　　　　　裁判所書記官　○　○　○　○　　㊞
　　　　　債権者　○○市
　　　　　債務者　株式会社○○

　　上記当事者間の○年(ロ)第○○号支払督促申立事件について、債務者に対して支払督促正本を送達したところ、下記理由で送達できなかったので、通知します。

　　本通知書受領後2ヶ月以内に、債務者に対する送達可能な住所等を書面で届け出て下さい。届け出がない場合は、民事訴訟法388条3項により、本件支払督促事件は取り下げたものとみなされ、事件は終了したことになりますので注意して下さい。

　　　　　　　□　不在（留置期間経過）
　　　　　　　□　転居先不明
　　　　　　　□　あて所なし
※この件に関する照会先
　○○簡易裁判所　支払督促係　TEL　○－○－○

5 仮執行宣言の申立て

債務者に支払督促が送達されて、その翌日から起算して2週間以内に督促異議申立がなければ、そこから30日以内に（すなわち支払督促正本の送達から44日以内に）、仮執行宣言の申立てをする必要があります【書式12－7】。

仮執行宣言は、支払督促に執行力を付与するもので、仮執行宣言によって強制執行が可能になります。仮執行宣言の申立てをしないと支払督促の効力は全部失われるので（民訴法392）、失念することなく期限内に申立てます。

支払督促がいったん不送達となって、送達場所を変更する、あるいは休日送達をしたなどの事情で、再度送達した場合には、再送達に要した郵送料も仮執行宣言申立書に追加して記載します。

仮執行宣言の申立書【書式12－7】は、ファックスによる提出は認められていません。簡易裁判所に持参もしくは郵送します。

また、仮執行宣言申立書に、仮執行宣言付支払督促の正本の交付について、送付（普通郵便）によることの同意文言を記載して、仮執行宣言付支払督促の請書【書式12－8】を、仮執行宣言申立書といっしょに提出すると債権者あての仮執行宣言付支払督促正本は、特別送達郵便（1220円）ではなく普通郵便（110円）で送達されるので手続費用が節約できます。

6 仮執行宣言申立書の作成

仮執行宣言申立書【書式12－7】および仮執行宣言申立書作成図〔図13〕を参考にして、作成してください。仮執行宣言申立では、収入印紙の貼付は不要です。

7 仮執行宣言付支払督促の正本送達

仮執行宣言が発付されると、仮執行宣言付支払督促【裁判文書G】が、債権者と債務者の両者に送達されます。債務者には特別送達郵便で送られます。債権者には特別送達郵便もしくは普通郵便で送られてきます。

債務者には、仮執行宣言付支払督促の送達の時と同様に、再度支払督促の意味や手続きの概要を説明した注意書【裁判文書H】と定型の督促異議申立書用紙【裁判文書D】が、送られます。

　債権者に送達された仮執行宣言付支払督促の正本が、強制執行の債務名義となります。

〔表5〕　仮執行宣言申立必要書類等一覧

申立 書類	仮執行宣言申立書	1通	【書式12－7】
	当事者目録	2通	【書式12－3】
	請求の趣旨及び請求の原因	2通	【書式12－4】
	滞納明細書	2通	
	給料等差押可能金額計算書	2通	【書式12－5】
	請書・仮執行宣言付支払督促正本	1通	【書式12－8】
送達用 郵券	債務者への特別送達用	郵券1220円	
	債権者への特別送達用	郵券1220円。請書【書式12－8】を提出すると、110円	
	債権者への支払督促送達結果通知用	郵券110円 or はがき1枚	

8　仮執行宣言付支払督促の不送達

　仮執行宣言付支払督促の送達結果も裁判所から通知されます。不送達の場合は、送達先を調査し、再送達【書式16－1】、休日送達【書式16－2】の申請をします。最終的に、送達先が不明であれば、公示送達の申立て【書式16－5】をします（送達方法は、第16章（224頁）参照）。

　支払督促正本の送達では、公示送達は認められませんが、支払督促の決定正本さえ送達されれば、その後の仮執行宣言付支払督促の正本の送達については、債務者の保護に欠けるところがないことから、公示送達が認められています。

〔図13〕　仮執行宣言申立書作成図

```
┌─────────────────┐
│        ①        │    ①仮執行宣言申立書
│  仮執行宣言申立書  │    ②当事者目録
│                 │    ③請求の趣旨及び原因
│  ○○市          │    ④滞納明細書
│     指定代理人　印 │    ⑤給料等差押可能金額計算書
│                 │    は、ホチキス留めは不要。
│  ○○簡易裁判所　御中 │    　収入印紙は、不要。
│                 │
│  【書式12－7】    │
└─────────────────┘
1部提出
```

```
┌─────────────────┐
│        ②        │
│     当事者目録     │
│                 │
│  債権者　○○市    │
│     指定代理人　○○ │
│     送達先        │
│  債務者　○○      │
│                 │
│  【書式12－3】    │
└─────────────────┘
```

```
┌─────────────────┐
│        ③        │
│  請求の趣旨及び原因 │
│  請求の趣旨       │
│   ○○円         │
│  請求の原因       │
│   1             │
│   2             │
│                 │
│  【書式12－4】    │
└─────────────────┘
```

別紙・滞納明細書

④

月日	納期	金額

別紙・給料等差押可能
金額計算書

⑤

年月	金額

【書式12－5】

　②から⑤は、2部提出。押印は不要。
　支払督促申立時と同一のものを提出する。支払督促の申立て後、債務者から一部の支払いがあって
も、金額等記載を変更しない。

```
┌─────────────────┐
│        ⑥        │
│   請　　書        │
│                 │
│  ○○市          │
│     指定代理人　印 │
│                 │
│  ○○簡易裁判所　御中 │
│                 │
│  【書式12－8】    │
└─────────────────┘
1部提出
```

⑦債務者送達用　　⑧債権者発付通知用　　⑨送達結果通知用はがき
　郵券・封筒　　　　郵券・封筒　　　　　　or封筒（110円切手を貼る）

```
┌───────┐        ┌───────┐
│ □⑦   │        │ □⑧   │
│       │        │       │
│ 債務者の │        │ 債権者の │
│ 住所・氏名 │        │ 送達先 │
│       │        │       │
└───────┘        └───────┘
```

```
┌───────┐        ┌───────┐
│ □⑨   │        │ □⑨   │
│       │   or   │       │
│ 債権者の │        │ 債権者の │
│ 送達先 │        │ 送達先 │
│       │        │       │
└───────┘        └───────┘
   はがき
```

封筒（長形3号）　　　　　　　　封筒（長形3号）

　請書を提出のうえ、普
通郵便で送達を求める場
合は、普通郵便料金。

【裁判文書G】　仮執行宣言付支払督促

事件番号	○年(ロ)第○号	債権者住所あて 普通郵便で通知	㊞

支　払　督　促

　当事者の表示、請求の趣旨（請求金額）及び原因は別紙記載のとおり。

　債務者は、上記金額を債権者に支払え。

　債務者がこの支払督促の送達を受けた日から２週間以内に督促異議を申立てないときは、債権者の申立てによって仮執行の宣言をする。

　　　　　　　○年○月○日

　　　　　　　　○○簡易裁判所

　　　　　　　　裁判所書記官　○　○　○　○　㊞

①	上記金額及び本手続費用金　　　　　○○○○　　　円
2	上記金額のうち下記の金員を控除した額及び本手続費用金　　　　　　円 記 　　年　　月　　日　　弁済の金　　　　　円（ただし元金に充当） 　　年　　月　　日　　弁済の金　　　　　円（ただし元金に充当）
3	上記金額のうち下記の金員及び本手続費用金　　　　　円 記 (1)金　　　　　　　　円及び内金　　　　　円に対する 　　年　月　日から完済まで年　　　％の割合による遅延損害金 (2)申立手続費用金　　　　　円
4	上記金額のうち別紙１記載の金員及び本手続費用金　　　　　円
5	追加申立手続費用金　　　　円
6	付帯請求の金員の起算日は　　年　月　日

　上記番号に○印を付したものにつき仮に執行することができる。

　　　　　　　○年○月○日

　　　　　　　　○○簡易裁判所

　　　　　　　　裁判所書記官　○　○　○　○　㊞

【裁判文書H】　仮執行宣言付支払督促注意書

注　意　書

1　この仮執行宣言付支払督促は、債権者の申立てによって、既に発せられている支払督促に仮執行の宣言が付いたもので、これにより債権者は、仮執行の宣言が付いた金額について、直ちに強制執行に移ることができるようになっています。

2　この仮執行宣言付支払督促について、あなたに言い分がないときには、直接、債権者に仮執行の宣言が付いた金額をできるだけはやく支払ってください。裁判所は金銭の受渡しにはかかわりませんので、裁判所には送金しないようにしてください。

3　この仮執行宣言付支払督促について、あなたに言い分があるときには、あなたがこの仮執行宣言付支払督促正本の送達を受けた日の翌日から数えて2週間以内（必着）に「督促異議申立書」という書面を、下記裁判所督促係に持参するか郵送して、督促異議の申立てをすることができます。仮執行の宣言の付いた金額は間違いないが分割支払いにしてほしいなど支払方法について債権者と話し合いがしたいという場合も同様です。督促異議申立書は同封の用紙を使用することもできます。督促異議の申立てをするときは、事務の都合上必要ですので、郵便切手1,220円分（例えば500円切手2枚、110円切手2枚）を2組同封してください。なお、督促異議の申立てをしただけでは強制執行を止めることはできません。強制執行を止めるためには、督促異議の申立てとは別に執行停止の裁判を求める必要があります。

4　上記の期間内に、当裁判所に対し督促異議の申立てをしないときは、仮執行宣言付支払督促は確定し、確定した判決と同じ効力を持つことになります。

5　督促異議の申立てをすると、通常の裁判手続で審理されることになり、管轄の裁判所から期日呼出状及び答弁書催告状という書面が送達されます。指定された期日に裁判所に来ないと、あなたの言い分を直接聴くこともできないし、たとえ分割支払を希望していても話し合いが出来ません。結果として、債権者の言い分とおりの判決が出され、強制執行を受けることもありますので注意してください。

6　督促異議の申立て手続きなど不明な点がある場合の照会先は下記のとおりです。

　　当裁判所の窓口に来られる場合には、この仮執行宣言付支払督促正本と印鑑を持参してください。

　　　　（照会先）〒○○

　　　　　　　　　○○市○○町1丁目1番

　　　　　　　　　○○簡易裁判所支払督促係

　　　　　　　　　ダイヤルイン　○－○－○

第11　督促異議申立とその対応策

1　督促異議申立の手続き

　督促異議申立とは、督促手続を排除して、通常訴訟手続による審理および裁判を求める債務者の申立てです。

　支払督促は、債務者の反論を待たずに、債権者の一方的な申立てだけで発付されます。このため債務者に、債権者の請求に対して反論する権利行使の機会を与えるために、簡易な方法で督促異議の申立てができる制度が設けられたわけです。

　督促異議申立の機会は、支払督促発付時と、仮執行の宣言時と、2回あります。

　督促異議申立の手続きは、いたって簡単です。支払督促の決定正本もしくは仮執行宣言付支払督促に同封して簡易裁判所から送られてきた定型の督促異議申立書【裁判文書D】に署名押印し（印紙不要）、郵便切手1220円（債権者に対する印紙追納命令の送達費用）を添えて、簡易裁判所に持参もしくは郵送すれば督促異議申立は完了です（ファックスでの提出は認められていない）。異議申立の理由は、記載する必要がありませんが、異議理由を記載する場合、支払済みとか、担当職員の態度が気に入らないとか、一括で支払えないとか、無職で収入がないとか、何を書いてもかまいません。

　なお、2020年1月以降、債務者の資力に配慮して督促異議申立をするにあたり、債務者に郵券の提出を求めない簡易裁判所が徐々に増えてきました。

2　督促異議申立による通常訴訟移行

　督促異議申立の効果として、支払督促の申立ての時に訴えの提起があったものとみなされ、直ちに通常訴訟に移行し（民訴法395）、訴訟記録も管轄裁判所に送付されます（民訴規237）。移送先の裁判所は、請求額が140万円以下であれば簡易裁判所、140万円を超えれば、地方裁判所となります（詳しくは、第13章第1の3（198頁）参照）。

　債務者の督促異議申立に対する債権者の直接の対抗手続はありません。通常訴訟移行後、訴訟手続の中で債権者・債務者の主張の当否が裁判所によっ

て判断されることになります。

　督促異議申立の申立書の副本は、被告（債務者・雇用主）から原告に対して直接送付することが原則です（民訴規83①）。しかし、被告が訴訟手続に疎い場合、被告から督促異議申立書が原告（債権者・自治体・滞納処分庁）に送付されない場合があります。その場合は、裁判所に督促異議申立書をファックスで送信してほしい旨、申し出れば、送付してくれることがあります。

　督促異議申立によって、訴訟手続は通常訴訟に移行するので、この時点で、議会の承認が必要になります（自治法96①十二。最判昭59・5・31民集38巻7号1021頁。昭和60年2月23日自治行16号）。

　裁判所から原告（債権者）に対して、追加の手数料（収入印紙）、予納郵券および訴状に代わる準備書面（請求の趣旨、原因を記載した準備書面）の提出が求められます【裁判文書Ⅰ】。詳しくは、第12章第12の5（192頁）で記載しています。

3　督促異議申立の取下げの慫慂

(1)　督促異議申立理由の確認

　債務者の督促異議申立があると裁判所から連絡があります【裁判文書Ⅰ】。異議申立書には、異議の理由は記載されていません。

　雇用主は、直接の租税の滞納者ではなく、租税徴収の協力者です。徴収担当者としては、支払督促の決定正本の送達があったとき、督促異議申立があったとき、仮執行宣言が送達されたときなどの節目ごとに常に雇用主と話し合いの機会をもつことを心掛けることです。

　支払督促異議の申立てで、雇用主と断絶状態になるのではなく、まずは、怒らず、焦らず、数日以内に雇用主に電話して、おだやかに督促異議を申し立てた理由を聞きましょう。

　通常訴訟に移行しても、裁判所を介さず、雇用主と直接納付交渉してかまいませんし、すべきです。

　雇用主の督促異議申立は、たいていが法的根拠が薄弱で、通常訴訟移行後に、異議理由が認められることは、まずあり得ません。雇用主に対して、督

促異議申立をしても差押給料は、いつかは支払うことになること、督促異議申立をして、通常訴訟で争っても徒労に帰すことを丁寧に説明し、理解してもらいます。

　また、督促異議の理由が、「一括で支払えない」というような場合は、交渉のうえ、分割納付の和解書を取り付けます。ただし、差押債権の取立てにおいて、債権者（滞納処分庁）が債務者（滞納者）を差しおいて、第三債務者（雇用主）と勝手に和解することは、滞納者本人の利益を処分することになり（滞納者の給料債権の金額や給料の支払日（履行期限）を変更することになり）、原則としてできません（「徴基通逐条解説」67条関係3解説）。将来、雇用主の分割納付が不履行になる事態に備えて、滞納者本人の同意を得たうえで和解する必要があります。

　(2)　督促異議申立の取下げ

　以上の対応により、雇用者に納得させたうえで、督促異議申立を取り下げてもらいます。これが、最良の実務対応です。

　督促異議申立の取下げは、督促異議申立取下書【書式12－9】に、債務者に署名押印してもらい（債務者が法人のときは、会社印を押印する）、通常訴訟移行後の地方裁判所に取下書を提出して行います。取下書を債務者から預かり、自治体側から裁判所に提出する方法が債務者の取下書提出の失念を防ぐことができ確実です。

　督促異議申立の取下げにより、訴訟手続は終了し、支払督促手続に戻ることから、訴えの提起の議会の議決あるいは長の専決処分も不要になります。

第12　通常訴訟移行後の裁判手続の進行

1　通常訴訟移行の心構え

　督促異議申立により、通常訴訟に移行し裁判期日に裁判所へ出頭することになっても、心配する必要はありません。

　給料差押え後の取立訴訟の場合、雇用主側の反論が認められる余地はほとんどなく、雇用主も債務の存否について本気で争う姿勢を示すことはマレで

す。ですので、通常訴訟移行後、法律的に込み入った主張書面を作成する必要はなく、証人尋問を行うこともまずありません。

裁判所に出頭する回数も、1～2回程度で終了します。

雇用主が、欠席すれば、裁判は終結して、当日もしくは数週間以内に判決の言渡しがなされます（欠席判決）。

以下本項では、通常訴訟の表現に従い自治体（滞納処分庁、債権者、申立人）を原告、雇用主（債務者、相手方）を被告と表現します。

2　通常訴訟移行後の裁判所

給料差押えによる取立権は、請求する取立金額が、140万円以下の場合は、簡易裁判所、140万円を超える場合は支部を含む地方裁判所となります。

行政事件訴訟の場合、請求金額の多寡にかかわらず地方裁判所（本庁）の管轄ですが（地方裁判所及び家庭裁判所支部設置規則1二文）、給料債権の取立権は、滞納者の給料債権を代位行使するものなので、私法上の権利であり、行政事件訴訟として扱われていません。

3　訴えの提起の議会議決

前述したとおり、督促異議申立により、支払督促の申立ての時に訴えの提起があったものとみなされ、通常訴訟手続に移行するので、議会の承認が必要になります。

議会の開会時期と督促異議申立が、タイミングよく重なっていれば、緊急議案として議会に提案し【書式12－10】、訴えの提起につき議決を得ます【書式12－11】。

議会が開催されていなければ、長が臨時会を招集して（自治法102③）、臨時会で議決を得ることが原則的な対応となります。

しかし、督促異議申立と議会の開催時期が重なることは、そうそうありません。運良く重なっても、事前提案の議題でなく、緊急提案の議題となることから、議案内容の精査、議案の説明や他の議事との調整など議会運営上の手続きの負担が大きくなります。また、臨時会も、長と議長の日程調整はもとより、議場準備、議事録作成等のため議会事務局との打合せ・職員配置、

議員への招集通知などかなりの事務作業を必要とします。

　現実的な対応としては、以下のように長の専決処分により（自治法179）、督促異議に対応すべきです。

4　訴えの提起の長の専決処分

　(1)　議会を招集する時間的余裕がない場合の専決処分

　督促異議申立によって、支払督促は、直ちに通常訴訟に移行し、督促異議申立後、1か月から遅くとも2か月以内に、1回目の口頭弁論期日（裁判期日）が指定されます。臨時会を招集して、訴えの提起について議決を得る時間的な余裕はないといえます。

　そこで、「緊急を要するため議会を招集する時間的な余裕がないことが明らかであると認められるとき」に該当する事案として、長の決裁で訴訟手続を進めてゆくことが可能です（自治法179①）【書式12－12】。長の専決処分をした後は、次の議会で議案として提案し【書式12－13】、担当部長が議案の報告・説明をして【書式12－15】、議会の承認を求めます（同法179③）。

　長も議会も、差し押さえた給料の支払いに応じない雇用主に対する取立訴訟であれば、長の専決処分対応を承認してくれることは確実です。

　(2)　議会の委任による専決処分

　訴えの提起につき、長の専決処分の対象として指定した議会の議決（専決処分指定決議）がある場合（自治法180①）、その指定された権限の範囲（たとえば「訴訟物の価格が90万円以下」など）で長の決裁で専決決議を行い【書式12－14】、訴えの提起の訴訟要件を整えます。専決処分指定決議に基づいて、長が専決処分した場合、次の議会で報告します（同法180②）【書式12－15】。

　また、同様の内容で、専決条例があれば、その専決権限の範囲で、訴えの提起について専決処分します。

5　通常訴訟移行で作成・提出する書面

　(1)　収入印紙・郵券

　支払督促から、通常訴訟に移行すると、手数料の追納義務が生じます。支払督促の手数料（印紙代）は、通常訴訟の半額なので、通常訴訟に移行する

と、支払督促申立時と同額の印紙の追納が必要となります（民訴費3②一）。また、通常訴訟移行後の文書送達のため必要となる郵券（おおよそ合計5000〜8000円程度。裁判所により納める金額が異なる）を納めます。

　追納する手数料、郵券の額は、補正命令もしくは事務連絡という形で裁判所から文書で告知があります【裁判文書Ⅰ】。裁判所への提出は、郵送、持参いずれも可能です。

　(2)　書面関係

　(A)　主張関係

　支払督促から、通常訴訟に移行した場合は、支払督促の申立時点では訴状の提出がないこと、また支払督促に記載された請求の原因は簡略に記載されていることから、通常訴訟に移行した裁判所から、請求を理由づける具体的事実を記載した訴状に代わる準備書面【書式12−16】の提出が求められます【裁判文書Ⅰ】。支払督促の「請求の趣旨及び原因」を箇条的な記載から、文章化すればできあがりです。もっとも、支払督促申立書に記載した内容で要件事実の記載が十分な場合は、訴状に代わる準備書面の提出を求められないこともあります。

　(B)　書証関係

　通常訴訟では、判決の前提となる事実認定は、証拠に基づいて行います。そこで、滞納者に対する納税通知書、督促状、差押調書【書式3−1】、雇用主に対する差押債権支払催告書【書式4−2】、給料等差押可能金額計算書【書式3−4】の写しを証拠として提出します。

　また、これら書証の証拠説明書【書式13−4】を提出します。

　(C)　添付書類

　自治体の訴えの提起として要件を充足しているかどうか、指定代理人が権限を有するかどうか確認するため、専決処分書【書式12−12】、【書式12−14】もしくは議会議決書【書式12−11】、代理人指定書（支払督促申立時に提出していない場合）【書式12−6】の提出が必要となります。

【裁判文書I】　補正依頼書、印紙・郵券追納連絡

○年(ワ)第○号差押債権取立請求事件

（支払督促　○○簡易裁判所○年(ロ)第○号）

原告　○○市

被告　株式会社○○

○年○月○日

補　正　依　頼　書

原告指定代理人　　○○○○　　様

○○地方裁判所　民事部

裁判所書記官　　○○○○　　㊞

電話○－○－○　　FAX○－○－○

　上記当事者間の○年(ワ)第○号差押債権取立請求事件（○○簡易裁判所○年(ロ)第○号事件の支払督促に対し、債務者から別紙のとおり適法な督促異議申立てにより通常訴訟に移行）について、本書面到達後14日以内に以下のとおり補正してください。

記

1　訴えの提起手数料として、収入印紙○○円（訴訟と支払督促の差額分）

2　送達用費用として、郵便切手○円分

　　（内訳：500円切手○枚、110円切手○枚、20円切手○枚、10円切手○枚）

3　訴状に代わる準備書面（2通）

4　地方自治法に基づく議会の訴えの提起の議決書もしくは、長の専決処分書

　督促異議申立書を受信後、下記受領書に記名押印の上、当裁判所に返信してください。

○年○月○日

○○地方裁判所　御中

受　　領　　書

原告指定代理人　　○○○○　　㊞

　上記督促異議申立書を受領しました。

6　裁判期日の指定

　通常訴訟に移行すると、裁判所書記官から裁判期日を指定する打合せのため、指定代理人あてに電話で連絡があります。

　裁判所書記官からは、訴えの提起に関する議会の議決もしくは長の専決処分を得ることができるおおよその期間を聞かれるので、その期間をおいて、第1回口頭弁論期日が指定されます。あるいは、議会の議決書もしくは長の専決処分書の提出を待ってから、第1回口頭弁論期日が指定されます。

　第1回の口頭弁論期日が決まったら、期日請書【書式12−17】を提出します（ファックスでの提出も可）。

　第1回口頭弁論期日前に、督促異議申立が取り下げられれば、第1回口頭弁論期日は取り消されます（第12章第11の3（189頁）参照）。

〔表6〕　通常訴訟移行後・提出物一覧

手数料関係	支払督促申立時と同額の収入印紙	【巻末資料1】
	送達用郵券（裁判所によって異なる）	5000〜8000円
作成書面	訴状に代わる準備書面	【書式12−16】
	証拠説明書	【書式13−4】
書証	滞納明細書	
	納税通知書	
	督促状	
	督促状発信記録	
	差押調書	【書式3−1】
	債権差押通知書の発信記録もしくは配達証明	
	差押債権支払催告書	【書式4−2】
	訴訟手続移行予告通知兼催告書	【書式12−1】
添付書類	訴えの提起の議決もしくは専決処分決議	【書式12−11・12・14】
	代理人指定書（支払督促申立時に提出していない場合）	【書式12−6】

第1回口頭弁論期日が指定された後の手続きは、通常訴訟と同様なので、第13章第4（203頁）・第5（206頁）で記載します。

第13　支払督促の取下げ

債権者は、支払督促をいつでも取り下げることができます。

滞納額全額の支払いがあれば、当然取り下げます【書式12−18】。

督促異議申立後の取下げは、訴えの取下げとなるので、相手方（雇用主）の訴えの取下げに対する同意か（民訴法261②）、もしくは訴えの取下げの書面の送達の日から2週間以内に被告（債務者）が異議を述べないことが必要となります（同法261⑤）。

第5編
差押債権取立訴訟による取立て

第13章　給料債権差押えに係る取立訴訟

第1　通常訴訟を選択する基準

1　支払拒絶の意思が明確な場合

通常訴訟は、支払督促に比べて、行わなければならない事務作業が多くなります。提訴前に、訴えの提起のために議会の議決もしくは長の専決処分が必要となり、証拠となる書面を作成・添付し、弁論期日には裁判所に出頭する必要もあります。

可能であれば、支払督促で進めたいところです。

しかし、雇用主（第三債務者）の姿勢が頑なで、督促異議の申立てが確実視される場合には、最初から通常訴訟を選択することが迅速な徴収と事務手続の省力化につながります。

2　被告の住所地が遠方である場合

支払督促の管轄は、相手方の住所地を管轄する簡易裁判所です。

雇用主が法人で、支店や営業所が自治体のエリア内にあっても、原則として本店所在地を管轄する簡易裁判所に支払督促の申立てをしなければなりません。支払督促の申立てだけであれば郵送で行えますが、督促異議の申立てにより通常訴訟に移行すると、弁論期日には、遠方の裁判所まで出頭しなければなりません。

一方、通常訴訟であれば、債務者（雇用主）の義務履行地（支払いをする場所）である自治体（滞納処分庁）の所在地を管轄する裁判所に提訴することができ（民訴法5一）、遠方出張は確実に避けられます。

裁判所への出頭に、宿泊、飛行機の利用が必要なほどに、雇用主の所在地

が遠方の場合は、督促異議による通常訴訟移行を回避するため、最初から通常訴訟とすることが賢明です。

3　通常訴訟の管轄裁判所

裁判所の管轄は、請求額が140万円以下は、簡易裁判所、140万円を超える場合は、地方裁判所となります（裁判所法33①一）。滞納処分により差し押えた債権の取り立ては、滞納者の第三債務者に対する金銭請求権を代位行使するものなので、訴訟物は私法上の金銭の給付請求権となるので通常の民事訴訟です。公債権の請求権を行使するものではないので行政訴訟事件に該当せず、簡易裁判所にも管轄があります（同法33①一かっこ書）。

第2　訴えの提起につき議会の議決・長の専決処分

1　議会の議決

訴えの提起については、議会の議決が必要です（自治法96①十二）。

訴えの提起を、議会の議案【書式13−2】として提出するためには、訴状案【書式13−3】を添付し、決裁伺いを作成し【書式13−1】、徴収担当部課長、法規・訟務関係の所管課の部課長の決裁を経る必要があります。

各決裁権者から質問される可能性がある事項については、第11章第3（154頁）で解説します。

2　専決処分決議

専決処分指定決議（自治法180）もしくは専決条例があれば、その指定された金額の範囲で、長の決裁のみで訴えの提起ができます。通常、関係部署の部課長の決裁を経たうえで長の決裁を得ることになります（第12章第12の3（191頁）・4（192頁））。

第3　訴状等の作成

1　形式的記載事項

訴状には、①当事者の氏名・名称およびその住所・居所、②代理人の氏名住所、③事件の表示、④年月日、⑤提出先裁判所、⑥附属書類を記載します。

　自治体が原告になる場合、指定代理人の住所は、役所の所在地となります。担当課の電話番号、ファックス番号も記載します（民訴規53④）。事件名は、「差押債権取立請求事件」とします。

　年月日は、訴状の作成日（実務では、訴状の提出日とすることが多い）を記載します。

　附属書類は、証拠説明書【書式13－4】、書証の写し、訴えの提起議決書もしくは長の専権処分書【書式12－11】、【書式12－12】、【書式12－14】、代理人指定書【書式13－5】、被告が法人の場合は、資格証明書（商業登記簿の代表者事項証明書）が必要となります。

〔表7〕　通常訴訟提訴時提出書類

手数料関係	収入印紙		【巻末資料1】
	送達用郵券（裁判所によって異なる）		5000～8000円程度
作成書面	訴状	2通	【書式13－3】
	別紙・滞納明細書	2通	
	別紙・給料等差押可能金額計算書	2通	【書式12－5】
	証拠説明書	2通	【書式13－4】
書証	納税通知書	2通	
	督促状	2通	
	督促状発信記録	2通	
	差押調書	2通	【書式3－1】
	債権差押通知書の発信記録もしくは配達証明	2通	
	訴訟手続移行予告通知兼催告書	2通	【書式12－1】
添付書類	訴えの提起の議決もしくは専決処分決議	1通	【書式12－11・12・14】
	代理人指定書	1通	【書式13－5】
	資格証明書（被告が法人の場合）	1通	

〔図14〕　通常訴訟フローチャート

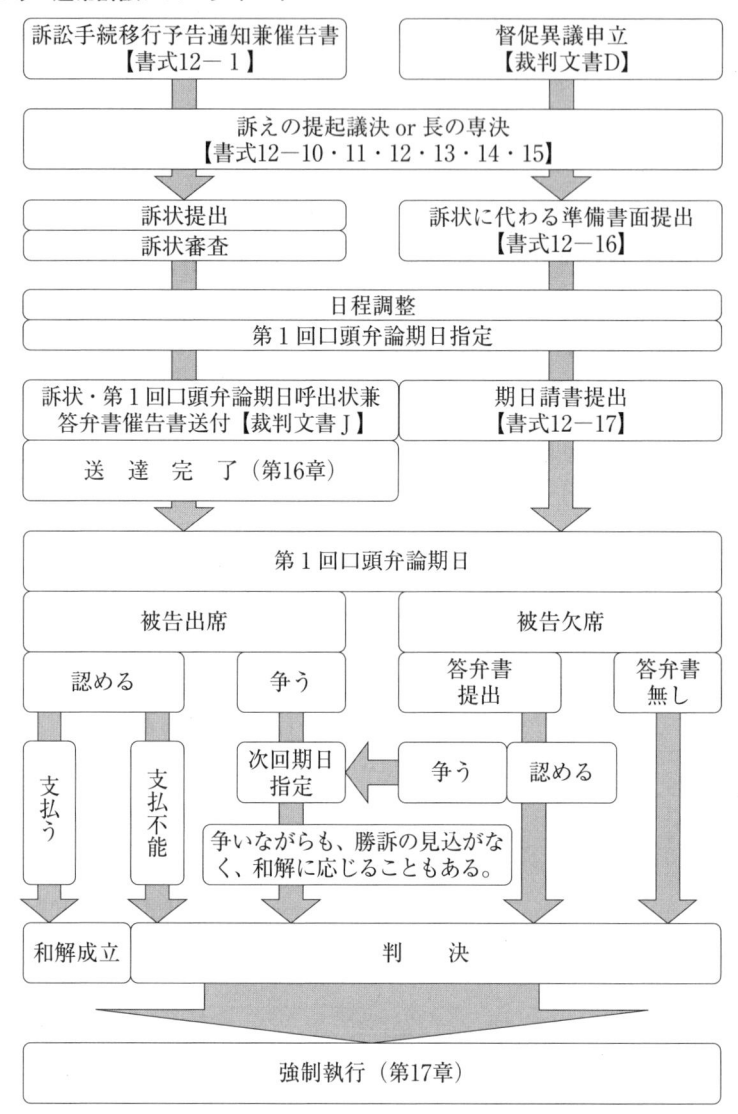

〔図15〕　訴状、書証等作成図

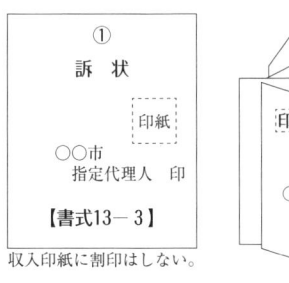
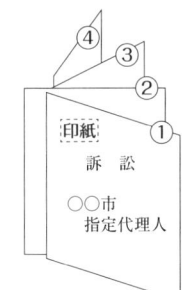

①、②、③、④を重ねて、左端をホチキス止めする。

作成した訴状は、正本・副本の2部作成し、押印して裁判所に提出。

提出する正本は、コピーして控えをとっておく。

収入印紙に割印はしない。

証拠説明書は、2部提出

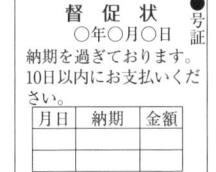

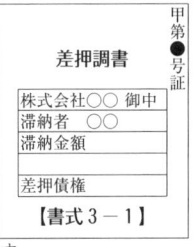

原告側の書証番号は、「甲」を付す。
番号は、慣例的に朱書き。書証は、2部提出する。

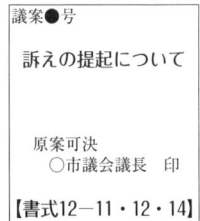

1部提出

1部提出。指定代理人は
何人でも指定できる。

1部提出。債務者が法人
の場合。商業登記簿謄本
（代表者事項証明書）。

〔図16〕　書証の作り方

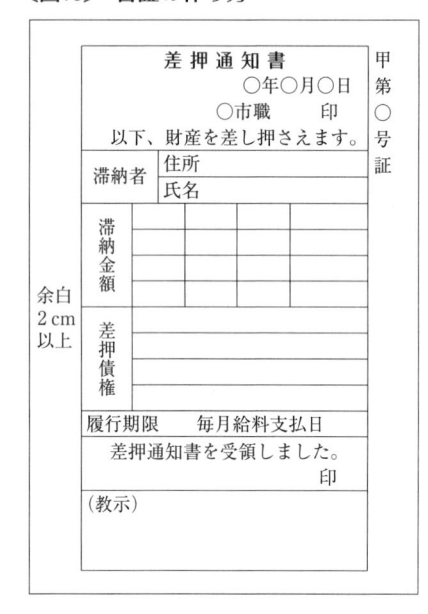

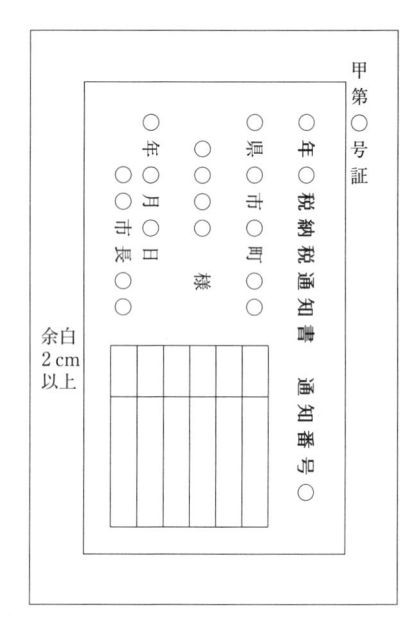

1　証拠番号の振り方

証拠番号は、原告側の証拠は、甲第○号証、被告側の書証は、乙第○号証と表記する。

証拠番号は、スタンプでも、手書きでもよい。

証拠と証拠番号を区別するため、証拠番号は、朱書きすることが多い。

複数の納税通知書、差押通知書などは、枝番（甲第○号証の○）とする。

2　証拠のコピーの仕方

Ａ４の用紙に、１枚ずつコピーする。余白が生じてもよい。

両面でなく、片面コピーで作成する。

左側は、綴穴を空けるので、２cm以上余白を設ける。

書証が大きい場合、縮小コピーしてもよい（ただし、文字が読める大きさまで）。

コピーは、縦置き、横置きいずれでもよい。

裁判所と相手方用に２部コピーする。

2　訴額、手数料

訴状表紙には、訴えの提起の手数料として収入印紙を貼付し（【巻末資料1】）、訴状等の送達用の郵券を予納します。

手数料の計算の基礎となる訴額、貼付した印紙額も記載します。

3　実質的記載事項

(1)　請求の趣旨

請求の趣旨とは、原告が裁判所に判決を求める請求の結論です。

金銭の給付（支払）請求の場合、被告に対して求める給付命令の金額を明らかにします。ほかに、訴訟費用負担（民訴法61・67）、仮執行宣言の申立て（同法259①）を記載することが一般的です。

(2)　請求の原因

請求の原因とは、請求を特定するのに必要な事実および請求を理由づける事実をいいます（民訴規53①）。

請求の原因の記載事項の内容については、支払督促申立の第12章第9（170頁）で詳述しています。

請求の原因事実の記載は、言葉で説明すると難解ですが、訴状【書式13－3】をなぞって記載すれば、さほど難しくありません。

通常訴訟提訴時に裁判所の事件受付係へ提出する書類は、通常訴訟提訴時提出書類〔表7〕のとおりです。

第4　訴状提出と第1回口頭弁論期日指定まで

1　訴状の提出

訴状は、管轄の地方裁判所の民事事件受付に提出します（民訴法133①）。

相手方の審尋無しで発付する支払督促と異なり、通常訴訟では、裁判所は公平な立場で審理を進めて終局的な判断を下すので、支払督促係の裁判所書記官のように、さまざまなアドバイスを受けることはできません。

2　訴状の補正

裁判所は、訴状を受理すると、事件番号を付け、配属部、担当裁判官を決

めます。

　担当裁判官は、訴状に必要な事項が記載されているか、適正な手数料、送達費用が納付されているか審査・確認します（民訴法137①）。不備があれば、裁判所書記官から補正の連絡があります。ときに請求原因の補正指示の内容は、どうしてこのような事項の補正・主張の補充・追加を求められるのか理解に苦しむことがあります。ただ、円滑な訴訟手続の進行の観点から、裁判所にあれこれ問い質さずに、素直に補正を受け入れ、訴状訂正申立書【書式13－6】を提出して、補正に応じます。

3　第1回口頭弁論期日の調整

　訴状の形式、内容に不備がない（あるいは不備が訂正される）と、裁判所書記官から電話で、第1回口頭弁論期日の日程調整の連絡があります。

　電話口で、裁判所書記官は、1か月半ほど先の裁判所の開廷予定日を告げ、指定代理人と裁判所の都合が合う日時を調整して、第1回口頭弁論期日を決めます。指定代理人が複数名で、全員の日程調整が必要なときは、いったん電話を切って、庁内日程を調整したうえ、あらためて裁判所に電話します。

　口頭弁論の時間帯としては、多くは午前10時もしくは午後1時10分に指定されます。

　期日の日程調整は、原告側のみ行い、被告側の都合は全く考慮されずに、第1回口頭弁論期日が決定されます。このため、被告は第1回口頭弁論期日に欠席しても、答弁書さえ提出しておけば、被告が不利益に扱われること（欠席判決等）はありません。

4　口頭弁論期日呼出状及び答弁書催告状の送付

　第1回口頭弁論期日が決まると、裁判所書記官は、被告に対して、訴状副本、証拠説明書、書証および口頭弁論期日呼出状及び答弁書催告状【裁判文書J】（民訴法139）を特別送達郵便で送達します（同法138①）。

　原告側の都合を聞いて、第1回口頭弁論期日を決めていることから、原告側には、口頭弁論期日呼出状は送付されません。原告側としては、裁判所に、第1回口頭弁論期日への出頭を期日請書【書式12－17】を持参、郵送もしく

【裁判文書 J】　口頭弁論期日呼出状及び答弁書催告状

事件番号　○年(ワ)第○○号

差押債権取立請求事件

原告　○　○　市

被告　株式会社○○

第1回口頭弁論期日呼出状及び答弁書催告状

○年○月○日

被告　株式会社○○

　　　代表者代表取締役　　○○○○　　様

　　　　　　　　　　　　　〒○　○県○市○町2－3

　　　　　　　　　　　　　○○地方裁判所　民事部○係

　　　　　　　　　　　　　裁判所書記官　　○○○○

　　　　　　　　　　　　　電話　○－○－○　FAX　○－○－○

　原告から訴状が提出されました。

　当裁判所に出頭する期日が下記のとおり定められましたので、同期日に出頭してください。

　なお、訴状を送達しますので、下記答弁書提出期限までに答弁書を提出してください。

記

期　　　　　日　　○年○月○日　（○）　午後1時30分

　　　　　　　　　口頭弁論期日

出　頭　場　所　　第○号法廷（○階）

答弁書提出期限　　○年○月○日　（○）

　　　出頭の際は、この呼出状を法廷で示してください。

205

はファックス送信で提出して、連絡します。

5　答弁書の提出

　被告には、第1回口頭弁論期日の1か月以上前に、訴状、書証および口頭弁論期日呼出状及び答弁書催告状が送達されるので、通常は、第1回口頭弁論期日前に、答弁書【書式13－7】が提出されます。答弁書は、被告からファックスで直送されてくる場合と、被告が裁判所に提出した答弁書の副本が、裁判所から送付される場合があります。

　答弁書には、「原告の請求を棄却する」との記載があります。これは、答弁書に定型的に利用される文言で、被告に争う意図がなくても、記載されています。ですから、「どうして被告は争うのだろう」と憤ったり、あわてる必要はありません。

　また、答弁書に被告の反論が記載されていることもあります。

第5　裁判所の審理

1　訴訟の全体的な進行

　自治体債権の場合、特に給料差押え後の差押債権取立訴訟では、給料債権の存在自体は争いがなく、自治体側敗訴のリスクはほとんどありません。

　給料債権の取立訴訟の審理の過程で、裁判所から、書証のほかにさらなる立証（証人尋問、外部機関への調査嘱託等）を求められることもありません。したがって、通常訴訟（督促異議による通常訴訟移行も同様）の訴訟進行としては、1回もしくは2回程度の口頭弁論期日で結審し、和解もしくは判決で終了します。

2　被告の主な反論

(1)　被告の反論水準

　被告は、自治体側の取立権を否定することはなく、反論も、その大半が行政不満であり、法的に通用する内容であることはまずありません。答弁書の記載も、「出頭はできない（しない）が、事実は争わない」「分割弁済を希望する」というものがほとんどです。

　以下、差押債権取立訴訟でよくある被告側（第三債務者）の反論とそれに対する再反論を紹介します。再反論は、準備書面【書式13－8】に記載し、裁判所に提出して行います（民訴法161①）。

　⑵　給料の既払い

①　被告の反論

　　差押え後、給料は従業員に全額支払った。

②　原告の再反論

　　滞納処分による給料債権の差押えで、処分禁止効が発生している。従業員に給料を全額支払ったからといって、差押債権（給料債権）に対する自治体の取立権は消滅しない。

　⑶　従業員の退職

①　被告の反論

　　従業員は退職して、給料の支払いをしていない。

②　原告の再反論

　　従業員退職後は、給料債権が発生しておらず、差押えができないことは認める。

　　しかし、本件給料債権差押え後、従業員が退職するまでの期間の給料債権の差押えは有効である。

　⑷　2年以上前（2020年4月1日以降に発生した給料債権は3年）の給料債権の時効消滅

①　被告の反論

　　給料債権差押えの日から、給料債権の消滅時効期間である2年（労基法115）を経過しているので、消滅時効を援用する。

②　原告の再反論

　　本件差押債権取立訴訟提訴時から、さかのぼって2年以上前の給料債権が時効消滅していることは認める。

　　しかし、直近2年以内の給料債権は、いまだ時効消滅していない。

(5) 滞納処分の無効

① 被告の反論

給料の差押金額が、間違っている。

② 原告の再反論

滞納者の給料明細書を提出していただきたい。再度、給料等の差押可能金額を計算して、必要があれば、請求の趣旨の請求金額を変更する。

(6) 租税債権

① 被告の反論

従業員に対する課税が間違っている。

② 原告の再反論

差押債権取立訴訟において、第三債務者は、差押えに係る租税債権の存否を争うことはできない（最判昭45・6・11民集24巻6号509頁）。

(7) 無視してよい被告の反論

① 一括では、支払えない。

② 従業員が生活できなくなる。

3　第1回口頭弁論期日

(1) 法廷マナー

次の点に留意すれば、法廷に緊張感が生まれ、被告の債務履行に対する責任感も醸成されます。

① 法廷には5分前には入廷しましょう。入廷するときにノックは不要で、自由に出入りできます。

② 裁判官が入廷してきたときは、起立しましょう。

③ 帽子とコートは脱ぎましょう。服装は、ノーネクタイでもかまいません。

④ 発言するときは、起立して、裁判官を見て発言しましょう。

⑤ 裁判官からの質問に回答するときも、被告に反論するときも、発言するときは、起立しましょう。

⑥ 自ら発言したいときは、「裁判官、よろしいでしょうか」と前置きし

て、裁判官の許可を得てから、発言しましょう。

⑦　裁判官から示された次回期日の候補日について、都合が悪いときは、公務上の理由を述べましょう（例：議会の開催中、確定申告の相談業務、選挙投票日間近等）。

　⑵　入　廷

裁判所に着いたら、1階の裁判所受付けで指定された法廷の場所を確認します。

法廷の入口ドアは、開廷時間の5分ほど前に解錠されます。鍵が開いていれば許可なしで、ドアを開けて入廷してかまいません。施錠されているときは廊下で待ちます。

法廷前の廊下か法廷内に、出頭者カードがある場合、出頭した指定代理人の氏名を記載します。裁判所書記官から身分確認を求められることがあるので、職員証を持参します。

法廷で、別事件の審理が行われていなければ、柵の内側の当事者席に座ります。原告（自治体）側の席は、傍聴席から裁判官席を見て左側です。

別事件の口頭弁論が行われているときは、傍聴席に座って待ちます。

裁判所書記官が、「○年、ワ、第○号差押債権取立請求事件、原告○市、被告株式会社○○」と事件番号と当事者名を読み上げたら、傍聴席から原告側の当事者席に移動してください。

　⑶　訴状・答弁書の陳述

原告（指定代理人）と被告（雇用主）が当事者席に着席すると、裁判官から、訴状および答弁書の陳述を求められます。

「陳述」といっても、訴状全文を読み上げることはなく、書面の提出をもって陳述に代えるので、「訴状のとおり陳述します」と述べるだけで、陳述した扱いとされます。

訴状、答弁書の陳述の後、書証関係の原本の確認（取調べ）がなされます。通常、第1回口頭弁論期日は、5〜10分程度で終わります。

(4)　被告出席の場合

　被告が、口頭弁論期日に出席すると、裁判官は、被告に対し、原告の請求について事実関係に間違いがないか、争うのかどうか、法廷で意向を確認します。被告が、争わないのであれば、支払方法をどうするのか、もし争うのであれば、被告の主張する反論の内容を整理して明確にします。

　第1回口頭弁論期日に、被告から和解の提案があり、検討に値するものである場合でも、議会の議決もしくは長の専決なしでは和解できないので（自治法96①十二）、次回の口頭弁論期日（続行期日）を指定してもらいます。

　訴えの提起につき議会の議決、長の専決決議に、提訴後の和解について、長への一任条項がある場合【書式12－12】、被告の和解案が受け入れられる内容であれば（取立訴訟における和解の留意点は、第13章第5の6（214頁）で記載）、次回期日にもちこさずに第1回期日で和解することも可能です。

(5)　被告欠席の場合

(A)　答弁書の提出がある場合

　第1回口頭弁論期日は、被告の都合と関係なく、一方的に指定されることから、被告は、答弁書【書式13－7】さえ提出しておけば、答弁書に記載した内容を陳述したものとみなされ（擬制陳述。民訴法158）、被告欠席のまま、被告の敗訴判決が下されることはありません。

　この点、時間延ばしのために、欠席する被告も少なくありません。

　答弁書の提出があって、被告が欠席すると、第1回口頭弁論期日は、原告が訴状を陳述し、次回の口頭弁論期日を決め、数分で終わります。

(B)　答弁書の提出がない場合

　被告に訴状が送達されながら、答弁書が提出されず、原告の主張に対して争うことを明らかにしない場合は、被告が自白したものとみなされ（民訴法159①）第1回口頭弁論期日当日か数週間以内に判決が下されます。

4　法廷でのやりとり例

(1)　被告出席

　被告が出席した場合に法廷で行われる典型的なやりとりを記載します。

裁判官　入廷／起立／着席

書記官　事件番号、当事者名の読み上げ

裁判官　それでは、開廷します。

　　　　原告は、訴状記載のとおり、陳述しますね。

原告指定代理人　はい、訴状を陳述します。

裁判官　被告は、答弁書を陳述しますね。

　　　　答弁書では、原告の請求の棄却を求めていますが、訴状の中で間違っている点、反論したい点はありますか？　あるいは、この点は、事実と異なるとか、この点は、自分の認識や意見と違うということはありますか？

被　告　訴状の内容は、だいたい間違いないと思います。

裁判官　Aさんが、あなたの会社で働いて給料をもらっている点は間違いないですか？　○年○月○日に、原告から、給料の差押えがあったことは確かですか？

被　告　細かい日付けまでは、覚えていない。Aがうちで働いていて、給料差押えの手紙が届いたことはある。ただ、Aが税金を滞納したかどうかは、私にははっきりとわからない。

裁判官　裁判になる前に、原告から差し押さえた給料につき支払うよう請求はありましたか？　どうして支払わなかったのか、何か理由がありますか？

被　告　役所からは、支払うように電話がかかってきたり、催告状という手紙も来ていた。

　　　　ただAは、貯金もないし、無年金の父親と母親を抱えているし、給料から差し引いていいかって聞いたら、それは困る、全部ほしい、差し引くならうちの会社を辞めてほかの会社にいくと言うので、辞められると人が足りなくって困るもんで、この1年間、Aの生活のことを考えて、給料を全部払ってきたんです。

　　　　あと、自分も会社も、きちんと税金を払っているのに、何で役所と

　　　　　Aとの税金のトラブルにうちの会社が巻き込まれて、裁判にまでな
　　　　　るのか、納得がいかないです。この裁判で請求されている金額は、
　　　　　合計するとAの3か月分の給料になるし、それを全部差し引くこと
　　　　　になったら、Aはすぐに退職するでしょ。私の会社の経営について
　　　　　何か補償してもらえるんですか。

裁判官　被告の事情は、わかりました。ただ、その内容ですと、原告の給料
　　　　　の差押えは、法的には正しいので、判決となれば、被告に支払いを
　　　　　命じざるを得ませんが、支払方法について、検討することはできま
　　　　　せんか？

被　告　分割払いで支払うことはできますか？

裁判所　分割払いの和解となるとAさんの給料の支払方法を変えることに
　　　　　なるので、Aさんを利害関係人として、この訴訟に参加させるこ
　　　　　とが、望ましいのですが可能ですか？

被　告　わかりました。次回の裁判には、Aと一緒に来ます。

裁判所　原告は、分割払いに応じることはできますか？　判決後、強制執行
　　　　　する事務負担を避けるためには、和解も有利と思いますが、どうで
　　　　　すか？

原　告　回数にもよりますが、分割払いに応じることは、できないわけでは
　　　　　ありません。ただ、内部の決裁が必要なので、ここで分割払いの和
　　　　　解を直ちに受けることはできません。

裁判所　では、次回期日を決めますので、和解条件を詰めてください。役所
　　　　　内の決裁をとるのにどれくらい時間がかかりますか？

原　告　被告の希望回数を聞いて、当方の都合にも合わせてもらい、役所の
　　　　　決裁をとるとなると、2週間ほどはかかります。

裁判所　では、1か月ほど先に期日を入れましょう。○月○日午前10時はど
　　　　　うですか？

原告・被告　了解しました。

(2)　被告欠席

　被告が欠席した場合に法廷で行われる典型的なやりとりを記載します。裁判官の入廷から原告の訴状の陳述までは、被告が出席した場合と同じです。

〈答弁書提出がある場合〉

裁判官　被告は欠席ですが、答弁書が提出されているので、答弁書を擬制陳述とします。

　　　　答弁書には、反論も書かれているようですので、原告は、次回期日までに、被告の反論に対して、再反論の準備書面を提出してください。では、次回期日を決めます。

〈答弁書提出がない場合〉

裁判官　被告は欠席で、訴状は送達され、答弁書の提出もないことから、原告の請求に対して明らかに争わないと認められるので、これで結審し、判決を言い渡します（or 判決期日を指定します）。

5　請求金額（差押可能金額）の変更

(1)　提訴後の給与明細の開示と差押可能金額の再計算

　給与照会に対して、雇用主から回答がなく、差押可能金額について概算で計算して、訴状を作成して提訴した場合、提訴後開示された給料明細に基づいて再計算すると、訴状の請求金額と実際の差押可能金額が異なる場合があります。

　訴状の請求金額と、提訴後、再計算した差押可能金額が異なった場合は、請求額の変更＝訴えの変更（請求の拡張もしくは請求の減縮）が必要になります。

(2)　訴えの変更（請求金額の変更）の具体的手続

　訴えの変更は、書面【書式13－9】で行う必要があります（民訴法143②）。訴えの変更申立書は、訴状と同様に取り扱われることからあらためて第三債務者に送達する必要があります。そこで、裁判所から追加の郵便切手を納めるように求められることがあります。

(3)　訴状の請求金額よりも少額になった場合

　開示された給料明細により再計算して、請求金額が減った場合は、請求金額を減縮することになります。請求金額の減縮は、法的には訴えの一部取下げとなります（民訴法261）。

　請求の減縮は、いつでもできますが、被告（雇用主）が、準備書面を提出し、または裁判期日に弁論した後は、請求の減縮について、被告の同意が必要となります（民訴法261②）。これは、原告の請求を棄却する判決を得る被告の利益を保護するためです。ただ、請求金額が少なくなるわけですから、同意しない被告はまずありません。

　なお、請求を減縮すべきところを減縮せず、判決に至った場合でも、原告が、一部敗訴して請求金額が減り、訴訟費用の負担割合が変わる（原告側の負担が割合的に多くなる）くらいで、それ以上の不利益はありません。

(4)　訴状の請求金額よりも多額になった場合

　提訴後、開示された給料明細に基づいて計算すると、差押可能金額が増える場合、請求の拡張の申立が必要になります【書式13－9】。

　裁判所は、請求金額の範囲でしか判決を出しません。したがって、提訴後に正確な給料の額が明らかになり、訴状の請求金額より実際の差押可能金額が多いことが判明した場合、請求の拡張をしない限り、その増額した金額の支払いを命じる判決は出ません。

　請求の拡張を行うと、請求金額が増加することになるので、追加の印紙の納付が必要となる場合があります。

6　和解による終了

(1)　和解による終結につき裁判所の姿勢

　裁判所は、判決により紛争を解決することが究極の目的であるにもかかわらず、判決を起案することを厭い、執拗に和解を勧め、当事者が根負けして和解に応じるまで数か月にわたって弁論期日を何度も繰り返す裁判官が少なからず存在します。

　そうした裁判官が、担当裁判官になった場合、裁判官に対して、自治体は、

訴訟において、和解に応じ、請求金額の変更（元金の減額はもちろん遅延損害金・延滞金も）、支払方法の変更（一括か分割か）をするにも議会の承認が必要であり、せいぜいが支払日と分割回数くらいしか譲歩できないことを、「訴訟進行に関する意見書」【書式13－10】として、書面で態度表明をすべきです。書面で意見を述べると、裁判官は和解の慫慂を諦め、速やかに判決してくれるようになります。

　⑵　差押債権取立訴訟での分割払いの和解

　原則として、差押債権の取立てにおいては、取立ての目的を越える債務の免除、期限の猶予、弁済期の変更等はできないこと、ただし、滞納者の同意がある場合には、分割払いの和解に応じることが可能であることは、Q4－3（26頁）で詳述したとおりです。

　被差押債権（給料）自体の免除、期限の猶予、債権譲渡などは、取立ての目的を越える処分行為にあたり、原則として滞納者を利害関係人として訴訟に参加させなければならず、債権者と第三債務者の合意のみで行うことはできません。

　もっとも、債務者の同意なしで、債務者の給料債権の処分はできませんが、債権者（自治体）の取立権自体について支払いの猶予、支払いの方法を数回に分割にする（割賦払い）訴訟上の和解は、差押債権者が有する取立権の処分として債務者の同意なしでも、許されます（前掲「取立訴訟」155頁、中野貞一朗＝下村正明『民事執行法』（青林書院、2016年）717頁、深沢利一『民事執行の実務㊥〔新版〕（園部厚補訂）』（新日本法規、2005年）672頁）。

　なお、給料債権差押え後、雇用主が従業員の給料から取立金額を天引しながら、雇用主の納付がない場合（天引した従業員の給料を雇用主の事業の資金に流用しているような場合）には、分割払いは絶対に応じてはなりません。雇用主は天引きした給料を横領している可能性があります。判決を得て、直ちに民事執行法により雇用主の財産に対して、強制執行を行うべきです。

　⑶　和解に関する議会の議決

　和解するときは、原則として議会の議決が必要となります（自治法96①十

215

二)【書式13-11】。一般的には、和解条件の合意と議会の開催時期が一致するとは限らないので、「議会を招集する時間的な余裕がない」として（同法179①）、長の専決で和解の受諾に対応することになります【書式13-12】。専決処分指定議決（同法180①）もしくは専決条例があれば、専決処分できる金額以下の和解は議会の承認は不要ですが、裁判期日前に和解内容について長の専決処分を得ておく必要はあります。

　また、訴えの提起の議決もしくは長の専決処分事項に「事件に関する取扱い事項」として、「本件については、必要に応じて、和解および上訴をすることができるものとする」という和解に関する一任条項があれば【書式12-12】、提訴後の和解のために、議会の承認、長の専決は不要となり、担当部長限りの決裁で和解できることになります（ただし、地方自治法の条文上、議会の議決事項として、訴えの提起と和解が並記されていることから（自治法96①十二）、個別に議決を得ず、まとめて和解について一任する議決をしてよいのか、疑問の余地もあります）。

　和解に際しては、裁判所から、議会の議決書もしくは長の専決処分書の提出を求められることがあります。

　(4)　和解条件の協議

　訴訟を和解で終了させるためには、事前の準備が重要です。

　口頭弁論期日前に被告（雇用主）と交渉のうえ（電話でもよい）、支払金額の確認と、支払日、分割払いの条件（毎月の支払額と支払日）を合意します【書式13-10別紙和解条項部分】。

　口頭弁論期日には、原告側が、合意内容を述べ、被告がこれに異議を述べず、同意すれば、和解成立となります。裁判官は、和解条項を読み上げ、当事者に和解内容に間違いがないことを確認して和解成立とし、訴訟が終結します。和解調書【裁判文書K】は、口頭弁論終了後、書記官が作成します。

　口頭弁論終結時に、口頭により、裁判所書記官に対して、和解調書の送達の申請をすれば、数日を経て、郵送されてきます。

　裁判上の和解には、判決と同一の効力があり（民訴法267）、支払いが滞っ

【裁判文書 K】　和解（調書）

事件の表示　○年(ワ)第○○号	裁判官　認印

第 1 回 口 頭 弁 論 調 書（和 解）

期　　　　　　　　日	○年○月○日　午前○○時○○分
場所及び公開の有無	○○地方裁判所　法廷で公開
裁　判　官	○　○　○　○
裁 判 所 書 記 官	○　○　○　○
出頭した当事者	
原告指定代理人	○　○　○　○
原告指定代理人	○　○　○　○
被告代表者	○　○　○　○

弁 論 の 要 領 等

原告

1　訴状（支払督促申立、訴状に代わる準備書面）陳述

2　訴訟費用被告負担申立

3　仮執行宣言申立

被告

1　請求棄却申立

2　訴訟費用原告負担申立

3　答弁書（督促異議申立書の「督促異議申立ての理由」部分）陳述

4　分割払いを希望する。

第1　当事者の表示

　　　　○○県○○市処分町○○１－２－３

　　　　　　原　　　告　○　○　市

　　　　　　同代表者市長　○○○○

　　　　　　　　同指定代理人　○○○○

　　　　　　　　同指定代理人　○○○○

　　　　　　　　同指定代理人　○○○○

　　　　○○県○○市○○町○○４－５－６

　　　　　　被　　　告　株式会社○○

第2　請求の表示

　　　　訴状請求の趣旨記載のとおり

　　　　（支払督促（○○簡易裁判所○年（ロ）第○号）記載のとおり）

　第３　和解条項

　１　被告は、原告に対し、差押債権の支払い債務として金○○円（うち残元
　　　金○○円）の支払い義務があることを認める。

　２　被告は、原告に対し、前項の金額を次のとおり分割して、毎月末日限り、
　　　原告方へ持参又は○○市指定の振込取扱票を利用して支払う。

　　⑴　○年○月○日から○年○月○日まで毎月○円ずつ（計○回）

　　⑵　○年○月○日に○円（最終回）

　３　被告が、前項の分割金の支払いを２回以上怠ったときは、当然に期限の
　　　利益を失う。

　４　前項により期限の利益を失ったときは、被告は、原告に対し、第１項の
　　　金額から既払い金を控除した残金及び残元金に対する期限の利益を失った
　　　日の翌日から支払済みまで年○パーセントの割合による遅延損害金を支払
　　　う。

　５　訴訟費用は各自の負担とする。

※遅延損害金の利率については【書式13－11】の注釈参照。

たときは、和解調書は、強制執行を行うときの債務名義となります。

7　判決による終了

　⑴　終結・結審

　被告が、裁判期日に出頭せず、あるいは出頭しても和解の可能性がなけれ
ば、弁論は終結となり結審し、判決期日が指定されます。

　⑵　判決期日

　判決期日では、法廷で判決の主文が朗読されるだけで、数秒で終わります。
原告も被告も座っているだけで、行うことは何もなく、判決期日に出頭する
義務もありません。

　もっとも、自治体の滞納税徴収に取り組む姿勢と意欲を裁判官に理解して
もらうために、判決期日に出頭し法廷に入廷して当事者席に着席することは
無意味ではありません。

(3)　判決書の送達

　判決期日に判決書ができあがっていれば、判決の言渡し後、書記官室に行けば、請書に署名押印して直ちに判決書を受領できます。

　判決期日に欠席すると、後日、判決書が特別送達郵便で送達されます。

第14章　反対債権のある預金差押えに係る取立訴訟

第1　提訴後の金融機関の対応

　反対債権がある預金を差し押さえて、金融機関が取立てにも応じず、相殺もしない場合（第10章第3の6(2)（138頁））、差押債権の取立訴訟を提訴します。

　取立訴訟の提訴後、金融機関が相殺権を行使すれば、金融機関の相殺が優先し、差し押さえた預金債権は、金融機関の債権（融資）に充当されて消滅するので、原告（滞納処分庁）の請求は認められず棄却されます。逆に、結審までに、金融機関が相殺権を行使しなければ、原告の請求は認められ、勝訴は確実です。

　ほとんどの場合、金融機関は、第1回口頭弁論期日前までに、相殺権を行使するので、訴状作成から提訴までの徴収職員の労苦は無駄になってしまいます。しかし、一度、提訴すれば、被告となった金融機関は、その後は、相殺もしない、取立てにも応じないという不真面目な対応を改めます。将来の預金差押え事務の省力化につながることから、労を惜しまず取立訴訟を行うべきです。

第2　預金債権取立請求訴訟の流れ

1　催告兼訴訟予告通知

　いきなり取立訴訟を提訴するのではなく、差押債権取立請求訴訟提起の予告通知書【書式14−1】を送ります。予告通知は、法的に必要となる文書ではないので、内容証明郵便ではなく簡易書留で送れば十分です。また、訴状（案）【書式14−2】を同封して、訴訟予告通知書を送れば、金融機関は、相殺するか、支払うか、訴訟を受けて立つか瀬戸際に立たされていることを自覚するので、効果は絶大です。

　ただ、訴状（案）を添付して金融機関に訴訟予告通知を送っても、「市町村ごときが訴訟するわけがない。訴訟になったら相殺すればよいのだからほっとけ」と不遜な態度の金融機関もあります。

2　訴状の作成

　選択する裁判手続ですが、支払督促を選択した場合、引き延ばしのため、金融機関から督促異議の申立てをされる可能性があるので、最初から通常訴訟で始めることが結果的に時間と事務量の節約になります。

　訴えの提起の議会承認、訴状の作成、訴状の提出については、第13章第2 (198頁)〜第4 (203頁) で記載したとおりです。

　提訴後、被告（金融機関）から反論が出て、実質的な審理が行われることはほとんどないので、訴状は、【書式14−2】に倣い必要最低限の事実を記載すれば十分です。

3　提訴後、支払いもしくは相殺があった場合

　提訴後、訴状および第1回口頭弁論期日指定書が、被告に送達されると（被告は金融機関なので送達は確実です）、第1回口頭弁論期日の前に、被告は、取立てに応じて支払うか、相殺するか、あるいは金融機関から税金は支払うべきだと説諭を受けた滞納者が、滞納税を支払ってきます。

　相殺もしくは支払いがあった場合は、訴えを取り下げます【書式12−18】。

Q14　提訴するまで相殺しなかった金融機関に対して、訴訟手数料などの損害賠償請求はできないか。

A　金融機関が相殺しなかったことは違法行為ではないので、損害賠償請求はできません。

　不法行為に基づく損害賠償請求は、違法行為がなければ認められません。相殺するかどうか、またいつの時点で相殺するかは、債権者（金融機関）の自由な判断に任されています。したがって、相殺しなかったことについて、金融機関に法令上の義務違反はなく、不法行為を構成しないことから、損害賠償請求はできません。

第15章　相続預金差押えに係る取立訴訟

第1　相続預金の差押えで取立可能な事案

被相続人（死亡者）名義の預金債権であっても、下記①、②の事案では、取立てが可能です。

① 被相続人（滞納者）の死亡前に督促状を送達したか、もしくは被相続人死亡後、相続人全員に対し督促状を送達したのち、被相続人名義の預金債権につき共同相続人全員の共有持分を差し押さえた場合（第9章第2の2（105頁）。さいたま地判令元・12・24税務訴訟資料2019−33）

② 被相続人（滞納者）の死亡前に督促状の送達が完了し、相続人が不存在で、相続財産清算人が選任されておらず、金融機関（第三債務者）に対し、被相続人名義の預金債権につき債権差押通知書を交付した場合（第9章第6の3（114頁））

もっとも、金融機関によっては、①については、平成28年決定（第9章第1の1（101頁）参照）が相続預金は準共有になると判示したことおよび金融機関が共同相続人間の相続争いに巻き込まれることを避けるため、②については、こうした事案で金融機関が相続預金の差押えを受けた経験がほとんどないことから、支払いを拒否する可能性があります。

第2　相続預金差押え取立訴訟

金銭債権である預金は、相続開始と同時に法定相続分に従い、各相続人に当然に分割承継され、各相続人は単独で被相続人名義の預金の払戻しを請求できるという最高裁判決が確立していた時代（平成28年決定前）でさえ、銀行実務では、共同相続人の一部からその法定相続分に応じた払戻請求があっても、共同相続人全員の合意がなければ払戻しに応じない取扱いが一般的でした（前掲『銀行窓口の法務対策4500講』1268頁）。

こうした金融機関の姿勢からすれば、上記①、②の事案につき、自治体が滞納処分による預金債権の差押えを行っても、金融機関は、素直に取立てに

応じないでしょう。その場合、自治体としては、取立訴訟をしなければ、支払いを受けることはできません。

　金融機関も、自らが敗訴濃厚であることは十分に承知しているはずですが、相続人間の紛争にまきこまれることを避けるため裁判所の判決により命じられて、支払ったという事実を残して、支払いに応じたいというところが本音だと思われます。

　①、②の事例とも、金融機関に勝訴の見込みはなく、提訴後は、さしたる抵抗もなく判決に至り、判決確定後は、金融機関は、支払いに応じるはずです。相続預金の差押え後、長期間にわたり金融機関との交渉に無駄な時間を費やすことなく、早々に取立訴訟をして早期徴収につとめてください。

　訴状は、【書式15－1】、【書式15－2】を参考にして作成してください。

第6編
裁判所の送達手続

第16章　民事訴訟法の送達手続

第1　送達のハードル

　裁判手続は、支払督促正本、訴状副本が相手方に送達されることによって始まります。滞納処分による債権差押え後の差押債権取立訴訟では、訴訟の審理過程で滞納処分庁側に立証の困難が生じることもなく、勝訴は、まず間違いありません。

　したがって、相手方（雇用主）に訴状等の送達さえできれば、裁判手続は山場を越えたといえます。

　裁判所の文書とりわけ訴状等の送達は、裁判手続の入り口であり、相手方の権利行使の機会の保障の観点から厳格な手続きが定められています。

　以下、雇用主に対する差押債権取立訴訟において、実務的に必要となる送達手続に絞って説明してゆきます。

第2　送達機関、送達を受ける者、送達場所

1　送達機関

　送達は、裁判所の職権事項であり、送達事務取扱者は裁判所書記官です（民訴法98②）。

　送達方法は、交付送達（手渡し）が原則ですが（民訴法101）、裁判所書記官が、送達先に臨場して交付することは実際には行われていません。通常の交付送達は、原則として、郵便業務従事者を送達実施機関として行われます（郵便による送達、同法99）。

〔図17〕　送達フローチャート

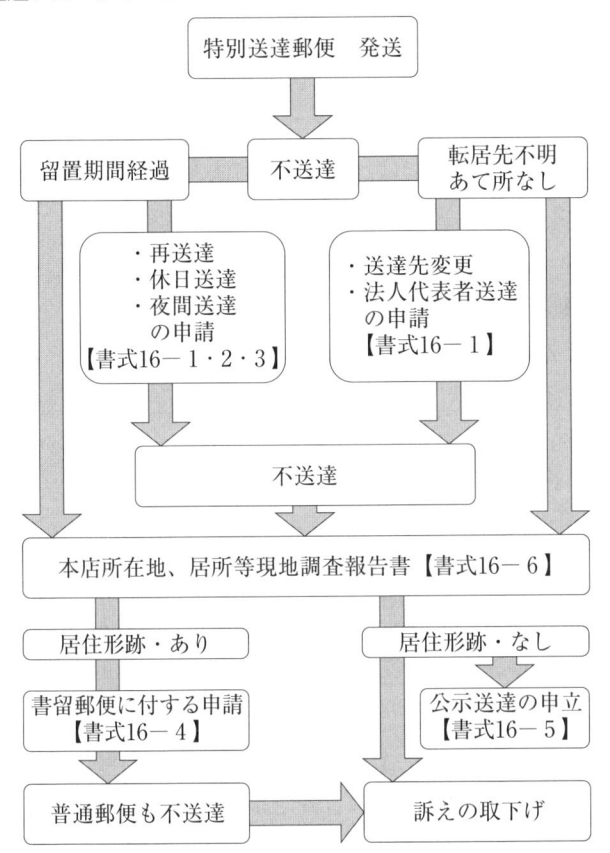

2　送達を受ける者

　送達を受ける者は、送達書類の名あて人で、訴訟当事者本人、代理人弁護士等です。自然人の場合は、その当人となりますが、法人または社団法人・財団法人の場合は、その代表者または管理人が名あて人となります。

3　送達場所

送達場所は、送達を受けるべき者の住所・居所、営業所・事務所です（民訴法103①）。自然人の場合は、住所・居所となります。法人の場合は、名あて人である代表者の住所・居所もしくは法人の営業所・事務所のいずれでもかまいませんが、訴訟実務では、第一次的に法人の営業所・事務所に送達することになっています。

第3　特別送達郵便による訴状等の送達

1　特別送達郵便とは

裁判所書記官は、訴状等を、訴状等に記載された相手方（名あて人）の住所地・本店所在地に、「特別送達郵便」（郵便法49）という書留郵便の特殊な方式で送ります。特別送達とは、郵便集配人が、郵便送達報告書を作成して、郵便認証司が認証することで、送達の事実（送達の日時・相手）を証明する郵便です。郵便の受領場所は、原則として名あて人の住所地であり、受領は、名あて人本人に直接手渡しすることです。ただし、同居人等で書類の受領に相当のわきまえがある者への交付、法人の場合はその使用人への交付で送達の完了となります。

また、配達時に、いわゆる「全戸不在」（一家全員が不在・留守）で送達ができなかった場合には、郵便物の留置期間の7日間（内国郵便約款88②）の間に、郵便局の窓口で交付することもできます（同約款71）。そのほかに郵便局に転送届が出ている場合は、転送先に送達されます（郵便法35）。

訴状等が、転送先の住所で送達された場合には、裁判所書記官から、転送先に相手方が居住しているかどうか、原告側に送達先を調査するよう指示されます。

郵便認証司が作成した郵便送達報告書は、書留郵便で裁判所に郵送され、裁判所の訴訟記録に編綴されます。

特別送達郵便料金は、定型郵便料110円、特別送達料630円、書留料480円の合計1220円が一般的ですが申立書類の重量に応じて郵便料金は増額します。

2　特別送達郵便が不送達の場合

　1回目の送達が不送達となった場合、裁判所書記官から、不送達の事実および郵便送達報告書に記載された送達不能の理由について連絡があります。そして、送達が可能な住所・居所を調査して、再送達するあて所を報告するよう促されます。

　ちなみに、不送達となる理由は、次のようなものです。

①　保管期間経過

　　受取人が不在のため、郵便物を留置期間7日間、郵便局に保管していたが、保管期間に受け取りに来なかったため、差出人へ返送されたもの。

②　転居先不明

　　転居したことはわかっているが、転送届出等がなされておらず、転居先がわからないため、配達できず、差出人へ返送されたもの。

③　あて所なし（あて所尋ねあたらず）

　　あて先の住所に赴いたが、そこには名あて人が居住しておらず、また、住んでいた形跡もなく、配達ができず、差出人へ返送されたもの。

　なお、相手方が事業を継続している雇用主の場合には、転居先不明、あて所なしの理由で不送達になることはまずないと想定されます。

3　再送達の申請

　転居により、送達ができなかった場合は、転居先の住所が記載された住民票、商業登記簿膳本を添付して、再送達の申請をします。住民票、商業登記簿の住所地が変更されていない場合は、現地調査等の結果、転居先が判明した旨の報告書を作成し、再送達の申請書に添付します。

4　送達先変更の申請

　(1)　転居先への変更

　転居先不明もしくはあて所なしで、不送達となった場合、転居先もしくは現実に居住している場所、営業を継続している事務所を探索しなければなりません。探索方法は、自然人の場合は住民票の追跡、法人の場合は同業者からの聴き取りなどがあります。

(2)　法人代表者の居所への変更

　商業登記簿上の法人の本店所在地に事務所が存在せず、現実に事業を継続している事業所も判明しない場合、その旨の報告書を作成して、裁判所に提出し、法人の代表者あてに、送達するよう申請します。

　転居先の住所地が判明した場合、あるいは送達先を法人の代表者の住所に変更する場合は、特別送達用の郵券1220円分を追加して、再送達の申請書【書式16－1】を提出します。

第4　休日送達の申請

　訴状等記載の住所地に名あて人が居住していることは間違いないが、保管期間経過で返戻され、平日の昼間は送達場所に不在であっても、休日（日曜・祝日）であれば所在している場合には、配達日を休日に期日指定して、送達する方法があります。

　送達期日の指定は、日本郵便の配達日指定サービスを利用するもので、差出日の翌々日から起算して10日以内の日を指定することができます（内国郵便約款151）。土曜・日曜・休日の指定だと270円、平日の指定だと42円の追加の郵券が必要となります。

　特別送達の郵便料金1220円に休日の配達日指定郵便料金270円を追加して、裁判所に休日送達の申請をします【書式16－2】。

　もっとも、事業主の場合、平日でなく、休日に送達可能な場合は、さほど多くないでしょう。

第5　夜間送達の申請

　被告（雇用主）が、夜の街関係の飲食業等で夜間のみ営業しているため、通常郵便による送達ができない場合、夜間送達の申請ができます【書式16－3】。夜間送達は、裁判所書記官（送達事務取扱者）の指示により執行官（送達実施機関）が行います（民訴法98②・99①）。

　夜間送達の申請（執行官送達の申請）をした債権者は、裁判所から、執行

官費用（送達費用）の予納を指示されます（民訴費11・13）。送達事務の執行官費用は、「送達費用＋（休日費用）＋１kmあたりの旅費」＝「1800円＋（2400円）＋１kmあたり37円」で計算した金額です。予納金は、裁判所の会計課に納付、日本銀行の指定銀行に納付のいずれかの方法があり、裁判所によって異なるので、裁判所書記官に聞いてください。

　なお、日本郵便の配達時間帯指定サービス（夜間配達時間は17時〜21時）は、特別送達では、利用できません。

第6　就業先送達の申請

　雇用主が法人の場合、就業先の送達は通常ありえません。

　雇用主が、自然人で、送達先を雇用主の住所として不達となった場合、雇用主の事業所宛て（就業先）に送達先を変更して、再送達の申請【書式16－1】をすることはあり得ます。

　就業先への送達は、プライバシーへの配慮から、住所・居所への送達が、転居先不明もしくはあて所に尋ねあたらずが理由で不送達となった場合か、休日送達を試みた後でなければ、認められません。

第7　書留郵便に付する送達（付郵便送達）の申請

1　書留郵便に付する送達手続と送達方法

　雇用主が、住所地で居住し、あるいは事業を行っていることは間違いないが、裁判文書の受取りを拒絶している、かつ法人の場合には代表者個人の住所も判明しないか、判明していても送達が不能の場合に、書留郵便に付する送達（以下、「付郵便送達」ともいう）の申請を行うことができます。

　書留郵便に付する送達の方法は、裁判所書記官が、訴状等を書留郵便で発送し、同時に通知書【裁判文書L】を普通郵便で発送し、仮に書留郵便が返戻されてきても、書留郵便を発送したときに送達があったとみなす送達方法です（民訴法107①・③）。

　付郵便送達は、発信主義であり（民訴法107③）、送達の相手方に届く前に

送達の効果が生じること、いったん送達すると、それ以降の送達場所が固定される（民訴法107②）など相手方にとって不利益が大きいことから慎重な運用がなされています。実務上は、休日送達が保管期間で不送達となり、就業先送達もできない場合にのみ認められる送達手段です。

2　名あて人が送達場所に居住していることは必要条件

書留郵便に付する送達は、送達場所に名あて人が居住し、もしくは営業所・事務所が存在しており、普通郵便で届くことが前提となります。したがって、先に送った特別送達の不達の理由が、「転居先不明」「あて所に尋ねあたらず」など住所等に滞納者が居住していない場合には、付郵便送達は利用できません。

そこで、書留郵便に付する送達の申請書【書式16－4】には、住所地に名あて人が居住している、営業所・事務所が存在するという現地調査報告書【書式16－6】を作成して、申請書に添付しなければなりません。

なお、書留郵便に付する送達で発送した書留郵便物が、「保管期間経過」ではなく、「転居先不明」「あて所に尋ねあたらず」で郵便局から返戻された場合は、送達の効果は生じません。

3　現地調査報告書の作成

現地調査は、雨の降っていない昼間に、不審者扱いされないように二人以上の職員で行います。身分証、懐中電灯、デジタルカメラは必需品です。

晴れていれば、洗濯物が干してあることもあります。表札や郵便ポストの表示および状況を確認します。電気・ガスの供給とメーターの駆動を確認します。電気の供給は供給を止めた年月が記載してあることがあります。また自転車、原付バイクなどの存在、使用状況を確認します。洗濯機が屋外に出してあればその使用状況も確認します。

そのうえで、上記確認した事項について、写真を撮り、写真を報告書に添付し、居住の事実を裏づけます。

【裁判文書L】　付郵便送達通知書

○年㈦第○号差押債権取立請求事件

被告（債務者）　株式会社○○　　殿

通　　知　　書

○年○月○日

　　　　　　　原告（債権者）　○　○　市
　　　　　　　被告（債務者）　株式会社○○

　上記当事者間の訴訟事件（支払督促申立）について、民事訴訟法107条に基づき、下記の書類を本日、書留郵便で発送しました。

　この発送により、あなたがこれを受け取らない場合でも、送達があったものとみなされ、本件訴訟（支払督促申立）はそのまま進行し、不利益を受けることになります。

　つきましては、郵便配達時に不在などのため受け取ることができなかったときは、郵便局に行って、書留郵便を必ず受け取ってください。

　なお、不明な点がある場合は、当方までお問い合わせください。

　　　　〒○　　○○県○○市○○町○○１－２－３
　　　　　　　○○地方（簡易）裁判所　民事部　（支払督促係）
　　　　　　　　　電話○－○－○
　　　　　　　　　裁判所書記官　○　○　○　○　㊞

231

第8　公示送達の申立て

1　公示送達の方法

公示送達とは、住所・居所が不明で訴状等を送達することができない場合、裁判所書記官が訴状等を保管し、訴状等の交付がいつでも可能な旨、裁判所の掲示板に掲示をして、掲示を始めた日から2週間が経過したときに、相手方に訴状等が送達されたものとみなす送達方法です（民訴法111・112）。

2　公示送達申請の要件

公示送達は、①相手方の住所・居所、事業所・営業所など、送達すべき場所が不明の場合で、②付郵便送達も不能、③法人の場合、法人の代表者の住所・居所への送達も不能な場合に許される、送達方法の最終手段です。

相手方が、裁判所の掲示板を見て、権利行使の機会を知ることは、稀有であることを考慮すれば、簡易な裁判手続では利用を認めるべきではなく、支払督促の正本の送達では、公示送達は利用できません。

3　法人代表者死亡の場合、公示送達はできない

法人の場合、送達を受けるべき者は、法人の代表者です。法人には、目、耳、手がない以上、法人自体に送達することは不可能で、その職務執行者である代表者に送達しない限り、送達の効果は生じません。

法人の場合、文書の送達は、法人の代表者の住所、居所、事務所または事業所に送達します（民訴法103①）。通常は、代表者の事務所として本店の所在地に送達することになります。

公示送達は、この「送達を受けるべき者の住所、居所、事務所又は事業所が明らかでない場合」にすることができます。法人であれば、代表者が、戸籍上死亡しておらず、行方不明・生死不明のときに、「住所、居所、事務所又は事業所が明らかでない場合」として公示送達を行うことができます。

送達を受けるべき者である法人の代表者が死亡している場合には、公示送達はできません。

公示送達は、「裁判所書記官が送達すべき書類を保管し、いつでも送達を受けるべき者に交付する旨を裁判所の掲示場に掲示して行う」ものである以

上、掲示板を見ることができ、また庁舎に出頭して文書を受領することができなければならず、送達を受けるべき者が、死亡していては、見ることも受領することもできないからです。

4　公示送達の申請

公示送達申立書【書式16－5】に、現地調査報告書【書式16－6】および住民票もしくは戸籍の附票、法人の場合は商業登記簿を添付して申し立てます。

判明するかぎりで知れている最後の住所地の現地調査が必要になります。現地調査報告書を作成し、送達すべき住所に、人が住んでいない、あるいは別人が居住している、営業所・事務所が存在しない事実を証明します。

最後の知れている住所地を明らかにするために被告（債務者）の住民票、商業登記簿も添付します。住民票が職権消除されていれば、同所に居住していないことの証明としては十分でしょう。

5　公示送達でも差押債権の取立てを続けるか

以上のように、名あて人の住所・居所、営業所・事務所が、不明の場合でも、公示送達によって、判決を得ることは可能です。しかし、裁判文書の送達を公示送達で行う状況では、雇用主は事業を休廃止しているでしょうし、所有する財産も見当たらないはずです。

送達方法が、公示送達しかなくなった段階で、訴えを取り下げて、雇用主からの徴収を断念することが費用対効果の観点からして、得策といえるかもしれません。

第7編
第三債務者に対する強制執行

第17章　民事執行法による強制執行

第1　強制執行の準備

1　強制執行申立の心構え

支払督促や差押債権取立訴訟の判決は確定したが、なお雇用主（第三債務者）が支払わない場合、民事執行法による強制執行手続により債権の回収を図るほかありません。

強制執行は、技術的手続で、書類と書式さえ整っていれば、債権差押命令は出ますが、書式、書類の不備は常に生じるものです。強制執行の申立てをした後も裁判所書記官と緊密に連絡をとって、忍耐強く申立書の記載の補正に応じ、書類の追完をして差押命令を出してもらうという心構えが必要です。

強制執行は、書面審理で、口頭弁論もないので、指定代理人なしで申立ては可能です。ただし、自治体職員を指定代理人とすることで職務に対する責任感が増すこと、書面の訂正も指定代理人の印鑑でできるなどの利便性もあることから、自治体職員を代理人として指定すべきです【書式17－13】。

2　議会の承認不要

強制執行は、訴えの提起にあたらないので（自治法96①十二参照）、議会の承認は不要です。

3　執行文の付与

執行文とは、執行力の存在を公証するために債務名義（判決文、和解調書等）の末尾に付記する公証文言をいいます（民執法26②）。

執行文の付与申立は、判決を下した裁判所に、判決書もしくは口頭弁論調書（和解）などの債務名義原本と300円分の収入印紙を貼った執行文付与申

立書【書式17-1】を提出して行います。執行文付与の申立てをすると、判決文の末尾に「執行文」との表題がある A 4 の紙【裁判文書 M】がホチキス留めされます。

　なお、仮執行宣言付支払督促では、簡易迅速な執行の実現のために、執行文の付与は不要となっています（民執法25ただし書）。

4　送達証明

　仮執行宣言付支払督促正本もしくは判決文が滞納者に送達されていないと、強制執行はできません。債務者が、敗訴の告知を文書で受けながらも、なお支払わないからこそ、強制執行が認められるからです。そこで仮執行宣言付支払督促や判決が債務者に送達された証明が必要になります。

　送達証明申請書【書式17-2】に150円分の収入印紙を貼って、判決を下した裁判所に提出します。送達証明申請書の送達日付欄は空欄にして裁判所に提出すると、裁判所書記官が送達日を確認し、送達日を記入して、裁判所のゴム印、朱印を押した証明書を発行してくれます【裁判文書 N】。

【裁判文書M】　執行文

<table>
<tr><td colspan="2" align="center">執　行　文</td></tr>
<tr><td>債　権　者
　（原告）</td><td>○　○　市</td></tr>
<tr><td>債　務　者
　（被告）</td><td>株式会社○○</td></tr>
<tr><td>　債務名義に係る請求
権の一部について強制
執行をすることができ
る範囲</td><td></td></tr>
<tr><td colspan="2">イ　証明すべき事実の到来を証する文書の提出（民事執行法27条①）
　　　　　　　　　　　　　　　　　　　　　　　　　　　1項
ロ　承継等の事実が明白（民事執行法27条②）
　　　　　　　　　　　　　　　　　　2項
ハ　承継等を証する文書の提出（民事執行法27条②）
　　　　　　　　　　　　　　　　　　　　　　2項
ニ　特別の事情等を証する文書を提出（民事執行法27条③）
　　　　　　　　　　　　　　　　　　　　　　　　3項
ホ　付与を命じる判決</td></tr>
<tr><td colspan="2">　債権者　は、債務者　に対し、この債務名義により強制執行をすることがで
きる。
　　　○年○月○日
　　　○○地方裁判所
　　　　　　　　　　　裁判所書記官　○　○　○　○　㊞</td></tr>
</table>

※執行文付与申請をすると、判決等の債務名義の末尾に、この執行文（Ａ４サイズ）がホチキス留めされる。

【裁判文書 N】　送達証明書

○年（　　）第○○号
債権者（原告）　　○　○　市
債務者（被告）　　株式会社○○

送　達　証　明　申　請　書

○年○月○日

○○簡易（地方）裁判所　　御　中
　　　　　　　　　　　　〒○　　○○県○○市処分町 1 － 2 － 3
　　　　　　　　　　　　原　告　　○　○　市
　　　　　　　　　　　　原告指定代理人　○○○○　　㊞

　頭書の事件につき、○年○月○日付けで発布された（言い渡された）
　　□　仮執行宣言付支払督促
　　□　判決書
　　□
　が、下記の通り送達されたことを証明願います。

記

債務者（被告）　に対して、○年○月○日送達された。
- -
　上記の通り、証明する。

　　　　　　　　　　　　○年○月○日
　　　　　　　　　　　　○○簡易（地方）裁判所
　　　　　　　　　　　　裁判所書記官　○　○　○　○　　　㊞

237

5　第三債務者（銀行等）の資格証明書

　預金の差押えでは、資格証明書として差押え先の金融機関（銀行等）の商業登記簿謄本（代表者事項証明のみでよい）が必要です。公用請求で取得します。

第2　第三債務者への送達

1　強制執行の効力発生時

　民事執行法による債権差押えも、滞納処分による債権差押通知書と同じく、第三債務者に債権差押命令が送達された時点で差押えの効力が生じます（民執法145④、徴収法62③）。

　債権差押命令の送達時に、預金が全部引き出され、あるいは売掛金の支払いが完了していた場合、差押えは、空振り（不奏功）となります。債権差押命令の送達時は、債権回収の成否を分ける重大事項です。

2　債権差押命令の送達方法

　債権差押命令は、裁判官の判断で発令します。発令日を申立人が指定することはできません（希望を述べることはかまいませんが）。

　送達事務取扱者である裁判所書記官は、裁判官から債権差押命令の原本の交付を受けると、直ちに差押命令正本を第三債務者に送達します。差押命令の送達は、特別送達郵便により行う扱いであり、郵便業務従事者が送達実施機関となります。債権差押命令の送達日、送達時間は、原則として裁判所書記官と郵便業務従事者の事務遂行に委ねるほかなく、債権者が関与する余地はありません。

3　配達日指定郵便

　もっとも、債権差押命令の特別送達でも、日本郵便の配達日指定サービスを利用することができます（第16章第4（228頁）参照）。ただし、配達日指定サービスによる送達を受け付けない裁判所も少数ながらあります。

　配達日指定サービスが利用できれば、預金口座への入金日が判明している場合、債権差押命令申立書とともに債権差押命令の送達日の指定を求める送

達申請書【書式17-3】を提出して、入金日当日に債権差押命令を送達することができます。

　ただし、配達日指定郵便では、送達時間までの指定はできないので、時間

〔図18〕 債権差押えフローチャート（申立てから差押決定まで）

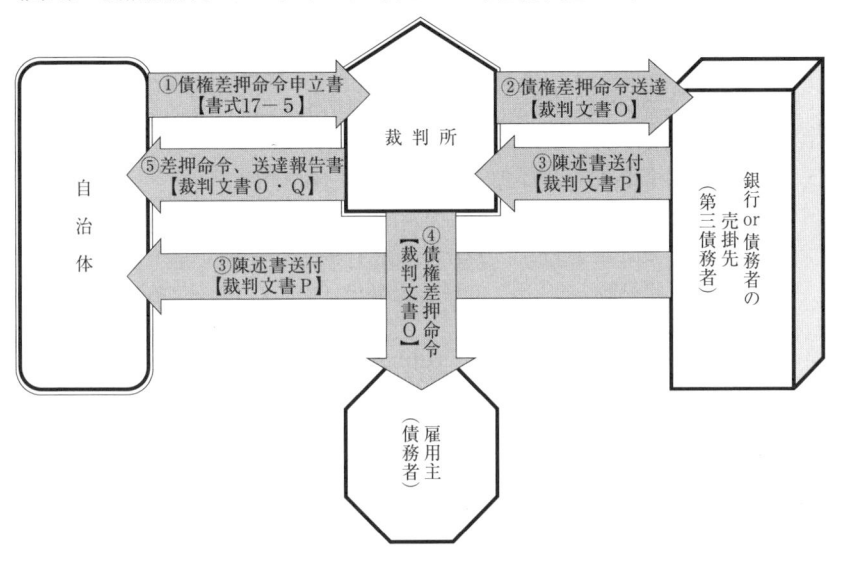

〔図19〕 債権差押えフローチャート（差押決定後）

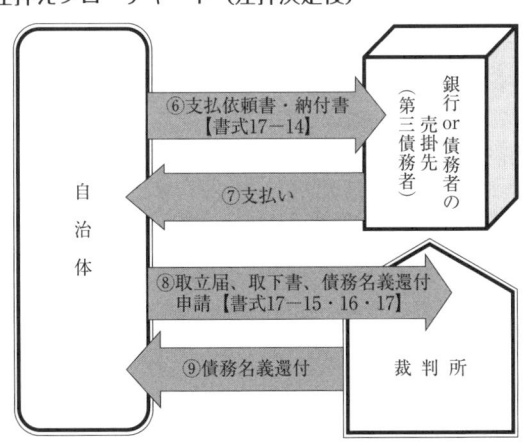

〔表8〕　債権差押命令申立進行確認表

◆債権差押命令申立　進行確認表

（月／日）事項

（　／　）債務名義（判決書等）受領

（　／　）債務者（雇用主）および差押え先銀行の資格証明書（商業登記簿謄本）
　　　　　公用取り寄せ

（　／　）執行文付与申請【書式17−1】、送達証明申請【書式17−2】

（　／　）債権差押命令申立書・一式提出

　□債権差押命令申立書【書式17−5】　　□印紙（4000円）

　□請求債権目録【書式17−7・8】　　　□当事者目録【書式17−6】

　□陳述催告の申立書【書式17−12】　　□差押債権目録【書式17−9・10・11】

　□陳述書送付用封筒　　　　　　　　　　□判決（執行文【裁判文書 M】付き）

　□送達証明【裁判文書 N】　　　　　　　□資格証明書（債務者および銀行）

　□代理人指定書【書式17−13】　　　　□郵券（　　　　円）

（　／　）銀行から、陳述書【裁判文書 P】受領

（　／　）裁判所から、債権差押命令正本【裁判文書 O】、送達通知書【裁判文書
　　　　　Q】受領

（　／　）差押先の銀行支店に電話。支払方法の確認（振込・取立て）
　　　　　銀行に支払依頼書（請求書）【書式17−14】を送付
　　　　　もしくは、銀行で臨場取立て

（　／　）銀行からの入金確認

（　／　）裁判所に取立（完了）届【書式17−15】提出

（　／　）滞納債権全額回収に至らなかった場合は、裁判所に取下書【書式17−
　　　　　16】、債務名義還付申請書【書式17−17】を送付
　　　　　（債権者の宛名を記載した返送用封筒と郵券を入れること）
　　　　　（取下書は、滞納額全額を回収できなかったときに提出）

（　／　）裁判所から、送達証明、債務名義受領

差で預金口座から預貯金の全額を引き出されるリスクは残ります。

4　配達時間帯の指定

金融機関（第三債務者）の開店と同時に債権差押命令を送達するためには、執行官送達によるほかありません。

債権差押命令申立書とともに送達日および送達時間を指定した送達申請書【書式17－4】を裁判所に提出します。

裁判所書記官が、送達日・送達時間の指定の申請を適当と認めると、送達実施機関として執行官を選定し、申請書に記載された送達場所に指定した時間に債権差押命令を送達するように、執行官に指示します。

執行官費用は、第16章第5（228頁）で記載しています。

執行官は、債権差押命令を第三債務者に送達すると送達報告書を作成し、裁判所に提出します。

第3　預金債権の差押え

1　第三債務者の預金調査の方法

第三債務者は、地方税の滞納者ではないので、国税徴収法141条に基づいて第三債務者（雇用主）の財産調査を行うことはできません。

事業者等への協力要請規定に基づき（地税法20の11）、地方税に関する調査について必要があるとして、第三債務者の取引先金融機関（銀行等）に対して任意の預金調査を行います。現時点では、債務名義（判決等）のコピーを添付して調査・照会すれば、95％以上の金融機関が回答してくれます（第18章第4（267頁）で詳述）。

2　預金債権差押えの書類の作成

(1)　債権差押命令申立書表題部

債権差押命令申立書の表題部は、【書式17－5】を参考にして作成してください。

債権差押命令申立後、裁判所書記官から記載の補正、書類追完の指示を受けることが多いので、必ず担当職員（指定代理人）につながる電話番号・内

線番号を申立書の表紙に記載します。

　(2)　当事者目録

　当事者目録は、【書式17－6】を参考にして作成してください。第三債務者とは、銀行等金融機関を指します。

　民事執行実務では、預金債権は、銀行の支店ごとに別個独立した債権としています。預金先の支店の特定がないと第三債務者の特定がなく、預金債権の差押えを認めない（債権差押命令が却下される）取扱いです。

　銀行の支店が差押え先の場合、銀行の本店住所の記載と「第三債務者送達先」として、支店名とその住所を記載します。

　(3)　請求債権目録

　請求債権目録は、【書式17－7】、【書式17－8】を参考にして作成してください。強制執行手続で、請求できる債権としては、元金、利息、遅延損害金、強制執行費用です。債務名義が仮執行宣言付支払督促の場合、支払督促の手続費用も併せて請求できます。

　債務名義が取立訴訟の判決（もしくは仮執行宣言付支払督促）の場合、利息、損害金は、判決主文で確定していることから、請求金額は確定額を記載します。

　なお、強制執行費用のうち差押命令送達料（郵便料金）として認められる額は、裁判所によって異なりますので、事前に差押命令を申し立てる裁判所の債権執行係に電話して確認しておきます。

　商業登記簿謄本（資格証明書）は、地方公共団体では、公用取得（職務上請求）できるので、執行費用として請求すべきでありません。

　(4)　差押債権目録

　差押債権目録の請求金額は、請求債権目録の合計額を記入し、それ以外の記載は、差押対象の金融機関により、銀行・信用金庫【書式17－9】、ゆうちょ銀行【書式17－10】、農業協同組合【書式17－11】で使い分け、書式をマル写しにしてください。差押債権目録は、この書式以外では、裁判所は債権差押命令を発令せず、また、金融機関も支払いに応じません。

(5)　陳述催告の申立書

陳述催告の申立てとは、差し押さえた預金債権が存在するかどうか、預金債権額がいくらか、第三債務者（銀行等）に支払意思があるか、他に競合する差押えがあるか、反対債権があるか等について第三債務者に回答を求める申立てです（民執規135）。

裁判所書記官が、第三債務者に債権差押命令と陳述催告書をいっしょに送る関係から（民執法147①）、陳述催告の申立書【書式17－12】は債権差押命令申立書と同時に提出します。印紙は不要です。

(6)　提出部数

債権差押命令申立書表題部【書式17－5】、当事者目録【書式17－6】、請求債権目録【書式17－7】、【書式17－8】、差押債権目録【書式17－9】【書式17－10】、【書式17－11】をホチキス留めし、1部作成します（〔図20〕）。

なお、各目録の欄外に捨印を押しておくと、訂正の必要があるときは、裁判所書記官から連絡があり、訂正してもらえます。自治体職員を代理人に指定した場合は、捨印も指定代理人の印鑑を押印します。

加えて、当事者目録、請求債権目録、差押債権目録のコピーを各3部から5部提出することになります。裁判所によって提出部数が異なるので、あらかじめ地方裁判所の債権執行係に電話して尋ねます。

各種目録のコピーは、裁判所が利用するものなので捨印を押してはいけません。

(7)　郵　券

予納郵券（切手）の額と種類は、裁判所によって異なりますが、費目は、〔表9〕のとおりであり、金額としては合計3300円程度です。

〔表9〕　差押命令正本送達費用

費　目	金額
第三債務者への決定正本特別送達費用	1220円
債務者への決定正本特別送達費用	1220円
債権者への決定正本普通郵便送達費用	110円
第三債務者の陳述書・債権者あて返送用書留郵便費用	590円
第三債務者の陳述書・裁判所あて返送用普通郵便費用	140円
合　計	3280円

⑻　封　筒

　債権差押命令送達用および第三債務者から債権者への陳述書送付用の封筒の提出を求める裁判所もあります。債権差押命令の申立前に、提出先の裁判所の債権執行係に電話し、必要となる切手の種類と枚数、封筒の数および申立人においてあて名書をするかどうかを確認します。各地方裁判所のホームページで、提出目録の枚数、切手の種類・額、封筒の枚数等を公表してほしいところですが、公表しているのは東京地方裁判所の民事執行センターのほか数か所のみです。

　債権差押命令申立時に提出する書類等は、〔表10〕のとおりです。

〔表10〕　債権差押命令・申立時必要書類

申立手数料	収入印紙	4000円		
送達用郵券		合計3300円程度		
申立書類	債権差押命令申立書表紙	正本1通	コピー3〜5通	【書式17−5】
	当事者目録			【書式17−6】
	請求債権目録			【書式17−7・8】
	差押債権目録			【書式17−9・10・11】
	陳述催告申立書			【書式17−12】
添付書類	債務名義（判決等）	1通		
	送達証明書	1通		【書式17−2】
	資格証明書（商業登記簿謄本）	債務者、第三債務者各1通		
	代理人指定書	1通		【書式17−13】
	封筒（債権差押命令送達用、陳述書送付用）	1〜3枚		

3　債務者の住所地の管轄裁判所への申立て

　債権差押命令の申立先裁判所は、債務者（雇用主）の住所地（本店所在地）を管轄する地方裁判所です。雇用主の本店所在地が遠隔地の場合は、書留郵便で申立書類一式を裁判所に送ります。

　債権差押命令申立後は、債権差押命令申立進行確認表〔表8〕で差押命令の進捗状況を追尾していきます。

4　第三債務者への債権差押命令と陳述催告書の送付

　執行裁判所は、債権差押命令を発令すると、まず第三債務者（銀行）に債権差押命令【裁判文書O】と陳述書【裁判文書P】を送達します。

　銀行は、債権差押命令を受領すると、預金等の払戻しを停止します。そして、陳述書に預金等の残金額と反対債権、優先する権利、ほかに競合する差押えの有無、支払意思等の有無を記載し、裁判所と債権者（自治体）に直送します。

〔図20〕　債権差押命令申立書作成図

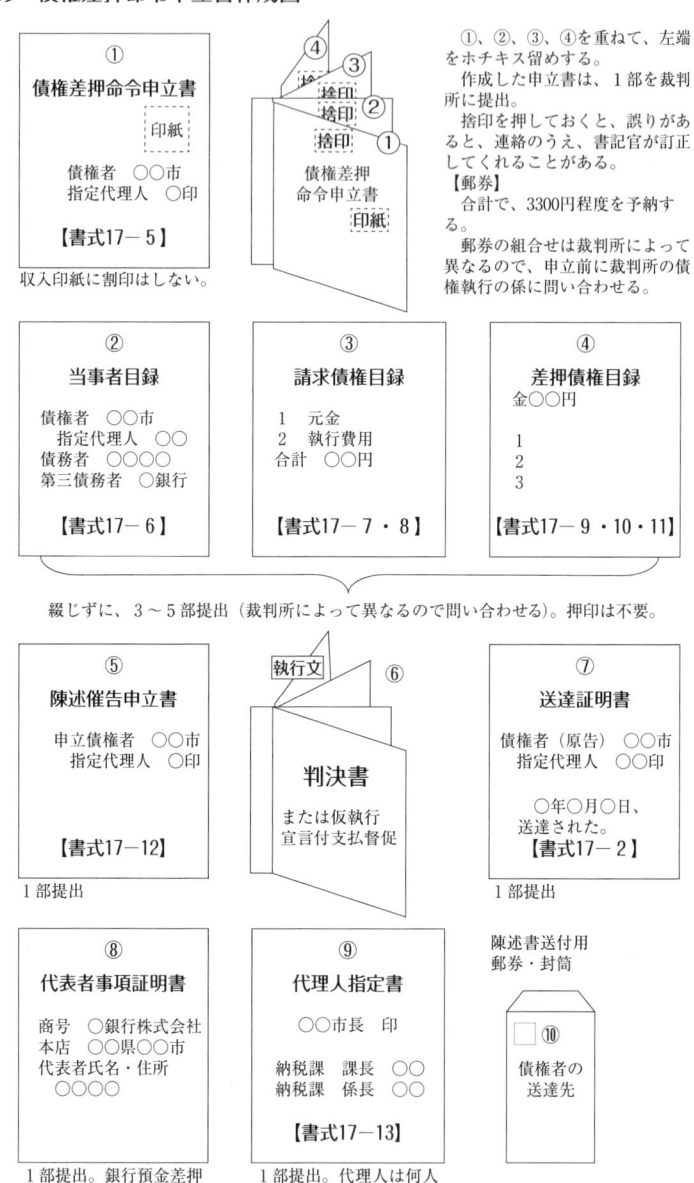

【裁判文書O】　債権差押命令

○年(ル)第○号

債　権　差　押　命　令

当事者　別紙当事者目録記載のとおり
請求債権　別紙請求債権目録記載のとおり

1　債権者の申立てにより、上記請求債権の弁済に充てるため、別紙請求債権
　目録記載の執行力ある債務名義の正本に基づき、債務者が第三債務者に対し
　て有する別紙差押債権目録記載の債権を差し押さえる。
2　債務者は、前項により差し押さえられた債権について、取立てその他の処
　分をしてはならない。
3　第三債務者は、第1項により差し押さえられた債権について、債務者に対
　し、弁済をしてはならない。

　　　○年○月○日
　　　○○地方裁判所　民事第○部
　　　　裁判官　　○　　○　　○　　○

　これは正本である。
　　　　　○年○月○日
　　　　　　　○○地方裁判所　民事第○部　債権執行係
　　　　　　　裁判所書記官　　○　　○　　○　　○　　㊞

【裁判文書Ｐ】　陳述書

債務者　○　○　○　○	事件番号	○年(ル)第○号

○年○月○日

陳　述　書

○○地方裁判所　御中
第三債務者　　　　　　　　　　　　　　　　　　　　　　　㊞
　　　　　　　　　　　　　　電話

　下記のとおり陳述します。

1　差押えに係る債権の存否	ある　　　　　　　　ない	
2　差押債権の種類及び額（金銭以外の債権は、その内容）	普通預金　　　　　　　預金　金額　　　　　　　　　　　円	
3　弁済の意思の有無	ある　　　　　　　　ない	
4　弁済する範囲又は弁済しない理由		
5　差押債権について、差押債権者に優先する権利を有する者（例えば、質権者）がある場合の記入欄	優先する権利者の住所、氏名	
	その権利の種類及び優先する範囲（金額）	

6　他の差押え（滞納処分又はその例による差押えを含む。）仮差押え、仮処分

税務署・裁判所等　事件番号	債権者の住所・氏名	差押え等の送達年月日	差押え等が執行された範囲（金額）

（注）①　1の欄で「ある」と陳述したときだけ2以下の欄を記入してください。
　　　②　2については、現存債権について記入するもので、命令正本記載の債権をそのまま記入するものではありません。
　　　③　5及び6の欄には、すでに取下げ又は取消しのあったものについては記入する必要はありません。
　　　④　この陳述書に記入しきれないときは、適宜の用紙を使用して横書きで記載してください。

【裁判文書 Q】　差押命令送達通知書

○年㈹第○号

送 達 通 知 書

債権者　○○市　　御 中

○年○月○日

○○地方裁判所　民事第○部　債権執行係

裁判所書記官　○　○　○　○　㊞

当事者の表示　上記事件の差押命令記載のとおり

上記当事者間の債権差押命令は下記の通り送達されました。

記

債務者 ○ ○ ○ ○	○年○月○日
第三債務者 ○○銀行株式会社	○年○月○日

5　債権者と滞納者への債権差押命令書、送達通知書の送付

　裁判所は、第三債務者（銀行）から陳述書が届いた後、債権差押命令を雇用主および債権者（自治体）に送付します。債権者には、債権差押命令の正本と送達通知書【裁判文書 Q】が同時に送付されることが通常です。

6　銀行からの取立て

　銀行から送付された陳述書に、預金債権金額が記載され、弁済の意思が「ある」と記載されていれば、銀行から取り立てます。

　差押債権の取立ては、債権差押命令が債務者（滞納者）に送達された後、1週間を経過しないとできません（民執法155①）。これは、債権の差押えを受けた債務者に差押え範囲の変更の申立て（同法153①）もしくは執行抗告をするための時間を与え（同法145⑤・10⑥）、債務者の権利行使の機会を保障するためです。

249

　差押え先金融機関支店が近辺であれば、債権差押命令の正本、身分を証明する書類（職員証、免許証等）、出頭する職員の認印、長の委任状を持参して、店頭まで出向き、払戻しの請求をすれば支払いを受けられます。

　銀行によって提出を求められる書類が異なるので、事前に差押え先の銀行の支店に電話をして必要書類を確認しておきます。

　また差押え先の支店に、事前に支払依頼書（請求書）【書式17－14】を送っておくと待ち時間も少なく確実に支払いを受けられます。

　差押え先の銀行の支店が遠隔地の場合、自治体の銀行口座に振り込んでもらう方法もあります。自治体の指定金融機関用の納付書が利用できれば、銀行に納付書を郵送します。

　差し押さえた預金債権が定期預金であった場合は、定期預金の中途解約による払戻しはできず、定期預金の満期日まで取立てはできません。

第4　売掛金債権の差押え

1　売掛金債権の特性

　第三債務者の財産の差押えとしては、預金債権が、最も利便性がよいものです。もっとも預金債権は、債権差押命令送達時に残高がゼロであれば空振りに終わります。

　売掛金債権の支払日は将来なので、支払日前に差し押さえておけば、空振りになることはなく、支払日に取り立てて支払いを受けることができます。

2　売掛金債権の調査方法

(1)　第三債務者の売掛先事業者の探索

　売掛金差押えのハードルは、売掛金債権を見つけることと、売掛金債権の特定です。

　第三債務者の売掛先（元請け等）事業者の調査は、第三債務者の預金調査により（詳しくは、第18章第4（267頁）参照）、入手した預金の取引履歴で振込元の事業者名を見つける方法があります。

　ほかには、官公署への協力要請（地税法20の11）に基づき、税務署に提出

されている第三債務者の確定申告書添付の決算書に記載された未収金の記載を確認する方法があります。あるいは、第三債務者の同業者からの聴取により行います。

(2)　売掛先事業者への売掛金の照会

事業者等への協力要請に基づき（地税法20の11）、地方税に関する調査について必要があるときとして、第三債務者の売掛先（元請け事業者等）に対して、売掛金の存否、その内容（発生原因、金額、履行日、履行方法等）を照会することになります。

税務署および売掛先への照会は、あくまで任意調査なので、回答を拒否された場合、対処の方法はなく、あきらめるほかありません。

3　売掛金債権の特定の方法

売掛金債権差押命令は、第三債務者の債権者（滞納者）に対し、差押債権の取立てその他の処分を禁止し、第三債務者に対しては、弁済を禁止する効力を発生させます。したがって、差押債権の表示は、第三債務者およびその債権者が、他の債権と識別できる程度に特定されていなければなりません。

差押債権を特定する要素としては、①差押債権の種類、②発生原因、③発生日時、④弁済期、⑤給付内容、⑥債権額等があり、これらの全部もしくは一部を記載して行います。

このような債権を特定する要素は、第三債務者と債務者が内部的に取り決める（契約する）事項なので、部外者である差押債権者は、内容を正確に把握できません。債権の特定を過度に求めれば、売掛金債権の差押えができなくなります。債権の差押えにあたって、どの程度の特定を要するかは、誤認、混同を生じるような他の債権の存否の可能性との関連で具体的事情により相対的に判断されます。

以下、代表的な売掛金である売買代金債権、請負代金債権、クレジット代金債権の差押債権目録の記載方法を紹介します。売掛金を差し押さえる場合でも、債権差押命令申立書【書式17－5】、当事者目録【書式17－6】、請求債権目録【書式17－7】、【書式17－8】の記載内容は同じです。

4　売買代金債権

(1)　単発的売買代金債権

個別の売買契約に基づく代金請求を差し押さえる場合、売買契約の締結日（売渡日、商品の引渡日）、売却物、売却代金を記載して、差押債権を特定します。

差押債権目録

　金550万円

　債務者が第三債務者に対して有する下記1および2の売買契約に基づく売買代金債権およびその内金の合計

記

1　債務者が第三債務者に対して、○年○月○日（頃に）売り渡した△△の代金300万円

2　債務者が第三債務者に対して、○年○月○日（頃に）売り渡した△△の代金300万円のうち250万円

---

(2)　売買品目（売買契約）が多いとき

売買品目、売買数が多いときは、「別紙一覧表記載」として、差押債権を特定することも可能です。ただし、最低でも売却した商品ごとに、日付、品目、数量、金額を記載しないと差押債権の特定に欠けることになります。

差押債権目録

　金○○万円

　債務者が第三債務者に対して有する、別紙一覧表記載のとおり、○年○月○日から○年○月○日までの間に売り渡した△△等の売買代金債権の合計

（別紙一覧表）

売渡日	品　目	数　量	金　額
○.○.○			
○.○.○			
○.○.○			
○.○.○			
合　計			

(3)　継続的売買（委託販売）に基づく代金債権

　同一当事者間で、継続的売買が行われている場合において、売買代金債権の発生の基礎となる法律関係が存在し、近い将来における売買代金債権の発生が確実に見込まれる場合には、将来発生する売買代金債権の差押えも可能です。

　ただし、継続的売買契約に係る基本契約（取引基本約定等）が締結されていない場合（もしくは基本契約を特定しうるだけの事実を把握できない場合）は、民事執行法151条の継続的給付債権に該当するといえないことおよび第三債務者の負担と将来債権の発生の確実性に鑑み、反復取引に係る売買代金債権については、差押命令の送達日から将来発生する6か月分の売買代金に限って認める扱いとなっています（『民事執行の実務㊤』143頁・169頁）。

差押債権目録

　金○○円
　債務者と第三債務者間の継続的売買（or 委託販売）契約に基づき、債務者が第三債務者に対して有する△△の売掛代金債権（or 売上金の返還請求権）にして、本命令送達日以降6か月以内に支払期の到達するものにして、支払期の早いものから頭書金額に満つるまで

---

(4)　基本契約に基づく継続的売買代金債権

　基本契約（継続的売買契約）を締結して、反復継続的な売買が行われている場合、継続的給付債権に該当します（民執法151）。基本契約を契約の種類

（基本契約であること）、契約時期、目的物、期間等により特定すれば、個々の商品の売渡しの内容の特定（品目、数量、金額）は不要で、継続的な売買契約の特定が可能です。

　継続的給付債権では、差押債権額に満つるまで、将来発生する債権全部に差押えの効力が及びます（民執法151）。

差押債権目録

　金○○万円

　債務者と第三債務者との間の下記継続的な売買契約に基づき、債務者が第三債務者から支払を受ける売買代金債権にして、支払期の早いものから順次頭書金額に満つるまで

記

　基本契約名　　○○

　契約締結日　　○年○月○日

　売買目的物　　△△

　契約期間　　始期○年○月○日、毎年自動更新

　代金支払方法　　毎月末日締め翌月○日支払

5　請負業務（工事）代金債権

（1）　単発的請負代金債権

　請負代金債権の差押えでは、請負業務（工事）の内容をできるだけ詳しく記載して、請負契約を特定しなければなりません。

　もっとも、工事名称、工期、工事代金が判明しない場合でも、債務者と第三債務者との請負契約が、一回限りであれば、工事内容と工事場所程度で、債権の特定として十分な場合もあります。

差押債権目録

　金○○円

　債務者と第三債務者との間の下記1ないし○の工事請負契約に基づき、債務者が第三債務者に対して有する請負代金債権で、支払期の早いものから頭書金額に満つるまで

記

1　工事名　　　○○○○

　　工事場所　○県○市○町５－６－７△△ビル　○号室

　　工事内容　内装解体・廃棄物処理

　　契約締結日（発注日）　○年○月○日

　　工期　○年○月○日より○年○月○日まで

　　工事代金　○○円

2　・・・・・

(2)　継続的請負に基づく請負代金債権

　同一当事者間で、継続的に請負業務が行われている場合において、請負代金債権の発生の基礎となる法律関係が存在し、近い将来における請負代金債権の発生が確実に見込まれる場合には、将来発生する請負代金債権の差押えも可能です。

　ただし、継続的請負契約に係る基本契約が締結されていない場合（もしくは基本契約を特定しうるだけの事実を把握していない場合）は、民事執行法151条の継続的給付債権に該当するといえないこと、第三債務者の負担と将来債権の発生の確実性に鑑み、反復取引に係る請負代金債権については、差押命令の送達日から将来6か月分の差押えに限って認める扱いです（『民事執行の実務(上)』146頁・169頁）。

　継続的請負としては、ビル、機械、パソコンなどの保守管理契約、傭車での運送契約などがあります。

差押債権目録

　金○○円

　債務者が、下記継続的な請負業務について、○年○月○日から○年○月○日までの間に、第三債務者から支払を受ける請負代金債権にして、支払期の早いものから頭書金額に満つるまで

記

業務場所　○県○市○町5－6－7△△工場内

請負業務　自動車焼付塗装業務

支払方法　毎月末日締め翌月○日支払

(3)　基本契約に基づく継続的請負代金債権

　基本契約（継続的請負契約）を締結して、反復継続的に請負業務が行われている場合、請負代金債権は、継続的給付債権に該当します（民執法151）。基本契約を契約の種類（基本契約であること）、契約時期、目的物、期間等により特定すれば、個々の請負業務の特定は不要で、継続的に発生する請負債権を特定することが可能です。

　継続的給付債権では、差押債権額に満つるまで、将来発生する債権全部に差押えの効力が及びます（民執法151）。

差押債権目録

　金○○円

　債務者と第三債務者との間の下記請負契約に基づき、○年○月○日から○年○月○日までの間に、債務者が第三債務者から支払を受けるべき請負代金債権のうち、支払期の早いものから頭書金額に満つるまで

記

契約名　　商品配送請負契約

配送品目　日用雑貨、食料品等

配送区域　○県内の市町村

請負業務内容　コンビニエンスストアの商品配送

契約締結日　○年○月○日

支払方法　毎月末日締め翌月○日支払

第5　クレジットカード代金債権の差押え

　クレジットカード代金の差押えは、クレジットカード会社と加盟店との契約の解約事由となります。顧客とクレジットカードによる決済ができなくなることから、業種によっては、事業の存続に係わります。また、裁判所は、

将来6か月分のクレジット代金債権の差押えを認めており、効果的な差押え
です。

　もっとも、第三債務者（雇用主）がどこのクレジットカード会社と加盟店
契約を締結しているのか、その調査は簡単ではありません。クレジットカー
ドによる支払いを取扱っている店舗であっても、クレジットカード会社と直
接加盟店契約を締結しておらず、決済代行会社を利用している場合がありま
す。また、関連会社から名義借りをしている場合もあります。

　クレジットカード代金の決済手段は、複雑で、差押債権目録の債権を特定
する表現も読み取りにくいものとなります。下記、差押債権目録の記載をマ
ル写しにして、債権差押命令の申立てをしてみてください。

差押債権目録

　金○○円

　ただし、○年○月○日から○年○月○日までの間に支払期が到来する下記の
各債権にして、支払期の早いものから、支払期の同じものについては下記記載
の順序により、頭書金額に満つるまで

記

1　債権譲渡代金支払請求権

　債務者と第三債務者との間の継続的な加盟店契約に基づき、第三債務者発行
のカード又は、第三債務者が債務者に取扱いを承認したカードを債務者に提示
した者に対して、債務者が商品の販売又は役務の提供（信用販売）をしたこと
によって取得した債権を第三債務者に譲渡することを合意したことにより、債
務者が第三債務者に対して有する信用販売に基づく債権譲渡代金の支払請求権

2　立替払金支払請求権

　債務者と第三債務者との間の継続的な加盟店契約に基づき、第三債務者発行
のカード又は第三債務者が債務者に取扱いを承認したカードを債務者に提示し
た者に対して、債務者が商品の販売又は役務の提供（信用販売）をしたことに
よって取得した債権を信用販売の買主に代わり第三債務者が立替払いをするこ
とを合意したことにより、債務者が第三債務者に対して有する信用販売に基づ
く立替払金の支払請求権

第6　強制執行の完了

1　取立完了届の提出

　銀行からもしくは売掛先から差押債権を取り立てたときは、回収した金額を記入した取立完了届【書式17－15】を裁判所に提出します（民執法155③）。

　債権を全額取り立てたときは、債務名義（仮執行宣言付支払督促もしくは執行文付き判決文）の返還は受けられません。

2　債権差押えの不奏功もしくは全額回収に至らなかった場合

　債権差押えが不奏功に終わり、請求金額の全額を回収できなかった場合、次の強制執行に備えて、裁判所から債務名義（判決書等）を返してもらう必要があります。

　裁判所に取下書【書式17－16】3通、債務名義還付申請書【書式17－17】1通、切手を貼った返信用の封筒を提出すると、送達証明と債務名義の返還が受けられます。

　なお、東京地方裁判所の取扱いでは、債権差押命令の送達とともに、取立完了届、取下書、債務名義還付申請書の定型用紙が送られてきます。

第 8 編
第三債務者の財産調査

第18章　給与支払者の財産調査の方法

第 1　第三債務者の財産調査の必要性

　滞納者に対して債務を負う第三債務者（銀行、雇用主、取引先）は、滞納者の財産を占有する第三者として財産調査の対象者となります（徴収法141二）。

　しかし、第三債務者は、租税の滞納者ではないので、第三債務者が所有する財産の調査は、国税徴収法の質問検査権の行使として行うことはできません。

　差押債権取立訴訟で第三債務者が敗訴しても、第三債務者が任意に支払いをしないときには、民事執行法によりその財産（債権を含む）を差し押さえたうえで、強制換価するかもしくは債権を強制的に取り立てる必要がありますが、差し押さえる財産（具体的には預金口座等）をどのようにして発見するか、適正公平な徴収の実現のために、実務上の工夫が必要になります。

第 2　金融機関に対する任意の預金調査

1　任意による預金調査の実績

　本書初版発刊（2020年10月）以降、公金債権（私債権を含む）の徴収において、法令上の財産調査権がなくても、債務名義（判決、仮執行宣言付き支払督促）のコピーと債務者の同意書等を添付して、金融機関に対し任意の預金照会を行うことで、95％以上の金融機関から回答を得られるという実務慣行が定着してきました。

2　事業者等への協力要請

(1)　事業者等への協力要請規定の整備

こうした実務を後追いする形で、令和2年の地方税法改正により、地方税法20条の11に従前の官公署等への協力要請に加えて、事業者等への協力要請が追加され、第三債務者の取引先金融機関に対する預金調査に法的根拠が与えられました（地方税取扱通知一般事項62(1)）

この地方税法の改正により徴税吏員は、地方税に関する調査について必要があるときは、滞納がない者（第三債務者）の取引先事業者（金融機関）に対しても、当該調査に関し参考となるべき簿書の閲覧または提供、その他の協力要請ができることが明確になりました。

事業者等への協力要請の規定が整備される前は、任意調査について法令上の根拠はなく、強引に地方自治法240条を引用して照会していましたが、今後は第三債務者の預金調査が飛躍的にやりやすくなります。

(2)　事業者等への協力要請の要件

(A)　事業者

事業者等への協力要請にいう事業者とは、「商業、工業、金融業、鉱業、農業、水産業等のあらゆる事業を行う者をいい、その行う事業についての営利・非営利の別は問わない」とされます（徴基通146条の2関係1－2）。

(B)　地方税に関する調査の必要性

事業者等への協力要請は、「滞納処分のため滞納者の財産を調査する必要があるとき」（徴収法141本文）に限られず、より広く「地方税に関する調査の必要」があるときに行うことができます（徴基通146条の2関係1）。

したがって、地方税の徴収に必要な事項であれば、滞納処分による強制徴収だけでなく、民事執行法による財産の差押えのためであっても、滞納者以外の者の財産を調査するためであっても、協力要請できます。

(C)　参考となるべき簿書・資料

預金口座の有無および取引履歴、預金残高は、参考となるべき簿書に該当します。

3　事業者等への協力要請の性質

(1)　任意調査

事業者等への協力要請は、協力要請を受けた相手方に、回答や協力を法律上強制するものではなく、任意調査です。

(2)　事業者等への協力要請に期待される対応

協力要請を受けた官公署、事業者等は、照会を受けた事項について滞納処分に関する調査の必要性と自ら負う守秘義務により保護される法益との比較衡量により、回答・協力の諾否を判断することになります。

官公署等は、行政目的を阻害せず、業務上支障がない範囲で、できるだけ回答・資料提供等の協力がなされることが期待されます（地方税取扱通知一般事項62⑶）。

事業者等も、地方団体の収入の確保、租税の公平な徴収の実現を目的とした公益性の高い調査であることから、要配慮個人情報、機微情報等、個人の思想・良心・精神の自由に対する侵害が想定されない財産上の調査であれば、回答・協力に応ずべきことが期待されます。このような理由もなく調査に応じないときは、法的保護に値しない自らの事業利益を優先するものとして、社会的な規範・倫理に違反し、コンプライアンス違反として指弾されるというべきです。

4　個人情報保護法による個人データの第三者提供の制限

個人情報の保護に関する法律は、個人情報取扱事業者に対して、本人の同意を得ないで、個人データを第三者に提供することを原則として禁止しています（個人情報保護法27①本文）。

ただし、法令に基づく場合には、本人の同意を得ないで、個人情報を第三者に提供することが可能となります（個人情報保護法27①一）。

この点、個人情報保護委員会作成の「『個人情報の保護に関する法律についてのガイドライン』に関する Q&A」の1-6では「個人情報保護法の例外規定の『法令に基づく場合』には、どのようなものがありますか」という旨のQについて、Aでは「次のようなものが考えられます」として27の法令が

列挙され、その中に「地方税法第20条の11に基づく徴税吏員による地方税に関する調査に係る協力要請」への対応が掲げられてます。

　また、個人情報保護委員会事務局作成の「金融機関における個人情報保護に関するQ&A」の問Ⅵ－5では、社会福祉事務所の生活保護法29条に基づく報告の求めについて、第三者（社会福祉事務所）が情報の提供を受けることについて法令上の具体的根拠があることから、「法令に基づく場合」に該当し、社会福祉事務所に個人データを提供する際に本人の同意を得る必要はないと記載されています。そして「個人情報の保護に関する法律についてのガイドライン」に関するQ&Aの1-63で列挙された27法令には、生活保護法29条も挙げられており、生活保護法29条と地方税法20条の11は、情報の提供を受けることができる具体的な法的根拠として同列に扱われていることがわかります。したがって金融機関は、徴税吏員から地方税法20条の11に基づく事業者等への協力要請として調査を受けた場合には、「法令に基づく場合」として、個人データを提供する際に本人の同意を得る必要はないことになります。

5　事業者等に対する協力要請の方法

　事業者等に対する協力要請を行う具体的な場面としては、第三債務者の取引先金融機関に対する預金調査が主なものとなります。地方税法20条の11に基づく調査であることを書面上に明示して記載し、金融機関に預金照会書【書式18－1】を送付します。

　金融機関の協力を促すため、照会書には、調査の目的・事実関係も簡単に記載します。すなわち、調査対象者は第三債務者（雇用主）であり、差し押えた給料債権の取立てのために必要であることがわかるように記載します【書式18－2】。

　事業者等への協力要請（地税法20の11）に基づく調査の場合、債務名義の添付は必須要件ではありませんが、債務名義を添付することによって回答が得やすくなる可能性があります。

> **Q18－1　国税徴収法141条の財産調査権がない場合でも任意の預金調査をしてよいか。任意調査で回答を得られるか。**

A　任意の預金調査は自由に行ってかまいません（「徴収法精解」141条二）。地方税法20条の11に基づく事業者等に対する協力要請であることを明示して、預金調査を行えば、将来的に債務名義（判決、仮執行宣言付き支払督促）のコピーの添付資料なしで、調査書のみで回答を得られるようになってゆくはずです。

　㋐　任意調査の法的強制力

　法律上、財産調査権のない自治体債権であっても、任意の財産調査（預金照会）を行うことは可能であり、違法ではありません。もっとも、任意調査であることと、銀行・信用金庫とも商慣習上または預金契約上の守秘義務を負うので（最決平19・12・11民集61巻9号3364頁）、常に金融機関の協力が得られるとは限りません。回答を拒否され、あるいは照会を放置されても、対応策はなく、受け入れるほかありません。

　㋑　事業者等への協力要請の事実上の効果

　ただし、第18章第2（259頁）〜第4（267頁）で、記載したように、事業者への協力要請（預金照会）が公益性の高い調査であること、地方税法20条の11に基づく法令上の調査であり、個人情報保護法の個人情報の第三者への提供の禁止にも違反しないことから、今後は、預金照会に回答しない金融機関は、ほとんどなくなることが想定されます。

　特に債務名義を添付することなく、任意の預金調査で回答を得られれば、第三債務者を指定して取立訴訟をする前に第三債務者の支払能力を見極めることが可能になり、滞納処分事務の省力化を図ることが可能となります。

　㋒　任意調査は、違法なバラ撒き調査ではないか

　任意での第三債務者の預金情報の照会は、金融機関に対して、滞納処分庁の請求に対して第三債務者が支払いをしていない事実を間接的に告知する結

果をもたらします。

　第三債務者の預金調査が、事業者等への協力要請に基づくもので法的根拠があること、その調査は、適正公平な公金債権の徴収という公益目的によるものであることからすれば、個々の預金調査が違法な個人情報の集収ということはできません。

　自治体が、自ら有する庁内情報を利用しても第三債務者の財産を発見できず、かつ第三債務者住所もしくは所在地周辺の一定の区域に絞って調査をするのであれば、複数の預金調査を行っても、違法な個人情報の提供には該当しないというべきです。

第3　庁内情報の目的外利用・共有

1　自庁税務課が保有する情報の利用

> **Q18-2**　第三債務者（雇用主）の市税の振替口座情報、還付金の振込先口座情報、または、第三債務者が市税を滞納したことから国税徴収法141条調査により得た第三債務者の財産情報を、差押給料債権の取立てのために利用できるか。

A　地方税法22条の守秘義務に違反せず利用できます。

　税務担当課が保有する納税者の口座情報、国税徴収法141条の調査によって取得した財産情報は、地方税法22条の「秘密」には該当します。

　しかし、地方税法22条の「秘密を漏らし」とは、秘密事項を知らない第三者に秘密を告知することであり、税務担当課が保有する財産情報を、同じ税務担当課内で、利用することは、「秘密を漏らし」に該当しません。

　また、地方税法22条の「窃用した」とは、地方税の調査事務等に関して知り得た秘密を地方税の調査・徴収事務従事者が自己または第三者の利益のために用いることをいいます。取立訴訟で得た債務名義の実現ひいては地方税

の賦課・徴収の公益目的のために利用する場合は、「窃用した」に該当しません。

　したがって、滞納処分によって差し押さえた給料債権を取り立てるため、同じ税務（賦課および徴収）担当課内で、第三債務者の財産情報を利用することは、地方税法22条の構成要件に該当せず、守秘義務に違反しないので、利用できます。

2　庁内情報の利用

> **Q18－3**　水道料金、給食費、保育料の振替口座、児童手当て等の給付金、自治体の還付金の振込先口座情報を、差押給料債権の取立てに利用してよいか。

　官公署等への協力要請（地税法20の11）であることを明示して、文書で庁内照会を行い、地方公務員法の守秘義務の解除が認められる事由があれば、預金情報の提供を受けて、利用してかまいません。

　㋐　問題点

　滞納税の徴収のために、税務所管課以外の部署が保有する預金口座情報の提供を受けて利用する場合、地方公務員法の守秘義務と個人情報保護法の行政機関等における個人情報等の取扱いのうち目的外利用の禁止が問題となります。

　㋑　行政機関の個人情報の目的外利用・提供の制限

　たとえば、保育料の振替口座の情報は、保育料の支払いを目的として得た情報であって、滞納税の徴収のために提供、利用する場合には、目的外利用となります。

　行政機関の保有する個人情報について、個人情報保護法は、法令に基づく場合を除き、原則として利用目的以外の目的のために保有個人情報を自ら利用し、または提供することを禁止しています（個人情報保護法69①）。

　目的外利用が認められる「法令に基づく場合」とは、個人情報保護委員会

作成の「個人情報の保護に関する法律についてのガイドライン（行政機関等編）」の5-5-1によれば、「法令に基づく情報の利用又は提供が義務付けられている場合のみならず、法令に情報の利用又は提供の根拠規定がおかれている場合も含む」とし、「他方で、具体的な情報の利用又は提供に着目せず行政機関等の包括的な権能を定めている規定がある場合に当該規定のみに基づいて行う個人情報の取扱いは、『法令に基づく場合』には当たらない」としています。

　個人情報保護委員会事務局作成の「個人情報の保護に関する法律についての事務対応ガイド（行政機関等向け）」の4-5-1には、「法令に基づく場合」の【該当しうる法令の例】に地方税法20条の11は挙げられていませんが、官公署等に対する協力要請（地方税法20の11）は、地方税に関する調査について必要のあるときに、当該調査に関し必要となるべき簿書・資料の提供を求めるもので、具体的な情報の利用または提供に着目した根拠規定であり、「法令に基づく場合」に該当するといえます。

　なお、地方税法20条の11によって他の官公署等へ協力を求めることができる以上、自庁が保有する第三債務者の振替依頼書等の申告書類等について、調査の協力を要請できることは当然です（月刊「税」2024年8月号79頁「ここが知りたい最新税務Q＆A徴収関係」1債権の差押え及び取立てに関する裁判例）。

　よって、官公署等への協力要請に応じて、預金情報を提供し、利用することは、個人情報保護法違反となりません。

　㈦　地方公務員法の守秘義務の解除

　地方公務員法の守秘義務は、行政の執行に支障をきたし、行政目的の達成に困難を生じて、地方公共団体の利益を害することがないように地方公務員に課せられた義務です。地方公務員法の守秘義務の保護法益は、公務そのものであり、保護の客体は、地方公共団体の行政運営上の秘密です。地方公務員法の守秘義務によって、反射的に個人のプライバシーを守る結果となっても、その保護法益は個人の秘密ではありません。

　このように地方公務員法の守秘義務の保護法益が公務である以上、公務を

司る任命権者もしくは地方公共団体自らが、その保有する情報の利用、提供、共有を認めるのであれば、地方公務員法の守秘義務は解除されます。具体的には、条例（債権管理条例等）に庁内情報の利用・共有を認める条項がある場合あるいは決裁権者の許可決裁がある場合には、地方公務員法の守秘義務は、解除されます。

　なお、水道料金、給食費、保育料等の徴収担当職員は、地方税の調査・徴収事務従事者ではないので、地方税法22条の守秘義務は課せられていません。

(エ)　利用できる情報の範囲

　照会を受けた情報を保有する所管課は、照会を求めた事項についての調査の必要性と守秘義務の内容の比較衡量により、回答の要否、諾否を判断することになります。担当所管課の行政目的を阻害せず、所管事務の業務遂行上支障がない範囲については守秘義務を理由に協力を拒否することはできません。

　滞納者の口座情報に限った情報の提供であれば、行政目的の阻害、業務上支障は想定し難く、滞納税を徴収する必要性が優先され、目的外提供・利用が可能であるといえます。

第4　庁外の公共団体の情報の利用

　徴税吏員は、行政共助として、官公署または政府関係機関に、地方税に関する調査に関し、資料の閲覧・提供等の協力を求めることができます（地税法20の11）。

　たとえば、税務署で、雇用主の確定申告書を調査して取引銀行や売掛金先の会社名を確認することが考えられます。もっとも行政共助を根拠に、租税滞納者でない者の確定申告書の閲覧を、税務署が認めるかどうかは、それぞれの事案により異なり断られることもあります。そうであっても最初から諦めることなく、差押えに至った経緯を説明し、税務署に確定申告書の閲覧申請をしてみることです。

第5　民事執行法による第三者からの情報取得手続

1　民事執行法改正

　令和元年民事執行法の改正により、第三者からの情報取得手続が設けられ、給与債権、預貯金債権に係る情報取得手続については、2020年4月1日から施行されました。本項の目的が、雇用主の財産調査であることから、以下、預貯金債権の情報取得手続に絞って述べてゆきます。

2　第三者情報取得手続のメリット

　第三者からの情報取得手続の最大の利点は、裁判所の情報提供命令という圧力を背景にして、金融機関（以下、民執法207条にあわせて「銀行等」という）の全本支店が有する口座情報の取得が可能なことです。自治体からの任意調査に応じない銀行等も、預貯金情報取得手続の申立てにより預貯金債権について回答する可能性があります。

3　提供される情報の限界と情報提供通知

　銀行等が提供すべき情報は、債務者名義の預貯金債権の有無、取り扱い店舗、預貯金債権の種別、口座番号、残高のみです（民執規191①）。取引履歴の情報は得られません。

　また、裁判所の情報提供命令とはいえ、情報の不提供による罰則はなく、強制する手段はないので回答が得られないこともありえます。

　また、裁判所は、債務者に対して情報提供後1か月経過した時点で、第三者（銀行等）から情報提供があったことを債務者に文書で通知します（民執法208②）。したがって、預金情報を得た自治体は、情報を得てから1か月以内に、民事執行法による預金債権の差押えをしなければ、債務者が預金を引き出してしまい、預金債権の差押えが、不奏功になる可能性があります。

4　第三者情報取得手続の条件

(1)　債務名義を有すること

　第三者情報取得手続申立には、執行力のある債務名義が必要です。すなわち、訴訟、即決和解、民事調停もしくは支払督促等を行っていることが申立ての前提です。

268

(2)　強制執行の不奏功

　さらに、第三者に対する情報提供命令が認められる要件として、申立て前6か月以内に強制執行を行い配当等の手続きで金銭債権の完全な弁済を得ることができなかった事実、あるいは知れている財産に強制執行を実施しても金銭債権の完全な弁済を得られないことの疎明が必要です（民執法197①一・二）。

　これは、申立債権者にとってかなり高いハードルです。

　すなわち、債務名義の取得後、さらに配当が行われる強制執行（不動産の競売もしくは差押えが競合した場合の預金債権差押え等）を行って、債務全額の弁済を受けられなかった事実がなければなりません。

　もしくは、強制執行を行っても債務全額の弁済を受けられないことの疎明が必要となります。その疎明のための財産調査事項、収集すべき資料は多岐にわたります。まず債務者の住所地、所在地の不動産が債務者の所有かどうかを不動産登記簿で確認し、所有する不動産を発見した場合、その不動産では完全な弁済を得られないこと（例：オーバーローン）の疎明書類が必要です。

　次に、預貯金がある銀行等の名称および支店名と預金残高の報告もしくは預貯金の調査を行ったことの報告が必要です。その疎明資料としては、預貯金の債権差押命令と第三債務者からの陳述書もしくは弁護士会照会による銀行等からの回答書、自治体の場合は任意の預金調査に対する銀行等の回答書が必要になります。預金残高がある預貯金口座を発見できないからこそ、第三者情報取得手続の申立てをするのに、預貯金の調査をさせて、その結果報告を求めることは理解に苦しむところです。

　ほかに、債権者が知っている債務者の保有する保険金、株式、貸付金、暗号資産（仮想通貨）等の報告が必要です。さらに債務者が法人の場合には、債権者が知っている債務者の営業上の債権（売掛金、業務報酬権等）、動産類の報告が必要です。

5　第三者情報取得手続の申立てを利用する場面

以上のように、銀行等に対する預貯金調査を行った後でしか、第三者からの情報取得手続申立ができないことから、情報取得手続申立の利用は、自治体の任意の預金照会に応じない大手銀行等を対象者として申し立てる場合くらいに限られそうです。

6　第三者情報取得手続の概要

(1)　管轄裁判所

第三者からの情報取得手続申立先は、債務者の所在地を管轄する地方裁判所となります。

(2)　申立人および債務者

申立人は、執行力のある債務名義の正本を有する金銭債権の債権者です。

(3)　第三者

情報提供を求める相手は、銀行、信用金庫、農業協同組合、ゆうちょ銀行などになります（民執法207①一）。債務者が預金口座を有していると予想される複数の銀行等を同時に選択して、申し立てることも可能です。

(4)　申立書類・費用

申立ては書面で行う必要があります。申立てに際して必要となる書面の種類と数、費用は、第三者からの情報取得手続申立必要書類・費用一覧表に記載しました。

第三者からの情報取得手続の書式のひな型は、東京地方裁判所民事第21部（民事執行センター）のホームページで公開されています。また、東京地方裁判所民事執行センターによる「第三者からの情報取得手続の運用イメージ」（金融法務事情2132号 6 頁）に、詳しい解説があります。

◎　申立必要書類・費用

申立手数料	債務者1名につき収入印紙 （情報の提供を求める第三者の数は関係ない）		1000円
予納金	第三者（銀行等）1社5000円。1社増すごとに4000円追加		―
送達用郵券	申立人への情報提供命令の送達費用		1220円
	第三者への情報提供命令の送達費用		1社につき 1220円
	保管金納付書送達用		110円
	情報提供書送達費用（第三者の数×書留郵便料金）		―
	債務名義等還付送達費用		書留郵便料
申立書類	第三者からの情報取得手続申立書		1通
	当事者目録		
	請求債権目録		
	財産調査結果報告書		1通
	債務名義等還付申請書		1通
申立書 添付書類	申立人住所を記入した郵便料金受取人払封筒（第三者の数）		―
	執行力ある債務名義＋送達証明 仮執行宣言付支払督促＋送達証明		どちらか
	第三者全員の資格証明書（商業登記簿）		―
	債務者の住民票		1通
財産調査 結果報告書 添付書類	不動産 関係	不動産登記簿 賃貸借契約書 債務者の所有でないことを疎明する文書	いずれか
		固定資産評価証明書＋公課証明書 不動産業者の評価書・査定書 不動産を強制競売しても無剰余であることを疎明する文書	いずれか
	預貯金	預貯金の債権差押命令＋第三債務者の陳述	

| | 関係 | 書
債権配当事件の直近の配当表
弁護士会照会による銀行等からの回答
債務者の預貯金に関する調査報告書
自治体からの預金照会に対する回答書 | いずれか |
| | その他 | 保険金、株式、貸付金、暗号資産（仮想通貨）の調査報告書 | |

Q18－4 判決を得ても財産調査権がなく、雇用主の財産（預金口座等）を発見できないので、訴訟は無駄ではないか。

A 　訴訟を行うことは無駄ではありません。

　訴訟の目的は、判決（債務名義）を得て、債務者の財産を差し押さえることだけが目的ではありません。債務者の敗訴リスクの圧力を背景に、訴訟手続の遂行過程で任意の支払いを促すことが実質的な目的です。

　実際に滞納処分による給料差押え後の取立訴訟では、判決前の訴訟継続中に、8割以上の事業主が支払いに応じてきます。雇用主の財産の存否が不明であっても、訴訟進行の過程で自主納付が期待できるのですから、訴訟を行うメリットは多大です。

　訴訟により、判決（債務名義）を得られれば、任意の預金調査に対する銀行等の回答率は飛躍的に高まります。まず、財産調査権がないので預金が発見できないという先入観が完全な誤りです。

　また、第18章第5（268頁）で述べたように改正民事執行法は、債務名義を有する債権者が第三者（銀行等）から債務者の預貯金債権に係る情報を取得する手続を新設しました。この点からも執行力のある債務名義を得ることによって、財産調査権を得ることができるといえます。

　財産調査権がないから訴訟をしないというのは思考の順序が逆で、財産調

査権を獲得するために訴訟をするのです。なお、事業者等への協力要請（地税法20の11）に基づき、銀行等に対して第三債務者の預金調査を行い、回答があって差押えに見合うような預金残高がない場合は、取立訴訟を諦めるという選択肢もありえます。もっとも、従業員を雇用し、事業を継続している第三債務者の預金残高が、差押えた給料の額より少ないことは想定し難いです。

【書式2－1】

第9編
書　式

【書式2－1】　金融機関への照会書（振込元金融機関・振込人名・住所）

〇年〇月〇日

〒〇
〇〇市金融町10－11
　　株式会社〇〇銀行　〇〇支店　　御　中

〇〇市長
〇　　〇　　〇　　〇

仕向金融機関名・振込人等について（照会）

　市税の徴収上必要があるため、国税徴収法第141条の規定に基づき、次の口座へ振込みを行った者について、その仕向金融機関・支店・口座番号及び振込人氏名（漢字もしくはアルファベット表記でふりがなも記載してください）、住所及び連絡先電話番号を照会します。

　つきましては、お忙しいところ大変申し訳ありませんが、調査のうえ別紙「仕向金融機関名・振込人等について（回答）」にて御回答くださるようお願いします。なお、御回答は電算打ち出しや伝票の写し等貴行の任意の様式でも構いません。

調査対象口座（〇〇支店扱い）

口座名義人	口座の種類	口座番号
〇〇〇〇（フリガナ）	普通	・・・・・・・

調査対象取引

	入　金　日	入　金　額（円）	振　込　人（摘　要）
1	〇年〇月〇日		〇〇〇〇（カ
2	〇年〇月〇日		〇〇〇〇
3			
4			

【連絡先】〒〇　〇〇市処分町1－2－3
〇〇市納税課（担当〇〇）
電話〇－〇－〇　内線〇〇

274

【書式2－2】 金融機関からの回答書（振込元金融機関・振込人名・住所）

〇年〇月〇日

(あて先) 〇〇市長 〇 〇 〇 〇
(担当〇〇)

(回答者)
所在地
名　称
担当者

仕向金融機関名・振込人等について（回答）

〇年〇月〇日　付けで照会のありました事項について、次のとおり回答します。

調査対象口座（〇〇支店扱い）

口座名義人	口座の種類	口座番号
〇〇〇〇（フリガナ）	普通	・・・・・・・

調査対象取引

	入 金 日	入 金 額（円）	振 込 人（摘 要）
1	〇年〇月〇日		〇〇〇〇（カ
2	〇年〇月〇日		〇〇〇〇
3			
4			

回答事項

1	仕向金融機関	銀行・信金 農協・信組	本店 支店
	振込人の氏名（名称）		
	振込人の住所・連絡先		
	発信番号		
2	仕向金融機関	銀行・信金 農協・信組	本店 支店
	振込人の氏名（名称）		
	振込人の住所・連絡先		
	発信番号		
3	仕向金融機関	銀行・信金 農協・信組	本店 支店
	振込人の氏名（名称）		
	振込人の住所・連絡先		
	発信番号		
4	仕向金融機関	銀行・信金 農協・信組	本店 支店
	振込人の氏名（名称）		
	振込人の住所・連絡先		
	発信番号		

※仕向先が貴店以外である場合には、「仕向金融機関名」及び振込に係る「発信番号」を御回答ください。

【書式 2 － 3 】　振込元金融機関への照会書（振込人名・住所・電話番号）

○年○月○日

〒○
○○市金融町10－11
　　株式会社○○銀行　○○支店　　御　中

○○市長
○　○　○　○

振込人等について（照会）

　市税の徴収上必要があるため、国税徴収法第141条の規定に基づき、次の口座へ振込みを行った者について、振込人氏名（漢字もしくはアルファベット表記）、住所及び連絡先電話番号等を照会します。

　つきましては、お忙しいところ大変申し訳ありませんが、調査のうえ別紙「振込人等について（回答）」にて御回答くださるようお願いします。なお、御回答は電算打ち出しや伝票の写し等貴行の任意の様式でも構いません。

振込先の口座

被仕向（金融機関・支店）	株式会社○○銀行　○○支店
口座名義人	○○○○
口座の種類	普通
口座番号	・・・・・・・

調査対象取引

仕向（金融機関・支店）	株式会社○○銀行　○○支店

振　込　日	振　込　額（円）	振込人（摘　要）
○年○月○日		○○○○（カ
（振込に係る発信番号：　　　　　　　　　　　　　　　　）		

【連絡先】〒○　○○市処分町 1 － 2 － 3
　　　　　　○○市納税課（担当○○）
　　　　　　電話○－○－○　内線○○

【書式2－4】 振込元金融機関からの回答書（振込人名・住所・電話番号）

○年○月○日

(あて先) ○○市長 ○ ○ ○ ○

(回答者)
所在地
名　称
担当者

振込人等について（回答）

○年○月○日付けで照会のありました事項について、次のとおり回答します。

振込先の口座

被仕向（金融機関・支店）	株式会社○○銀行　○○支店
口座名義人	○○○○
口座の種類	普通
口座番号	・・・・・・・・

調査対象取引

振　込　日	振　込　額（円）	振　込　人（摘　要）
○年○月○日		○○○○（カ
(振込に係る発信番号：　　　　　　　　　　　　　　　)		

回答事項

振込人の氏名（名称）		
振込人の住所	住所	
連絡先(電話番号)	連絡先	

【書式２－５】 地方公共団体への照会書

○年○月○日

〒○
○県○○市○町○番○号
　　　○　○　市　長　　　　様
　（税務担当課）　　　　　　　　　○○市長
　　　　　　　　　　　　　　　　　○　○　○　○

滞納者の実態調査について（照会）

　ご多忙中恐縮ですが、市税滞納整理のため必要ですので、下記の者について調査のうえご回答くださるようお願いいたします。なお、本照会は地方税法第20条の11に基づくものです。

滞納者 住　所	〒○		
フリガナ 氏　名	○○○○	（生年月日）	○年○月○日

所在状況	住民登録	有・無・外国人登録	
		有りの場合は、世帯全員の住民票の写し（記載事項省略なきもの）の添付をお願いします。	
	居住状況	上記に居住・居所不明・その他（　　　　　　　　）	
	連絡先	電話　　（　　　　　）	携帯　　（　　　　　）
課税状況等	生活状況	職　業・所　得	年度所得　　　　　円
		勤務先　所在地	
		名称	電話
		所　得　の　種　類	1．給与　2．不動産　3．事業　4．譲渡　5．その他（　　）
		生活保護受給	．年　　月　　日　　受給開始
		その他の状況	
財産状況	不動産	有　・　無　　有りの場合は、名寄帳の写し等の添付をお願いします。	
	電話加入権	市外局番　　（　　　　　）　　　番	
	その他の財産		
滞納状況等	滞納	円　（　　　年度　　　　　税）	
	整理状況	1．折衝中　　2．分納中　　　3．納付受託中 4．差押中（　　年　　月　　日 　　　　　不動産・電話加入権・給料・年金・その他　　　） 5．交付要求中（競売・破産・その他 　　　　　事件番号（　）第　　　　号） 　　　　　（執行機関　　　　　　　　　　　　　　） 6．執行停止（　　年　月　　日　　　　　　　　　） 7．その他　（　　　　　　　　　　　　　　　　　）	
備考	（その他参考事項がありましたら記載をお願いします。）		

【連絡先】〒○　○○市処分町１－２－３
　　　　　　○○市納税課（担当○○）
　　　　　　電話○－○－○　内線○○

【書式2－6】 家計収支状況聴取書

納付相談カード（家計収支・負債状況）	聴取担当者

聴取日　　年　　月　　日

世帯番号（　　　　　）事務所通番　　　　聴取場所

フリガナ 氏名　　　　　　　　　　年　月　日　生	電話 携帯電話
住所　〒	電話がかかりやすい曜日・時間帯 曜日　　　　時間帯　　　～

勤務先名　　　　　　勤務先電話　　　　　　職種

【現在、一番困っていることをお書きください】

	名前	年齢	続柄	職業	手取月収	賞与(月割額)	児童手当（1/4）	万円	年収
同居の家族・収入			本人		万円	万円	児扶手当（1/2）	万円	万円
					万円	万円	障がい者等年金	万円	万円
					万円	万円	他の給付	万円	万円
					万円	万円	養育費	万円	万円
					万円	万円	その他	万円	万円
					万円	万円	その他	万円	万円
	家計収入(月額)合計		万円		万円	万円		万円	

支出					税金の滞納	滞納額	分割額
	家賃・住宅ローン	万円	定期（交通費）	万円			
	車ローン（　台）	万円	保育園	万円	・市県民税	万円	万円
	ガソリン代	万円	学童	万円	・固定資産税	万円	万円
	駐車場（　台）	万円	給食費	万円	・国保料・税	万円	万円
	食費（　人）	万円	塾・習い事	万円	・介護保険	万円	万円
	電話	万円	高校・大学学費	万円	・後期高齢	万円	万円
	携帯電話/スマホ	万円	養育費支払い	万円	・税務署(国税)	万円	万円
	水道	万円	医療費	万円	・その他	万円	万円
	電気	万円	お酒	万円	合計	万円	万円
	ガス	万円	たばこ	万円			
	新聞	万円	こづかい・配偶者	万円	支出合計　　　　円		
	ＮＨＫ	万円	こづかい・子ども	万円			
	生命保険（　本）	万円	借金返済合計	万円	【家族関係図】		
	自動車保険	万円		万円			
		万円		万円			
	合計	万円		万円			

□家族には借金は内緒である。

借入の状況	会社名	現在債務額	月額返済額	最初の借入年月
		万円	万円	年　　月～
		万円	万円	年　　月～
		万円	万円	年　　月～
		万円	万円	年　　月～
	合計	万円	万円	年　　月～

過去に完済した消費者金融

過去の債務整理の有無破産・民事再生・特定調停・任意整理

【補足事項】

【書式2－7】 分納誓約書

<table>
<tr><td colspan="6" align="center">**未納の市税債務の承認及び納付誓約書**</td></tr>
<tr><td colspan="6" align="right">○年○月○日</td></tr>
<tr><td colspan="6">(あて先)　○　○　市　長

　　　　　　　　　　住　所
　　　　　　　　　　氏　名　　　　　　　　　　　㊞
　　　　　　　　　　電　話　（　　　）　－
　　　　　　　　　　勤務先名
　下記の市税に係る徴収金は、私（当社）に納付義務がある未納の市税（これに付帯する徴収金を含む）債務であることを承認します。
　つきましては、下記納付計画どおりに必ず納付し完納することを誓約します。<u>もし、誓約不履行の場合は差押えまたは公売等、法律に定められた滞納処分を受けても異議ありません。</u></td></tr>
<tr><td>年度・期別</td><td>税目</td><td>税　額</td><td>督　促
手数料</td><td>延滞金</td><td>計</td></tr>
<tr><td></td><td></td><td></td><td></td><td></td><td></td></tr>
<tr><td></td><td></td><td></td><td></td><td></td><td></td></tr>
<tr><td colspan="2" align="center">合　　計</td><td></td><td></td><td></td><td></td></tr>
</table>

滞納原因	主の要因	□失業　□倒産　□ケガ・病気　□災害　□その他(　　　)
	具体的な内容	
納付計画	分割納付期間	_____年_____月_____日から完納まで
	支払額	_____円（毎月・隔月） 特別月：_____月_____円・_____月_____円
	支払日	各月_____日　※休日の場合は前(々)日・<u>翌(々)日</u>に納付
備考	分納額の見直し	□_____年_____月以降の分納額については、 増額に向けて___年___月___日までに見直し、改めて納付誓約します。
	納付方法	□口座振替　□納付書送付・手渡し(　　年　　月分まで) □来庁納付
分納誓約条件		□この納付誓約とおりに履行されなかった時は、財産差押等の処分を行いますので注意してください。 □新たに発生する税については必ず納期限内に納付してください。新たな滞納が発生した場合には、財産差押等の処分を行いますので注意してください。 □分割納付中であっても、督促状・催告状を送付する場合がありますので、ご了解ください。 ※延滞金については、本税、督促手数料完納後に計算し、この誓約書の納付計画の支払額・支払日に従い納付します。

【書式2-8】 給与照会書（標準様式の1）

第○○号
○年○月○日

株式会社○○　　様（御中）

○○市長　　○○○○　㊞

給与等の支給状況の照会について

　ご多忙のところ恐縮ですが、<u>（例）地方税法に規定する市税等の滞納処分</u>のため、必要がありますので、下記の照会対象者の給与等の支給状況について、別紙「回答書」にご記入の上、○年○月○日までにご回答願います。

※　この照会は、以下の規定に基づくものです。

　　<u>（例）地方税第167条第6項等により準用する国税徴収法141条</u>

記

照会対象者

住　所	
フリガナ	生年月日
氏　名	

※上記様式は、平成30年度全国地方税務協議会で取りまとめられた様式であり、「地法税の滞納処分に関する給与等の支給状況の照会に用いる様式について」（平成31年1月24日付け総務省自治税務局企画課事務連絡）により、全国の地方自治体に周知されたものである。

【書式２−９】

【書式２−９】　給与照会書（標準様式の２）

○年○月○日

＿＿＿＿＿＿＿＿＿＿　様

給与支払者
　　所在地（住所）＿＿＿＿＿＿＿＿＿＿＿
　　名称（氏名）＿＿＿＿＿＿＿＿＿＿＿㊞
　　部署名・担当者名＿＿＿＿＿＿＿＿＿＿
　　連絡先＿＿＿＿＿＿＿＿＿＿＿＿＿＿＿

回　　答　　書

　○年○月○日付　○第○号　の
「給与等の支給状況の照会について」について、下記のとおり回答します。

記

１．照会対象者

住　　所			
氏　　名		生年月日	

２．回答

		年　月支給分	年　月支給分	年　月支給分
給与等の支給状況	給与の総支給額	円	円	円
	控除額 所得税	円	円	円
	住民税	円	円	円
	社会保険料	円	円	円
	支給日・給与締切日	毎月　　日　（給与締切日　毎月　　日）		
賞与等の支給状況	直前の賞与の総支給額	円		
	直前の賞与の支給日	年　　月　　日		
	照会日以降の支給日	年　　月　　日		
家族数（本人を除く）		人　（内扶養家族　　　人）		
給与等の支給方法		口座振込　・　現金支払　・　その他（　　　）		
振込口座（口座振込の場合）	金融機関名及び支店名			
	現金の種類及び口座番号	普通・その他（　　　）／ NO.		
退職年月日（退職している場合）		年　　月　　日		
他機関による差押えの有無		有　・　無　　（有の場合）執行機関名		

（※）その他参考事項がありましたら、余白または別紙にご記載ください。

282

【書式2－10】 給与照会予告兼催告書

〇年〇月〇日

〒〇
〇〇市納税区4－5－6
　　　A　　　　様

〇〇市長
〇　　〇　　〇　　〇

給与照会予告（催告書）

　あなたの市税については、督促状、催告書等により自主納付をお願いしてきましたが未だ完納されておりません。納付指定期限までに必ず納付してください。期限までに納付できない場合は納付計画の相談のため納税課までご来庁いただくかまたは電話等でご連絡ください。

　納付も相談もない場合は勤務先（株式会社〇〇）に対し給与照会を行うことになります。

納付指定期限　　　〇年〇月〇日

未納市税明細　　　　　　　　　　　　　　　　　　　　単位（円）

年度年分 番号	期別	納付期限	未納額	延滞金	合計	備考
		別紙未納明細のとおり				

※延滞金は、〇年〇月〇日又は本税納付日時点で計算した額です。
※この催告書の到達以前に納付済みの場合は行き違いですのでご了承ください。
※この催告書の未納金について、不明な点がある場合は納付指定期限までに必ず申し出てください。

納付方法
納付書のある場合→市役所本庁舎・支部庁舎または本市指定金融機関で納めてください。
納付書のない場合→本書を持参のうえ納税課で納めてください。
現金書留で納付する場合→下記連絡先まで送金してください。

【連絡先】〒〇　〇〇市処分町1－2－3
　　　　　　　　〇〇市納税課（担当〇〇）
　　　　　　　　電話〇－〇－〇　内線〇〇

【書式2－11】　給与差押事前通知兼催告書

○年○月○日

〒○
○○市納税区4－5－6
　　A　　　様

○○市長
○　　○　　○

給与差押事前通知（催告書）

　あなたの市税について、これまでも督促状、催告書等により納付をお願いしてきましたが、いまだ誠意ある対応が示されておりません。納付指定期限までに必ず納付してください。

　納付のない場合は法令にもとづき、現在勤務先（株式会社○○）に照会中のあなたの給与を差押えすることになります。

納付指定期限　　　　○年○月○日

未納市税明細　　　　　　　　　　　　　　　　　　　　　　　単位（円）

年度年分 番号	期別	納付期限	未納額	延滞金	合計	備考
		別紙未納明細のとおり				

※延滞金は○年○月○日又は本税納付日時点で計算した額です。
※この催告書の到達以前に納付済みの場合は行き違いですのでご了承ください。
※この催告書の未納金について、不明な点がある場合は納付指定期限までに必ず申し出てください。

納付方法
納付書のある場合→市役所本庁舎・支部庁舎または本市指定金融機関で納めてください。
納付書がない場合→本書を持参のうえ、下記連絡先または行政センターで納めてください。
現金書留で納付する場合→下記連絡先まで送金してください。

【連絡先】〒○　○○市処分町1－2－3
　　　　　　○○市納税課（担当○○）
　　　　　　電話○－○－○　内線○○

【書式3－1】 差押調書（債権）

<table>
<tr><td colspan="3" align="center">差 押 調 書（謄 本）</td></tr>
<tr><td colspan="3" align="right">○年○月○日</td></tr>
<tr><td colspan="3">　　　A　　殿</td></tr>
<tr><td colspan="3" align="right">○○市長　○○○○　㊞</td></tr>
<tr><td colspan="3">　次のとおり、滞納金額を徴収するため下記の債権を差し押さえます。
　この調書は、地方税がその例とする国税徴収法第54条の規定に基づき作成するものです。</td></tr>
<tr><td rowspan="2">滞納者
（債権者）</td><td>住　所
所在地</td><td>○○市納税区4－5－6</td></tr>
<tr><td>氏　名
名　称</td><td>A</td></tr>
<tr><td colspan="2">滞　納　金　額</td><td>別紙市税滞納額明細書のとおり</td></tr>
<tr><td rowspan="2">債務者</td><td>住　所
所在地</td><td>○○市雇主町7－8－9</td></tr>
<tr><td>氏　名
名　称</td><td>株式会社○○</td></tr>
<tr><td colspan="2">差押債権</td><td>　上記債務者が滞納者（債権者）に支払うべき○年○月以降毎月の給料のうち、国税徴収法第76条第1項各号にかかげる金額を控除した金額の支払請求権。
　ただし、上記滞納金額に満つるまで。</td></tr>
<tr><td colspan="2">履行期限</td><td>毎月の給料の支払日</td></tr>
<tr><td colspan="3" align="center">差押調書謄本（滞納者あて）を受領しました。
　　　　年　　月　　日　　　時　　　分
（　　　　　　）　　　　　　　　　　㊞</td></tr>
<tr><td colspan="3" align="center">債権差押通知書（第三債務者あて）を受領しました。
　　　　年　　月　　日　　　時　　　分
（　　　　　　）　　　　　　　　　　㊞</td></tr>
</table>

（教示）
1　この処分について不服がある場合は、この処分があったことを知った日の翌日から起算して3カ月以内に、○○市長に対して審査請求をすることができます。ただし、地方税法第19条の4の規定による期限が上記の期限よりも早いときはその早い方の期限までに審査請求をしなければなりません。
2　処分の取消しの訴えについては、上記1の審査請求に対する裁決を経た後でなければ提起することができません。この処分の取消しの訴えは、この裁決があったことを知った日の翌日から起算して6カ月以内に、○○市を被告として（訴訟において市を代表する者は○○市長となります。）、提起することができます。なお、次のいずれかに該当する場合は、この裁決を経ずに訴訟を提起することができます。
⑴　審査請求があった日から3カ月を経過しても裁決がないとき。
⑵　処分、処分の執行又は手続の続行により生ずる著しい損害を避けるため緊急の必要があるとき。
⑶　その他裁決を経ないことにつき正当な理由があるとき。
3　ただし、上記の期間が経過する前に、この処分があった日の翌日から起算して1年を経過した場合は、審査請求をすることができなくなり、また、審査請求に対する裁決のあった日の翌日から起算して1年を経過した場合は、処分の取消しの訴えを提起することができなくなります。なお、正当な理由があるときは、上記の期間やこの処分（審査請求に対する裁決）があった日の翌日から起算して1年を経過した後であっても審査請求をすることや処分の取消しの訴えを提起することが認められる場合があります。

【書式3－2】 債権差押通知書

<table>
<tr><td colspan="3" align="center">債 権 差 押 通 知 書</td></tr>
<tr><td colspan="3" align="right">○年○月○日</td></tr>
<tr><td colspan="3">　　　株式会社○○　　御 中
　　　　　　　　　　　　　　　　○○市長　○○○○　㊞
　次のとおり、滞納金額を徴収するため下記の債権を差し押さえます。
　差押債権は、下記の履行期限までに当市にお支払いください。
　なお、この通知を受けた後は、債権者に支払ってもその支払は無効です。</td></tr>
<tr><td rowspan="2">滞納者
（債権者）</td><td>住　所
所在地</td><td>○○市納税区4－5－6</td></tr>
<tr><td>氏　名
名　称</td><td>A</td></tr>
<tr><td>滞　納　金　額</td><td colspan="2">別紙市税滞納額明細書のとおり</td></tr>
<tr><td rowspan="2">債務者</td><td>住　所
所在地</td><td>○○市雇主町7－8－9</td></tr>
<tr><td>氏　名
名　称</td><td>株式会社○○</td></tr>
<tr><td>差押債権</td><td colspan="2">　上記債務者が滞納者（債権者）に支払うべき○年○月以降毎月の給料のうち、国税徴収法第76条第1項各号にかかげる金額を控除した金額の支払請求権。
　ただし、上記滞納金額に満つるまで。</td></tr>
<tr><td>履行期限</td><td colspan="2">毎月の給料の支払日</td></tr>
<tr><td colspan="3">　　　差押調書謄本（滞納者あて）を受領しました。
　　　　　　　　　年　　月　　日　　時　　分
　　　（　　　　　）　　　　　　　　　　　　　㊞</td></tr>
<tr><td colspan="3">　　　債権差押通知書（第三債務者あて）を受領しました。
　　　　　　　　　年　　月　　日　　時　　分
　　　（　　　　　）　　　　　　　　　　　　　㊞</td></tr>
</table>

（教示）
1　この処分について不服がある場合は、この処分があったことを知った日の翌日から起算して3カ月以内に、○○市長に対して審査請求をすることができます。ただし、地方税法第19条の4の規定による期限が上記の期限よりも早いときはその早い方の期限までに審査請求をしなければなりません。
2　処分の取消しの訴えについては、上記1の審査請求に対する裁決を経た後でなければ提起することができません。この処分の取消しの訴えは、この裁決があったことを知った日の翌日から起算して6カ月以内に、○○市を被告として（訴訟において市を代表する者は○○市長となります。）、提起することができます。なお、次のいずれかに該当する場合は、この裁決を経ずに訴訟を提起することができます。
⑴　審査請求があった日から3カ月を経過しても裁決がないとき。
⑵　処分、処分の執行又は手続の続行により生ずる著しい損害を避けるため緊急の必要があるとき。
⑶　その他裁決を経ないことにつき正当な理由があるとき。
3　ただし、上記の期間が経過する前に、この処分があった日の翌日から起算して1年を経過した場合は、審査請求をすることができなくなり、また、審査請求に対する裁決のあった日の翌日から起算して1年を経過した場合は、処分の取消しの訴えを提起することができなくなます。なお、正当な理由があるときは、上記の期間やこの処分（審査請求に対する裁決）があった日の翌日から起算して1年を経過した後であっても審査請求をすることや処分の取消しの訴えを提起することが認められる場合があります。

【書式3−3】 送達記録書（差置送達）

送達記録書	

下記のとおり送達した。

〇年〇月〇日

送達者	所属　　　　職階　　　氏名 納税課　　　主査　　　〇〇〇〇　　　　　　　㊞ 納税課　　　主事　　　〇〇〇〇　　　　　　　㊞
送達を受けるべき者	住所
	氏名
送達した文書名および通数	
文書の送達場所	
文書を送達した年月日および時間	
文書の受取人の署名および押印	
文書の受領者がないとき（あるいは郵便受に投函したとき）または受取人が受取を拒み、あるいは署名押印を拒んだときは、その理由	
文書の差置送達の方法	（例） 　送達人の職階、氏名を名乗った上で、債権差押通知書の受領を名あて人（送達を受けるべき者）の事業所の受付担当者に求めたが、受領を拒否された。また、本書面への署名・押印も拒否された。 　そこで、名あて人の従業員の給料債権を差し押さえる文書である旨を説明の上、名あて人の事務所の受付の机上に置き（or 郵便受箱に投函し）、送達を完了した。

【書式 3 － 4 】 給料等差押可能金額計算表

給料等差押可能金額計算表					○年○月　分 ※括弧内は端数処理前
①	給料等月額（各種手当を含む）			円	385,000 円 (385,589)
②	国税徴収法第七六条第一項各号規定	a 1号規定の金額	所得税法第183条他の規定により源泉徴収される所得税額	円	6,000 円 (5,710)
		b 2号規定の金額	地方税法第321条の3他の規定により特別徴収される市県民税額	円	16,000 円 (15,300)
		c 3号規定の金額	健康保険法第167条第1項他法律等の規定により控除される社会保険料額	円	42,000 円 (41,747)
		d 4号規定の金額	国税徴収法施行令第34条で定める金額滞納者100,000円、生計を一にする親族1人につき45,000円を加算した金額	円	235,000 円
		e 5号規定の金額	\{①－(a＋b＋c＋d)\}×20／100の金額。但し、dの金額の2倍を限度とする。	円	18,000 円 (17,200)
③	給料等月額から差し引く差押禁止額　（②の各号合計；a＋b＋c＋d＋e）　※端数処理済み			円	317,000 円
④	差押可能金額　（①－③）　※端数処理済み			円	68,000 円

※①の金額について1,000円未満の端数がある時は切り捨ててください。
※②の各号の金額について1,000円未満の端数がある時は、それぞれ切り上げて下さい。
※計算の基礎が1ヶ月未満の時は「1,000円未満」を「100円未満」と読み替えて下さい。

（扶養人数について）
滞納者及びその者と生計を一にする配偶者（婚姻の届出をしてないが事実上婚姻関係と同様の事情にある者を含む）、その他の親族の人数の記載がその者の扶養控除申告書又は、会社等への届出と異なる場合には担当宛てご連絡下さい。

（給料等月額について）
国税徴収法第76条では「給料・賃金・俸給・歳費・退職年金及びこれらの性質を有する給与に係る債権」を給料等とし、基本給の他各種手当（職務手当・役付手当・超過勤務手当・通勤手当・宿日直手当等）についても給料等としております。

（賞与等について）
一時的に支給される賞与・期末手当等についても、その支払いを受けるべき時における給料等とみなし、給料等差押可能金額計算表に組み込み計算して下さい。

（退職手当等について）
退職手当等についても、その名称を問わず退職（死亡退職含む）を起因として支給される金額については給与等となります。この場合は別の計算が必要となりますので、退職手当等の支給が決定され次第担当宛て至急ご連絡下さい。

【連絡先】〒○　○○市処分町1－2－3
　　　　　○○市納税課（担当○○）
　　　　　電話○－○－○　内線○○

【書式3－5】 給料差押え・第三債務者（雇用主）に対する説明書

○年○月○日

第三債務者　株式会社○○

　　　　　　代表取締役　　○○○○　　様

○○市長
○　○　○　○

給　料　差　押　執　行　に　つ　い　て

　日頃から行政へのご理解・ご協力を賜り、誠にありがとうございます。

　滞納市税を強制徴収するため、別紙「債権差押通知書」のとおり、国税徴収法に基づき滞納処分を執行しました。業務で大変ご多忙の中恐縮ではありますが、下記の手続きについてご協力をお願いします。

記

滞　納　者　　○○○○

滞　納　額　　○○○○円（○年○月○日現在）

　　　　　　　※地方税法の定めによる延滞金が加算されます。

滞 納 税 目　　市・県民税　　固定資産税　　軽自動車税

手 続 内 容　　給料支給額から、国税徴収法第76条の定めによる差押禁止額を

　　　　　　　差し引いた金額を毎月、○○市へ支払ってください。

【留意点】

(1)　この差押えは、あなた（第三債務者）に対する差押えではありません。

　　この差押えは、あなたが雇用している従業員が市税を滞納しているので、滞納税を徴収するため、従業員があなたに対して有する給料債権を差し押さえるものです。

(2)　別紙「債権差押通知書」の送達により、あなたは、差押金額の範囲で、滞納者である当該従業員に給料等の支払いを禁止されます。今後、当該従業員に対して給料等の支払いをしても、○○市に対する債務を履行したことにはなりません。

(3)　給料の支給額が確定しましたら、○○市○○課　担当者あてにご連絡ください。担当者が、差押禁止額を算出します。

(4)　滞納額と税法の定めによる延滞金額に満つるまで、差押えの効力が継続します。国税徴収法第79条の定めにより、納税相談や一部納付での差押解除はできません。

289

(5) あなた（第三債務者）が○○市に対する債務を履行しない場合は、支払督促の申立て、差押債権取立訴訟の提訴等裁判手続きにより、請求することになります。

(6) 滞納処分に係る調査（国税徴収法に基づく調査）に対し、答弁の拒否や偽りの答弁をした場合は、法により罰せられます（地方税法第333条等）。

(7) 郵便払込以外の支払方法を希望される場合は、詳細な方法をご説明しますので○○市○○課担当者までご連絡ください。

【支払方法】

(1) 郵便払込　同封の払込取扱票に金額を記入し郵便局窓口または自動機でお支払いください。手数料はかかりません。

(2) 納 付 書　差押額の確定後、市役所担当者より納付書を送付します。お手元に送達されるまで、2日～5日程要します。○○市提携金融機関であれば、手数料はかかりません。

(3) 口座振込　下記の○○市会計管理者口座へ振込してください。
　　○○銀行　○○支店　普通預金口座番号○○○○○○　口座名義○○○○
　　※振込手数料がかかりますので、ご承知おきください。

(4) 現金支払　○○市担当者（徴税吏員）があなたの事務所まで伺いますので、直接現金でお支払いください。

　　　　　　　　　　　　　　【連絡先】〒○　○○市処分町1－2－3
　　　　　　　　　　　　　　　　　　　○○市納税課（担当○○）
　　　　　　　　　　　　　　　　　　　電話○－○－○　内線○○

【書式 4 − 1】　給料（年金）等差押承諾書

給料等差押承諾書

○年○月○日

（あて先）○○市長　　○○○○

　　　　　　　　　住所（所在）

　　　　　　　　　氏名（名称）　　　　　　　　　　　　　㊞

　国税徴収法第76条第1項の規定にかかわらず、次のとおり差押えされること
を承諾します。

債 権	私が、下記債務者（株式会社○○）から、○年○月以降支払いを受く べき給料（扶養手当、残業手当、通勤手当、宿直手当等を含む）の支給 額について、各支給ごとに○万○千円の支払請求権。
債務者	住　所 （所　在）　○○市雇主町4−5−6 氏　名 （名　称）　株式会社○○

【注意事項】給料等の差押えの承諾は、滞納者の単独の意思表示です。この承諾の
　　撤回は、滞納者が単独で行うことができ、滞納処分庁の許可等は不要です（詳
　　しくはQ4−19（55頁）参照）。

【書式4−2】 第三債務者に対する差押債権（給料）支払催告書

○年○月○日

〒○
○○市雇主町7−8−9
　　株式会社○○　　御　中

　　　　　　　　　　　　　　　　　　　○○市長
　　　　　　　　　　　　　　　　　　　○　○　○　○

差押債権（給料）支払催告書

　下記滞納者（債権者）の滞納金を徴収するため、滞納者が貴社に対して有する下記債権を国税徴収法第62条の規定により○年○月○日に差し押さえました。

　給料等の各支給日に、差押金額を当市役所へ支払っていただく必要がありますが、まだ支払いがありません。

　○年○月○日までに必ず当市役所へ支払ってください。

　もし同日までに支払いがない場合は、取立訴訟等の裁判手続きにより請求の上、御社の財産に対して強制執行の手続きをとることがありますから念のため申し添えておきます。

滞納者 （債権者）	住　所 所在地	○○市納税区4−5−6
	氏　名 名　称	A
滞　納　金　額		別紙市税滞納額明細書のとおり
債務者	住　所 所在地	○○市雇主町7−8−9
	氏　名 名　称	株式会社○○
差押債権		上記債務者が滞納者（債権者）に支払うべき○年○月以降毎月の給料のうち、国税徴収法第76条第1項各号にかかげる金額を控除した金額の支払請求権。 ただし、上記滞納額に満つるまで。

　　　　　　　　　　【連絡先】〒○　○○市処分町1−2−3
　　　　　　　　　　　　　　　○○市納税課（担当○○）
　　　　　　　　　　　　　　　電話○−○−○　内線○○

【書式4-3】 差押解除通知書（給料債権）

<table>
<tr><td colspan="3" style="text-align:center">差　押　解　除　通　知　書</td></tr>
<tr><td colspan="3">　　　　　　　　　　　　　　　　　　　　　　○年○月○日
　株式会社○○　　御　中
　　　　　　　　　　　　　　　　○○市長　○○○○　㊞
　下記財産の差押えを解除します。</td></tr>
<tr><td rowspan="2">滞納者
（債権者）</td><td>住　所
所在地</td><td>○○市納税区4-5-6</td></tr>
<tr><td>氏　名
名　称</td><td>A</td></tr>
<tr><td colspan="2">滞　納　金　額</td><td>別紙市税滞納額明細書のとおり</td></tr>
<tr><td rowspan="2">債務者</td><td>住　所
所在地</td><td>○○市雇主町7-8-9</td></tr>
<tr><td>氏　名
名　称</td><td>株式会社○○</td></tr>
<tr><td colspan="2">差押解除
財産</td><td>　上記債務者が滞納者（債権者）に支払うべき○年○月以降毎月の給料のうち、国税徴収法第76条第1項各号にかかげる金額を控除した金額の支払請求権。</td></tr>
<tr><td colspan="2">備考</td><td></td></tr>
</table>

【書式7－1】 預金照会書（標準様式の1）

第○○号
○年○月○日

○○市金融町10－11
株式会社○○銀行　　御中

○○市長　　○○○○　㊞

取引状況等の照会について
（預貯金等関係用）

　ご多忙のところ恐縮ですが、　（例）地方税法に規定する市税等の滞納処分　のため、必要がありますので、下記の照会対象者に係る取引状況等をお調べの上、ご回答願います。
　なお、回答につきましては、「回答書」にご記入の上、照会内容に関する関係資料を添付していただくなどして、ご回答願います。
※　この照会は、以下の規定に基づくものです。
　　　　　（例）地方税第167条第6項等により準用する国税徴収法141条
記

1　照会対象者及び照会対象期間
　(1)　照会対象者（①預貯金者等の名義は異なるが以下の者と同一人の可能性がある者、②住所・所在地等は相違するが氏名・生年月日等から同一人の可能性がある者を含む。）

住　所・所　在　地　等	
フリガナ	生年月日
氏　名・名　称（屋号）	（設立年月日）

　(2)　照会対象期間（自）＿＿＿年＿＿月＿＿日～（至）＿＿＿年＿＿月＿＿日

2　取引状況等（照会内容）（■又はレ点の項目のみ）
- □ ① 顧客基本情報（氏名、住所等顧客管理のため登録されている情報並びに預貯金、融資等全ての取引の種類及び取引開始年月日）
- □ ② 回答作成時点の取引商品ごとの残高
- □ ③ ＿＿＿年＿＿月＿＿日　現在の取引商品ごとの残高
- □ ④ 直近＿＿＿ヶ月分の取引履歴等（解約口座など過去に取引のあった場合を含む。）
- □ ⑤ 照会対象期間の取引履歴等（解約口座など過去に取引のあった場合を含む。）
- □ ⑥ 融資取引がある場合、融資に係る担保物件（預貯金、有価証券、不動産、保証人等）の明細
- □ ⑦ 貸金庫・保護預り取引がある場合、契約者名、代理人名、契約者等の住所・所在地及び契約年月日
- □ ⑧ ＿＿＿年＿＿月＿＿日　現在の貸金庫・保護預り取引の有無。取引がある場合、契約者名、代理人名、契約者等の住所・所在地及び契約年月日
- □ ⑨ 保険・年金商品取引の媒介の有無。取引がある場合、取扱保険会社名（取扱営業所名を含む。）
- □ ⑩ 出資（協同組織金融機関に限る。）の状況
- □ ⑪ その他〔　　　　　　　　　　　　　　　　　　　　　　　〕

地方公共団体担当者	所　属			
	氏　名		電話　　　　　（内線　　　）	

照会対象者の個人番号又は法人番号											

【書式７－２】 預金照会書（標準様式の２）

照会対象者一覧表

項番	氏名・名称（屋号）	フリガナ	生年月日（設立年月日）	住所・所在地等	該当有無	備考	人番号又は法人番号
1					有 無		
2					有 無		
3					有 無		
4					有 無		
5					有 無		
6					有 無		
7					有 無		
8					有 無		
9					有 無		
10					有 無		
11					有 無		
12					有 無		
13					有 無		
14					有 無		
15					有 無		

（注） 回答に当たって、照会対象者ごとに、取引ありの場合は有に○を、取引なしの場合は無に○を記載願います。
　　①預貯金者等の名義は異なるが同一人の可能性がある者、②住所・所在地等は相違するが氏名・生年月日等から同一人の可能性がある者の場合についてもご回答願います。

【書式7−3】 預金照会書（標準様式の3）

_____年___月___日

○○市長　　　　様

取扱者 _____
電話 _____

回　　答　　書

令和____年____月____日付_____第_____号 の
「取引状況等の照会について（預貯金等関係用)」について、下記のとおり回答
します。

記

1　照会対象者及び照会対象期間

　(1)　照会対象者（①預貯金者等の名義は異なるが以下の者と同一人の可能性
　　　がある者、②住所・所在地等は相違するが氏名・生年月日等から同一人の
　　　可能性がある者を含む。)

住 所 ・ 所 在 地 等		
フ　リ　ガ　ナ		生年月日
氏名・名称（屋号)		（設立年月日)

　(2)　照会対象期間　（自)____年___月___日 〜（至)____年___月___日

2　回答

□ 取引あり（照会内容に関する関係資料は、別添のとおり。)   □ 取引なし

（連　絡　欄)

担当者	所　属		
	氏　名	電話	（内線　　　)

296

【書式12-1】　訴訟手続移行予告通知兼催告書

○年○月○日

〒○
○○市雇主町4-5-6
　　株式会社○○　　御　中

　　　　　　　　　　　　　　　　　　○○市長
　　　　　　　　　　　　　　　　　　○　　○　　○　　○

訴訟手続移行予告通知兼催告書

　○年○月○日、当市は、あなたの従業員Aの給料債権を差し押さえました。
　これまで、あなたに対し複数回にわたり電話、催告書、面談などにより、差し押さえた給料の納付をお願いしてきました。しかしながら、現時点に至るまで、その支払いがありません。つきましては、未納金額全額をお支払いいただくよう本書面をもってお願い申し上げます。

　下記、納付指定期限までにお支払いがない場合、不本意ながら、裁判手続による請求に移行させていただきますので、本書面をもって予め通知いたします。裁判所の判断が下された後は、あなたの取引先金融機関の預金債権、売掛金債権、その他換価可能な財産に対し、強制執行（差押え）を行うことになります。
　なお、給料の差押金額の計算方法が不明の場合は、下記担当者まで、お問い合せください。

1　納付金額合計
　　○年○月以降、本書面送達までに、あなたが、滞納者に対して支払う各月の給料から、国税徴収法第76条第1項各号の規定による差押禁止額を差し引いた金額の合計額
2　納付指定期限　○年○月○日
3　納付方法
　　納付書をお持ちの方は、納付書を利用して、指定金融機関でお支払いください。
　　納付書をなくされた方、お持ちでない方は、下記担当者までご連絡ください。
　　○○市総務部納税課に、現金を持参し、納付することも可能です。

※この催告書の到達以前に納付済みの場合は行き違いですのでご了承ください。
※この催告書の未納金について、不明な点があれば、納付指定期限までに、下記担当者までお問い合せください。
　　　　　　　　　　　　【連絡先】〒○　○○市処分町1-2-3
　　　　　　　　　　　　　　　　　○○市納税課（担当○○）
　　　　　　　　　　　　　　　　　電話○-○-○（内線）○○

【書式12－2】 支払督促申立書表題部

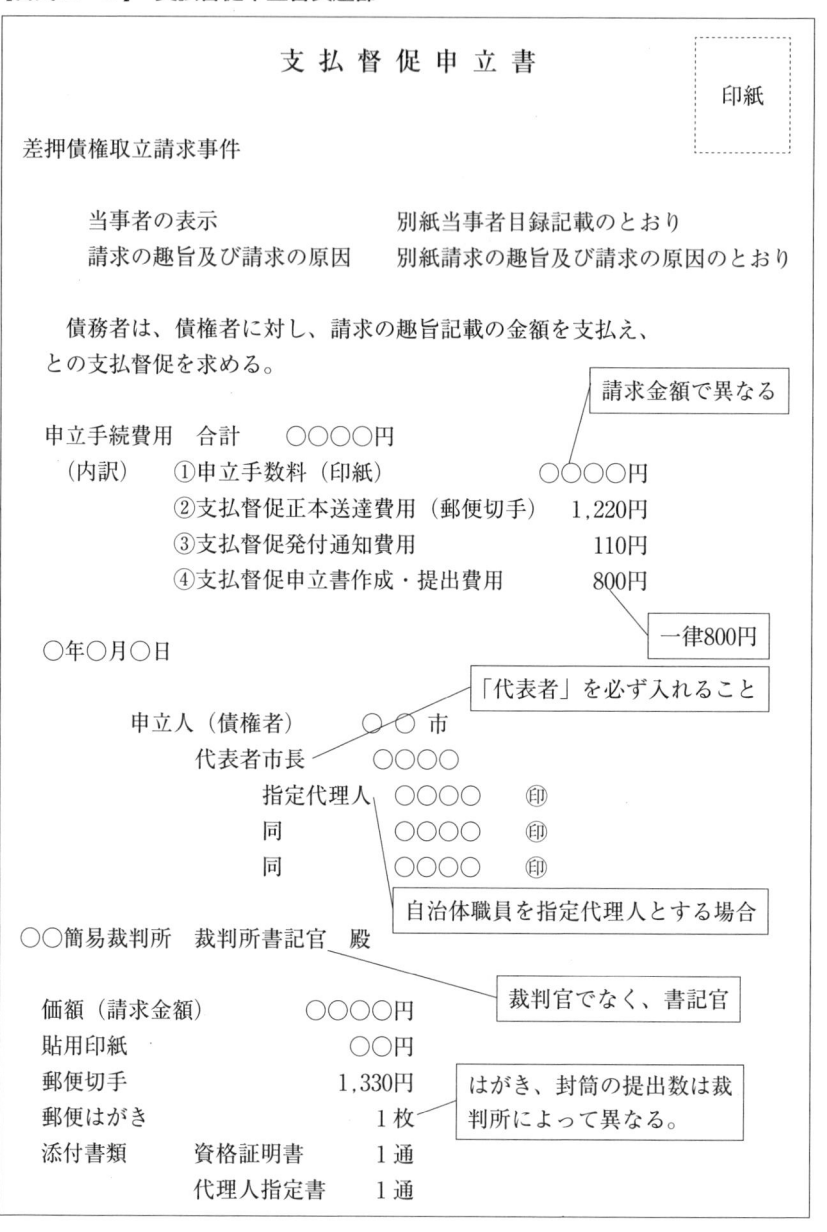

支 払 督 促 申 立 書

印紙

差押債権取立請求事件

当事者の表示 　　　　　別紙当事者目録記載のとおり
請求の趣旨及び請求の原因　別紙請求の趣旨及び請求の原因のとおり

債務者は、債権者に対し、請求の趣旨記載の金額を支払え、
との支払督促を求める。

請求金額で異なる

申立手続費用　合計　　　○○○○円
　（内訳）　①申立手数料（印紙）　　　　　○○○○円
　　　　　②支払督促正本送達費用（郵便切手）　1,220円
　　　　　③支払督促発付通知費用　　　　110円
　　　　　④支払督促申立書作成・提出費用　　800円

一律800円

○年○月○日

「代表者」を必ず入れること

申立人（債権者）　○○市
代表者市長　　○○○○
指定代理人　○○○○　㊞
同　　　　　○○○○　㊞
同　　　　　○○○○　㊞

自治体職員を指定代理人とする場合

○○簡易裁判所　裁判所書記官　殿

裁判官でなく、書記官

価額（請求金額）　　　○○○○円
貼用印紙　　　　　　　○○円
郵便切手　　　　　　　1,330円
郵便はがき　　　　　　1枚
添付書類　資格証明書　1通
　　　　　代理人指定書　1通

はがき、封筒の提出数は裁判所によって異なる。

298

【書式12－3】 支払督促当事者目録

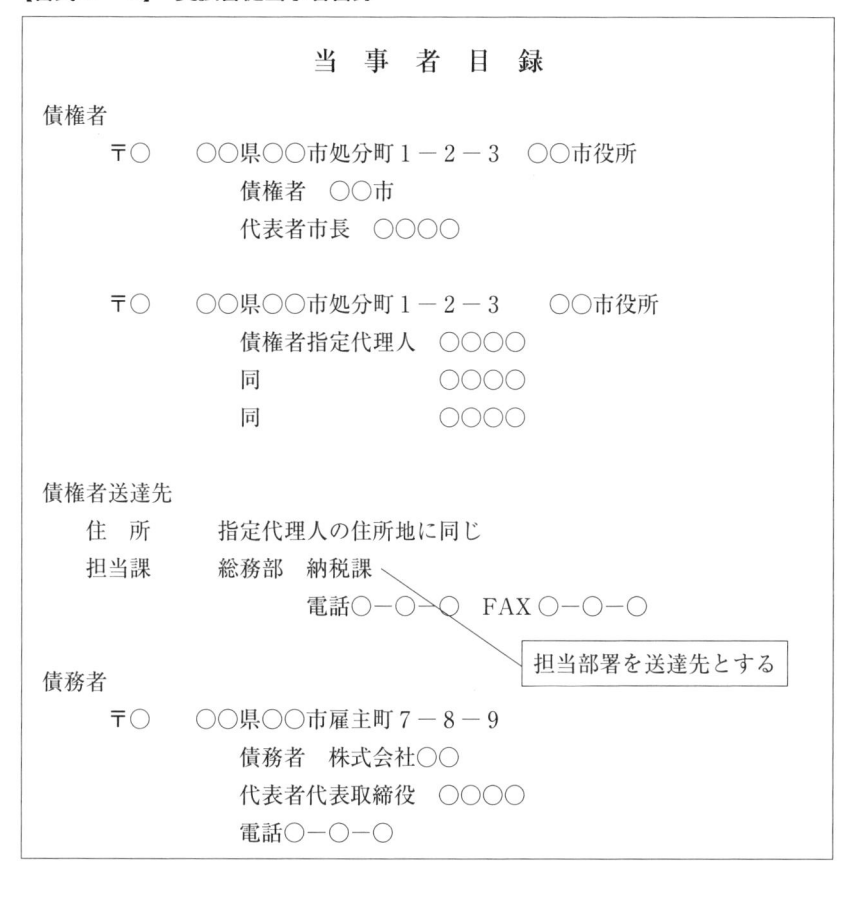

当 事 者 目 録

債権者
　　〒○　　　○○県○○市処分町１－２－３　　○○市役所
　　　　　　　　　　債権者　○○市
　　　　　　　　　　代表者市長　○○○○

　　〒○　　　○○県○○市処分町１－２－３　　　○○市役所
　　　　　　　　　　債権者指定代理人　○○○○
　　　　　　　　　　同　　　　　　　　○○○○
　　　　　　　　　　同　　　　　　　　○○○○

債権者送達先
　　住　所　　　指定代理人の住所地に同じ
　　担当課　　　総務部　納税課
　　　　　　　　　　電話○－○－○　　FAX ○－○－○

担当部署を送達先とする

債務者
　　〒○　　　○○県○○市雇主町７－８－９
　　　　　　　　　　債務者　株式会社○○
　　　　　　　　　　代表者代表取締役　○○○○
　　　　　　　　　　電話○－○－○

【書式12－4】　差押給料債権取立請求・支払督促・請求の趣旨及び原因

請求の趣旨及び原因

請求の趣旨

1　金○○円 ―――――――――――

2　金○○円（申立手続費用）

> 差押債権取立訴訟では、延滞金、遅延損害金は申立日もしくは提訴日までの確定額を記載する。

請求の原因

1　当事者

　　債権者は、申立外 A に対して、地方税、国民健康保険料、下水道使用料、生活保護徴収金（以下、「各地方税等」という。）の債権を有する普通地方公共団体である。

　　債務者は、申立外 A の雇用主であり、申立外 A に対し、給与を支払う者である。

2　申立外 A の地方税の滞納とその内容

　　申立外 A は、債権者に対し、別紙「滞納明細書」の税目欄及びこれに対応する年度年分欄記載の各地方税につき、税額欄記載の金額を、納期限欄記載の日までに支払わず、各地方税の本税および延滞金の合計額は、本支払督促申立の時点で、○○円となった。

　　債権者は、申立外 A に対し、納期限経過後、督促状により、滞納した各地方税を支払うよう請求したが、申立外 A は支払いをしなかった。

3　滞納処分としての給料債権の差押えと取立権の取得

　　○年○月○日、債権者は、前項の滞納した各地方税およびその延滞金を徴収するため、申立外 A の債務者に対する給料債権を差押え（履行期限：毎月の給料支払日）、債権差押通知書は、同月○日、債務者に送達された。

　　上記債権差押通知書の送達日である同月○日、債権差押の効力が生じ（地方税法331条6項、同法373条7項、同法459条6項、国民健康保険法79条の2、地方自治法附則6条3項、生活保護法78条4項、国税徴収法62条3項）、債権者は、同年○月以降の差押えた給料債権の取立権を取得した（国税徴収法67条1項）。

　　なお、本件給料債権は継続収入であるため、債権差押えの効力（取立権）は、徴収すべき地方税額を限度として、債権差押後のすべての給料に及んでいる（国税徴収法66条）。

4　支払給料額

　　債務者は、申立外Aの雇用主であり、申立外Aには、毎月末日締め、翌月○日支払いの給料債権が生じている。

　　○年○月○日の本件給料債権差押後、本支払督促申立までに、申立外Aは、債務者に対して、少なくとも別紙「給料差押可能金額計算表」【書式12－5】の給料支払額記載の給料債権を取得している。

　　なお、債務者は、本件債権差押え後の申立外Aの月額給料の支払額を、明らかにしないので、債権者の調査により知り得た従前の給料の支払実績により、推認して記載した。

5　差押債権額（給料債権差押禁止額の控除）

　　本件給料債権差押日以降、毎月支払いを受けるべき給料から給料債権等の差押禁止額（国税徴収法76条1項ないし3項、同法施行令34条）を差し引いたのちの差押金額は、別紙「給料差押可能金額計算表」のとおりである。

　　債権者は、債務者に対して、本支払督促申立時には、給料差押債権の取立金として、合計金○○円の請求権を有するに至った。

6　履行期限の徒過

　　債務者は、債権者に対して、毎月の給料支給日の翌日を経過しても、前項の差押金額を支払わない。

＝＝＝＝＝＝＝＝＝＝＝＝＝＝＝＝＝

（別紙　滞納明細書）

＝＝＝＝＝＝＝＝＝＝＝＝＝＝＝＝＝

（別紙　給料等差押可能金額計算書）

【書式12－5】 給料等差押可能金額計算書

（別紙）給料等差押可能金額計算書

給料支給月	給与支払額	国税徴収法76条1項各号により給料より控除される額					差押額
		1号	2号	3号	4号	5号	
		所得税	住民税	社会保険料	最低生活費	体面維持費	
○年○月分							
○年○月分							
○年○月賞与							
○年○月分							
○年○月分							
○年○月分							
○年○月分							
○年○月分							
○年○月分							
○年○月賞与							
○年○月分							
○年○月分							
合計額							

※継続収入債権差押えの取立訴訟では、提訴までに発生した差押えの効果が及ぶすべての債権を対象として、提訴する。

【書式12－6】　代理人指定書（支払督促）

代 理 人 指 定 書

〇年〇月〇日

　　　　住　所　　〇〇県〇〇市処分町１－２－３
　　　　指定者　　〇〇市　市長　〇〇〇〇　　（公印）

　地方自治法153条１項の規定により、下記の者を代理人に指定し、下記の行為を行わせる。

　　　　〇〇市　総務部　納税課　課長　〇〇〇〇
　　　　同　　　　　　　　　　　係長　〇〇〇〇
　　　　同　　　　　　　　　　　主事　〇〇〇〇

債 務 者（被告・相手方）　　株式会社〇〇
裁 判 所　　〇〇簡易裁判所
事 件 名　　差押債権取立請求事件（支払督促申立事件）

委任事項
　民事訴訟法55条１項・２項各所定の行為、同法383条、同法391条項の行為、および同法395条による通常訴訟移行後の民事訴訟法55条１項・２項各所定の行為。

※指定代理人は、何人指定してもよい。指定代理人の全員が裁判所に出頭する必要はない。

【書式12－7】 仮執行宣言申立書

事件番号○年㈹第○号
債権者　　○○市
債務者　　株式会社○○

仮執行宣言申立書

○年○月○日

○○簡易裁判所　裁判所書記官　殿

債権者　　○○市

債権者指定代理人　○○○○　㊞

同　　　　　　　○○○○　㊞

同　　　　　　　○○○○　㊞

　上記当事者間の御庁○年㈹第○○号支払督促申立事件について、債務者は○年○月○日、支払督促正本の送達を受けながら、法定期間内に督促異議の申立をせず、また、債務の支払いもしないので、下記の費用を加えて仮執行の宣言を求める。

　仮執行宣言付支払督促の正体は、送付（普通郵便）によることを同意する。

1　仮執行宣言の手続費用　　1,330円
　（内訳）
　仮執行宣言付支払督促正本送達費用（債務者）　　　1,220円
　仮執行宣言付支払督促正本送達費用（債権者）　　　　110円
2　追加支払督促手続費用　　2,130円※
　（内訳）
　支払督促正本送達費用（再送達・休日送達）　　　　1,430円
　支払督促正本送達費用（再送達・付郵便送達）　　　　700円

※支払督促申立の時に作成した「当事者目録」「請求の趣旨及び原因」「別紙給料等差押可能金額計算書」をホチキス止めせずに2部、裁判所に提出する。印鑑は、支払督促申立の時と同じ印鑑を押す。
※支払督促の送達を複数回行ったときは、追加して送達費用を手続費用に加えることができる。

【書式12－8】 請書・仮執行宣言付支払督促正本

事件番号○年㈹第○○号
債権者　○○市
債務者　株式会社○○

請　　　書

　　　　　　　　　　　　　　　　　　　　　　　○年○月○日

○○簡易裁判所　御中　　┌─────────────────┐
　　　　　　　　　　　　│日付は、仮執行宣言申立書の日付と同じ│
　　　　　　　　　　　　└─────────────────┘
　　　　　　　　　　　　　　　債権者　○○市
　　　　　　　　　　　　　　　債権者指定代理人　○○○○　㊞
　　　　　　　　　　　　　　　同　　　　　　　　○○○○　㊞
　　　　　　　　　　　　　　　同　　　　　　　　○○○○　㊞

　　　　債権者　　○　○　市
　　　　債務者　　株式会社○○

　上記当事者間の御庁○年㈹第○○号支払督促申立事件について、仮執行宣言
付支払督促正本を受領しました。

※仮執行宣言申立書【書式12－7】で例示したように、仮執行宣言付支払督促の
　正本の交付について、送付（普通郵便）での交付の同意文言を記載して、この
　請書を、仮執行宣言申立書にあわせて提出すると、債権者宛の仮執行宣言付支
　払督促正本の送達が、特別送達郵便でなく普通郵便となり、1100円ほど郵送費
　が節約できる。

【書式12-9】 督促異議申立取下書

○年(ワ)第○○号差押債権取立請求事件

(支払督促　○○簡易裁判所○年(ロ)第○○号)

原告（債権者）　○○市

被告（債務者）　株式会社○○

督促異議申立ての取下書

○年○月○日

○○地方裁判所　御　　中

被告（債務者）　株式会社○○　　㊞

代表者代表取締役　○○○○

　上記当事者間の御庁○年(ワ)第○○号差押債権取立請求事件について、被告（債務者）が、○年○月○日になした支払督促に対する督促異議の申立ては、これを取り下げる。

【書式12-10】 訴えの提起議案書（支払督促から通常訴訟移行）

議案　第○○号

訴えの提起について

　滞納処分による給料差押え後の取立訴訟について、次のとおり訴えを提起するため地方自治法（昭和22年法律第67号）第96条第1項第12号により、議会の議決を求める。

　○年○月○日　提出

○○市長　○○○○　　㊞

1　訴えの相手方の所在地および名称

　　住所　○○市雇主町7-8-9

　　氏名　株式会社○○

　　　　　代表取締役　○○○○

2　事件名　差押債権取立請求事件

3　請求の内容

　　○年○月から○年○月までの滞納者Aの相手方（雇用主）に対する給料

債権のうち国税徴収法第76条第1項各号が定める給料の差押禁止額を控除した○○円の支払い

4　支払督促の申立て

　滞納者Aは、5年間にわたり、固定資産税および軽自動車税を滞納し、その合計額は○○円となった。Aに対して、再三にわたり納付の折衝を行ったが、納付に至らなかったことから、○年○月○日、Aの雇用主である株式会社○○に対するAの給料債権の差押えをした。

　給料債権差押え後、株式会社○○に対して、差し押さえた給料の支払いを求めたが、支払いがなく、給料債権差押えの時から1年を経過し、差し押さえた給料債権の合計額は○○円となった。

　そこで、○年○月○日、訴訟手続にて履行を請求するため、株式会社○○を債務者として○○簡易裁判所に差押債権取立請求の支払督促の申立てをした。

5　提案理由−督促異議申立てによる通常訴訟移行

　上記、支払督促の申立て後、○○簡易裁判所は、○年○月○日付けで支払督促（事件番号○○簡易裁判所○年(ロ)第○号）を発付した。

　これに対し相手方は、督促異議の申立てをした。

　督促異議申立があったときは、民事訴訟法（平成8年法律第109号）第395条により、支払督促の申立ての時に訴えの提起があったとみなされることから、議会の承認を求める。

6　事件の進行方針および授権事項

(1)　本件に関する訴えの提起および訴えの取り下げ

(2)　相手方の和解の申し入れがあり、履行が見込まれる場合は和解する。
　　和解条件は、市長に一任する。

(3)　判決の結果、必要と認めたときは、控訴、上告する。

【書式12−11】　訴えの提起議決書

議案　第○○号

訴えの提起について

　滞納処分による給料差押え後の取立訴訟について、次のとおり訴えを提起するため地方自治法（昭和22年法律第67号）第96条第1項第12号により、議会の議決を求める。

　○年○月○日　提出

　　　　　　　　　　　　　　　　　　　○○市長　　○○○○　㊞

1 訴えの相手方の所在地および名称

住所 ○○市雇主町 7 − 8 − 9

氏名 株式会社○○

代表取締役 ○○○○

2 事件名 差押債権取立請求事件

3 請求の内容

○年○月から○年○月までの滞納者 A の相手方（雇用主）に対する給料債権のうち国税徴収法第76条第１項各号が定める給料の差押禁止額を控除した○○円の支払い

4 支払督促の申立て

滞納者 A は、５年間にわたり、固定資産税および軽自動車税を滞納し、その合計額は○○円となった。A に対して、再三にわたり納付の折衝を行なったが、納付に至らなかったことから、○年○月○日、A の雇用主である株式会社○○に対する A の給料債権の差押えをした。

給料債権差押え後、株式会社○○に対して、差し押さえた給料の支払いを求めたが、支払いがなく、給料債権差押えの時から１年を経過し、差し押さえた給料債権の合計額は○○円となった。

そこで、○年○月○日、訴訟手続にて履行を請求するため、株式会社○○を債務者として○○簡易裁判所に差押債権取立請求の支払督促の申立てをした。

5 提案理由─督促異議申立てによる通常訴訟移行

上記、支払督促の申立て後、○○簡易裁判所は、○年○月○日付けで支払督促（事件番号○○簡易裁判所○年㋺第○号）を発付した。

これに対し相手方は、督促異議の申立てをした。

督促異議申立があったときは、民事訴訟法（平成８年法律第109号）第395条により、支払督促の申立ての時に訴えの提起があったとみなされることから、議会の承認を求める。

6 事件の進行方針および授権事項

(1) 本件に関する訴えの提起および訴えの取り下げ

(2) 相手方の和解の申し入れがあり、履行が見込まれる場合は和解する。和解条件は、市長に一任する。

(3) 判決の結果、必要と認めたときは、控訴、上告する。

原案可決 ○○市議会議長 ○○○○ ㊞

この抄本は原本と相違ないことを証明する。

○○市議会議長 ○○○○ ㊞

【書式12-12】 地方自治法第179条に基づく専決処分書（支払督促から通常訴訟移行）

専 決 処 分 書

　支払督促に対する督促異議の申立てに係る訴えの提起につき、地方自治法第179条第1項の規定に基づき、別紙のとおり専決処分する。

○年○月○日

　　　　　　　　　　　　　　　　　　　　○○市長　　○○○○　㊞

理　　由

　市は、Aが、市税○円を滞納したことから、○年○月○日、Aの雇用主である株式会社○○に対する給料債権を地方税法に基づき、差押えた。ところが、株式会社○○は、市が差し押さえた給料債権の支払いをしなかったことから、○年○月○日、○○簡易裁判所に差押債権取立請求の支払督促を申し立てた。

　○年○月○日、同裁判所は支払督促（事件番号○○簡易裁判所○年(ロ)第○号）を発付した。

　これに対し、相手方は、○年○月○日、督促異議の申立てをした。督促異議申立てがあったときは、民事訴訟法第395条により、支払督促の申立ての時に訴えの提起があったとみなされることから議会の議決が必要となるが、緊急を要するため議会を招集する時間的余裕がないことが明らかである。

＝＝＝＝＝＝＝＝＝＝＝＝＝＝＝＝＝＝＝＝

（別紙）

　市は、○年○月○日をもって、下記相手方を被告として、差押債権取立請求訴訟を提起する。

1　相手方
　　住所　　○○市雇主町7-8-9
　　氏名　　株式会社○○
　　　　　　代表取締役　　○○○○
2　事件名　差押債権取立請求事件
3　請求金額
　　○○円
4　請求の内容
　　○年○月から○年○月までの滞納者Aの相手方に対する給料債権のうち国税徴収法第76条第1項各号が定める給料の差押禁止額を控除した○○円の支払い
5　事件の進行方針および取扱い
　(1)　本件に関する訴えの提起および訴えの取り下げ
　(2)　相手方の和解の申し入れがあり、履行が見込まれる場合は和解する。
　　　　和解条件は、市長に一任する。
　(3)　判決の結果、必要と認めたときは、控訴、上告する。

【書式12-13】　訴えの提起専決処分報告・承認議案（支払督促から通常訴訟移行）

議案　承認第○○号

専決処分した訴えの提起について承認を求める件

　地方自治法第179条第1項の規定により、○年○月○日、別紙のとおり、訴えの提起を専決処分したので、同法同条第3項の規定により、これを報告し、議会の承認を求める。
○年○月○日　報告

○○市長　○○○○　㊞

提案理由

　市は、○年○月○日、○○簡易裁判所に支払督促を申立て、同裁判所は支払督促（事件番号○○簡易裁判所○年(ロ)第○号）を発付した。これに対し、相手方は督促異議の申立てをした。督促異議申立があったときは、民事訴訟法第395条により、支払督促の申立ての時に訴えの提起があったとみなされることから、議会の議決が必要となるが、緊急を要するため議会を招集する時間的余裕がないことが明らかであることから、訴えを提起することにつき、地方自治法第179条第1項の規定に基づき、別紙のとおり専決処分した。

　よって、同条第3項の規定により報告するとともに承認を求める。

＝＝＝＝＝＝＝＝＝＝＝＝＝＝＝＝＝＝

（別紙）専決処分書
（【書式12-12】の別紙に同じ）

【書式12-14】　地方自治法第180条に基づく専決処分書（支払督促から通常訴訟移行）

専　決　処　分　書

　支払督促に対する督促異議の申立てに係る訴えの提起につき、○年○月○日議決「市長の専決処分事項の指定について」に基づき、別紙のとおり専決処分する。
○年○月○日

○○市長　○○○○　㊞

理　　由

（以下、【書式12-12】の理由に同じ）

【書式12-15】 専決処分議案説明書

第○号について、説明いたします。
（地方自治法第179条第１項による専決処分の場合）
議会を招集する時間的な余裕がなかったことから、地方自治法第179条第１項に基づき、訴えの提起の専決処分を行いましたので、議会に報告し、承認を求めます。
議会資料の専決処分書にあるとおり、○年○月○日、市税○○円を滞納している者の給料債権を地方税法の滞納処分の規定により差し押さえました。ところが、給与の支払義務者である株式会社○○は、差し押さえた給料債権の支払いをしませんでした。
そこで、株式会社○○を相手方として、差し押さえた給料債権の支払いを求めて○年○月○日、○○簡易裁判所に支払督促の申立てをしたところ、株式会社○○より、○年○月○日付けで督促異議の申立てがあり、民事訴訟法第395条により、訴えの提起があったとみなされ、通常訴訟に移行しました。訴えの提起は、議会の議決事項でありますが、議会を招集する時間的な余裕がないことが明らかであったので、地方自治法第179条第１項に基づき専決処分を行いました。
以上、報告第○号について説明いたしました。ご審議のほど、お願い申し上げます。
（議会の委任による専決処分指定（地方自治法第180条第１項）による専決処分の場合）
議会資料の専決処分書にあるとおり、○年○月○日、市税○○円を滞納している者の給料債権を地方税法の滞納処分の規定により差し押さえました。ところが、給与の支払義務者である株式会社○○は、差し押さえた給料債権の支払いをしませんでした。
そこで、株式会社○○を相手方として、差し押さえた給料債権の支払いを求めて○年○月○日、○○簡易裁判所に支払督促の申立てをしたところ、株式会社○○より、○年○月○日付けで督促異議の申立てがあり、民事訴訟法第395条により、訴えの提起があったとみなされ、通常訴訟に移行しました。
そこで、地方自治法第180条第１項に基づき、議会の議決により指定されております長の専決処分事項のうち「１件の金額が90万円未満の訴えの提起、和解、幹旋、調停及び仲裁」に基づき、訴えの提起につき専決処分を行いましたので、議会に報告いたします。
（専決条例もしくは債権管理条例に基づく専決処分の場合）
○○市債権管理条例第○条に基づき、１件の請求金額が90万円以下の訴えの提起につき専決処分を行いましたので、議会に報告いたします。
（以下、「議会の委任による専決処分指定」に同じ）

【書式12－16】

【書式12－16】　訴状に代わる準備書面

○年(ワ)第○○号差押債権取立請求事件
原　告　　○○市
被　告　　株式会社○○

訴状に代わる準備書面

○年○月○日

○○地方裁判所　民事部　　御　中

原告　○○市
原告指定代理人　○○○○　㊞
同　　　　　　　○○○○　㊞
同　　　　　　　○○○○　㊞

請　求　の　趣　旨

1　被告は、原告に対し金○○円を支払え。※1
2　訴訟費用は被告の負担とする。※2
　との判決並びに仮執行宣言を求める。

（以下、請求の原因、証拠方法、添付書類の書式は、【書式13－3】訴状と同じ）

※1　支払督促申立書の請求の趣旨1の金額を記入する。
※2　訴訟費用は、支払督促申立書の請求の趣旨2の申立手数料含む費用となる。

【書式12−17】　期日請書

> ○年㈦第○○号差押債権取立請求事件
> 原　告　　○○市
> 被　告　　株式会社○○
>
> 期　日　請　書
>
> ○年○月○日
>
> ○○地方裁判所　民事部　　御　中
>
>
> 原告　○○市
>
> 原告指定代理人　　○○○○　㊞
>
> 同　　　　　　　　○○○○　㊞
>
> 同　　　　　　　　○○○○　㊞
>
>
> 　上記当事者間の事件につき、口頭弁論期日が、○年○月○日午前10時15分と指定されたので同日時に、出頭します。

【書式12—18】 支払督促（訴え）の取下書

事件番号○年㈹第○○号
　　（○年㈹第○○号差押債権取立請求事件）
債権者（原告）　○○市
債務者（被告）　株式会社○○

取　　下　　書

○年○月○日

○○簡易（地方）裁判所　民事部　　御　中

　　　　　　　　　　　債権者　○○市

　　　　　　　　　　　　債権者指定代理人　○○○○　㊞

　　　　　　　　　　　　同　　　　　　　　○○○○　㊞

　　　　　　　　　　　　同　　　　　　　　○○○○　㊞

　上記当事者間の御庁○年㈹第○○号支払督促申立事件（○年㈹第○○号）について、下記理由により（都合により）、取り下げる。

　　□　債務者から支払いを受けた

　　□　支払督促の送達が不能

　　□　その他

【書式13-1】　訴えの提起の決裁伺い（専決処分）

決裁区分	起案日等			文書番号			起案者
	起案日　　年　　月　　日			保存期間　○年			起 案 者
	決裁日　　年　　月　　日			起案部課　○○部○○課			
	完結日　　年　　月　　日						
決裁・合議	市　長　○○副市長	副市長	○○部長	○○課長	係長	起案	起 案 者
			総務部長	人事課長	係長	担当	担 当 者
				行政管理課長	係長	担当	担 当 者
			財政部長	財政課長	係長	担当	担 当 者

件名　滞納処分による差押債権取立に係る訴えの提起について（専決処分）

滞納処分の対象者は、市税を滞納するＡの雇用主であり、当市が差し押さえた給料債権を、当市に支払う義務がありますが、義務の履行をしないことから、訴訟手続にて、再三の催告をしても支払いに応じないことから、下記の訴えの提起をすることについて、市長の専決処分事項に関する議決に基づき、専決処分を行なってよろしいか。

また、地方自治法第153条第1項の規定に基づき、別紙（案）により、指定代理人を選任し、訴訟（和解を含む）に関する一切の件を委任してよろしいか。

なお、地方自治法第180条第2項に規定する専決処分の報告については、別途決裁を得て市議会定例会において行なうこととしたい。

記

1　事件名　　　　　差押債権取立請求事件
2　裁判所　　　　　○○地方裁判所○○支部
3　原　告　　　　　○○市　代表者市長　○○○○
4　被　告　　　　　株式会社○○（○○市雇主町7－8－9）
5　請求の内容　　　当市が差し押さえた債務者Ａの株式会社○○に対する給料債権の支払いを求めるもの。
6　訴訟物の価額　　○○万円

【書式13－2】　訴えの提起議案書

訴えの提起　　議案第○○号

　　訴えの提起について

　滞納処分による給料差押え後の差押債権取立請求訴訟について、次のとおり訴えを提起するため地方自治法（昭和22年法律第67号）第96条第1項第12号により、議会の議決を求める。

　　○年○月○日　提出

　　　　　　　　　　　　　　　　　　　　　　　○○市長　　○○○○　　㊞

　　提案理由

　給料債権差押え後、株式会社○○に対して、差し押さえた給料の支払いを求めたが、支払いがなく、債権差押えの時から1年を経過し、差し押さえた給料債権の合計額は○○円となった。

　そこで、訴訟手続にて履行を請求するため、株式会社○○を被告として、○○地方裁判所に差押債権取立請求訴訟を提訴すべく、議会の承認を求める。

1　訴えの相手方の所在地および名称

　　住所　○○市雇主町7－8－9

　　氏名　株式会社○○

2　事件名　差押債権取立請求事件

3　請求の内容

　　○年○月から○年○月までの滞納者Aの相手方に対する給料債権のうち国税徴収法第76条第1項各号が定める給料の差押禁止額を控除した○○円の支払い

4　給料債権の差押えに至る経緯

　　滞納者Aは、5年間にわたり、固定資産税および軽自動車税を滞納し、その合計額は○○円となった。Aに対して、再三にわたり納付の折衝を行なったが、納付に至らなかったことから、○年○月○日、Aの雇用主である株式会社○○に対するAの給料債権を差し押さえた。

5　事件に関する取扱い

　　訴えの提起後、訴訟において必要があるときは、和解し、上訴し、その他必要な措置を行うことができるものとする。

【書式13－3】　差押債権（給料）取立請求訴訟訴状

訴　　　状

印紙

○年○月○日

○○地方裁判所　民事部　　御　中

原告　○○市

原告指定代理人　　○○○○　㊞

同　　　　　　　　○○○○　㊞

同　　　　　　　　○○○○　㊞

〒○　○○県○○市処分町１－２－３

原　　　告　　　○○市

代表者市長　　　○○○○

〒○　○○県○○市処分町１－２－３　○○市納税課（送達場所）

電話番号○－○－○　ファックス番号○－○－○

〒○　○○県○○市雇主町７－８－９

被　　　告　　　株式会社○○

代表者代表取締役　　○○○○

差押債権取立請求事件

訴訟物の価格　　　　○○円

貼用印紙額　　　　　○○円

請　求　の　趣　旨

1　被告は、原告に対し金○○円を支払え。

2　訴訟費用は被告の負担とする。

　との判決並びに仮執行宣言を求める。

請　求　の　原　因

1　**当事者**

　　原告は、普通地方公共団体であり、訴外Ａ（住所：○○県○○市納税区４－５－６）の租税債権者である。

　　被告は、訴外Ａの雇用主であり、訴外Ａに対して給料を支払う者である。

2　**訴外Ａの地方税の滞納（請求債権）**

　　　原告は、訴外Aに対し、別紙滞納明細書記載の税目欄及びこれに対応する年度欄記載の各地方税につき、納税通知書を送達したが（甲2）、訴外Aは税額欄記載の金額を、納期限欄記載の日までに支払わなかった（甲1）。

　　　訴外Aの各地方税の滞納の総額は、本訴え提起の時点で、本税○○円、延滞金○○円、総額合計○○円となった。なお、延滞金は現在も日々発生している。

　　　原告は、訴外Aに対し、上記滞納した各地方税を支払うよう督促したが（甲3の1から○）、訴外Aは支払いをしない。

3　訴外Aの給料債権の差押えと取立権の取得

　　　原告は、前項の訴外Aが滞納した各地方税の本税及び延滞金を徴収するため、訴外Aの被告に対する給料債権を差し押さえ（履行期限：給料の各支払日）（甲5の1）、○年○月○日、被告に債権差押通知書が送達された（甲5の2）。

　　　上記債権差押通知書の送達日に、給料債権差押えの効力が生じ（地方税法331条6項、同法373条7項、同法459条6項、同法728条7項、国税徴収法62条3項）、原告は、同年○月以降の差し押さえた給料債権の取立権を取得した（国税徴収法67条1項）。

　　　なお、本件給料債権は継続収入であるため、債権差押えの効力（取立権）は、徴収すべき地方税額を限度として、給料債権の差押え後のすべての給料に及んでいる（国税徴収法66条）。

4　支払給料額

　　　被告は、訴外Aの雇用主であり、訴外Aには、毎月末日締め、翌月○日支払いの給料債権が生じている。

　　　○年○月○日の本件給料債権差押え後、本訴提訴までに、訴外Aは、被告に対して、少なくとも別紙「給料等差押可能金額計算書」【書式12－5】の給与支払額記載の給料債権を取得している。

　　　なお、被告は、本件債権差押え後の訴外Aの月額給料の支払額を、明らかにしないので、原告の調査により知り得た従前の給料の支払実績により、推認して記載した。

5　差押債権額（給料債権差押禁止額の控除）

　　　本件給料債権差押日以降、毎月支払いを受けるべき給料から給料債権等の差押禁止額（国税徴収法76条1項ないし3項、同法施行令34条）を差し引いたのちの差押金は、別紙「給料差押可能金額計算表」のとおりである。

　　原告は、被告に対して、本訴提訴時には、給料差押債権の取立金として、
　合計金〇〇円の請求権を有するに至った。

6　差押債権の支払いの催告

　　原告は、被告に対して、訴訟手続移行予告通知兼催告書（甲6）【書式12
　-1】にて上記差押債権金〇〇円の支払いを求めたが、被告は支払いをしな
　い。

　　よって、原告は、被告に対して、地方税法331条6項、同法373条7項、同法
459条6項、同法728条7項、国税徴収法67条1項の取立権に基づき、本件債権
差押の日である〇年〇月〇日から本訴提訴日までの給料債権のうち〇〇円の支
払いを求めて本訴に至った。

証　拠　方　法

甲第1号証　　　　市税滞納明細書
甲第2号証の1から〇　納税通知書
甲第3号証の1から〇　督促状
甲第4号証の1から〇　督促状発信記録
甲第5号証の1　債権差押通知書
甲第5号証の2　郵便物等配達証明書
甲第6号証　　　　訴訟手続移行予告通知兼催告書

添　付　書　類

訴状副本　　　　　　1通
証拠説明書　　　　　1通
甲号証写し　　　各2通
訴えの提起議決書　　1通（or 長の専決処分書　1通）
代理人指定書　　　　1通
資格証明書　　　　　1通

＝＝＝＝＝＝＝＝＝＝＝＝＝＝＝＝＝

（別紙 A）　滞納明細書

＝＝＝＝＝＝＝＝＝＝＝＝＝＝＝＝＝

（別紙）　給料等差押可能額計算書【書式12-5】

【書式13－4】　証拠説明書

○年㊆第○○号差押債権取立請求事件
原　　告　　○　○　市
被　　告　　株式会社○○

証　拠　説　明　書

○年○月○日

○○地方裁判所　民事部　御　中

原告指定代理人　○○○○　㊞

甲号証番号	標目	原本写し	作成日	作成者	立証趣旨
1	滞納明細書	写し	○年○月○日	原告	訴外Aの滞納の内容
2の1	納税通知書（全期）	写し	○年○月○日	原告	訴外Aに納税通知書を送った事実。訴外Aが納期限を徒過した事実。
2の2	納税通知書（全期）	写し	○年○月○日	原告	同上。
2の3	納税通知書（全期）	写し	○年○月○日	原告	同上。
3の1	督促状	写し	○年○月○日	原告	訴外Aに督促した事実。
3の2	督促状	写し	○年○月○日	原告	同上。
3の3	督促状	写し	○年○月○日	原告	同上。
4の1～○	督促状発信記録	写し	○年○月○日	原告	督促状が訴外Aに送達された事実。
5の1	債権差押通知書	写し	○年○月○日	原告	督促後10日以上経過して、訴外Aの給料債権を差し押さえた事実。
5の2	配達証明記録	写し	○年○月○日	日本郵便㈱	○年○月○日、被告に債権差押通知書が送達され、原告が差押債権の取立権を取得した事実。
6	訴訟手続移行予告通知兼催告書	写し	○年○月○日	原告	原告が、被告に対し、差押債権の支払いを催告した事実。

【書式13－5】 代理人指定書（通常訴訟）

代 理 人 指 定 書

〇年〇月〇日

　　住　所　　〇〇県〇〇市処分町１－２－３
　　指定者　　〇〇市　市長〇〇〇〇　　　　　（公印）

　地方自治法第153条第１項の規定により、下記の者を代理人に指定し、下記の行為を行わせる。

　　　　　〇〇市職員　　納税課　　課長　〇〇〇〇
　　　　　同　　　　　　　　　　係長　〇〇〇〇
　　　　　同　　　　　　　　　　主事　〇〇〇〇

被　告　住所　　〇〇県〇〇市雇主町７－８－９
　　　　氏名　　株式会社〇〇

裁 判 所　　〇〇地方裁判所
事 件 名　　差押債権取立請求事件
事件番号　　〇年㈲第〇号差押債権取立請求事件

委任事項
　民事訴訟法55条１項・２項各所定の行為

※支払督促申立の段階で代理人指定書を提出していれば、通常訴訟移行後に提出は不要。

【書式13－6】 訴状訂正申立書

○年(ワ)第○号差押債権取立請求事件

原告　○　○　市

被告　株式会社○○

訴状訂正の申立て

○年○月○日

○○地方裁判所　民事部　御中

原告　○　○　市

原告指定代理人　○○○○　㊞

同　　　　　　　○○○○　㊞

同　　　　　　　○○○○　㊞

　　請求の原因の○項に、「△△・・・・」とあるのは、「○○・・・・」という趣旨である。

　　同項の末尾に、「□□・・・・」を追加する。

※訴状訂正申立書は訴状と同じ扱いとなるのでファックスで提出できない。裁判所に押印した原本を2通持参するか、郵送する。

【書式13－7】　答弁書

○年㈠第○○号差押債権取立請求事件
原告　○○市
被告　株式会社○○

答　弁　書

○年○月○日

○○地方裁判所　民事部　御中

被　告　株式会社○○　㊞

1　請求の趣旨に対する答弁
　　原告の請求を棄却する。
　　訴訟費用は原告の負担とする。
　との判決を求める。
2　請求の原因に対する答弁
　　訴状1項は、認める。
　　訴状2項は、不知。訴外Aが市税を滞納した事実、原告から督促を受けた事実は知らない。
　　訴状3項のうち、原告から差押通知書が、被告に送達された事実は認めるが、その余は、不知ないし争う。
　　訴状4項は、否認。被告が訴外Aに支払うべき給料債権は、現時点で発生していない。
　　訴状5項は、不知。
　　訴状6項は、認める。
3　被告の主張
　　○年○月○日、訴外Aは、被告を退職している。
　　よって、原告の差押えを受ける給料債権は存在しない。

以　上

【書式13− 8】 準備書面

○年(ワ)第○○号差押債権取立請求事件
原告　○○市
被告　株式会社○○

準　備　書　面　(1)

○年○月○日

○○地方裁判所　民事部　御中

原告　○○市
原告指定代理人　○○○○　㊞
同　　　　　　　○○○○　㊞
同　　　　　　　○○○○　㊞

1　答弁書に対する認否
　　○年○月○日、訴外Aが、被告を退職した事実は認める。
2　原告の主張
　　原告は、訴外Aが退職する以前の○年○月○日、訴外Aの給料債権の差押えをしているので、○年○月分から同年○月分まで、○か月間の給料債権の差押えは、なお有効である。
　　差押えが有効な部分まで、訴えを変更（請求の減縮）する予定である。

以　上

【書式13－9】 訴えの変更申立書

○年㈦第○○号差押債権取立請求事件
原　告　　○○市
被　告　　株式会社○○

訴えの変更申立書

○年○月○日

○○地方裁判所　　御中

原告　○○市
原告指定代理人　○○○○
同　　　　　　　○○○○
同　　　　　　　○○○○

（請求金額を減額する場合）
　原告は、被告に対する請求額を金○○○○円から金○○○○円に減縮し、次のとおり請求の趣旨を変更する。
（請求金額を増額する場合）
　原告は、被告に対する請求額を金○○○○円から金○○○○円に拡張し、次のとおり請求の趣旨を変更する。

請求の趣旨の変更

　1　被告は、原告に対し、金○○円を支払え。
　2　訴訟費用は被告の負担とする。
との判決及び仮執行の宣言を求める。

請求の原因の変更

　訴状（or 訴状に変わる準備書面）記載の請求原因の4項、5項につき次のとおり変更する。
4　支払給料額
　　本件給料債権差押後、支払督促申立（本訴提訴）までに、訴外Xは、被告に対して、別紙「給料等債権差押可能金額計算表」の給料支払額欄記載の給料債権を取得した。
5　差押債権額（給料債権差押禁止額の控除）

325

　継続的収入に対する差押えの効力（徴収法66条）および給料債権等の差押禁止の範囲（徴収法76条1項ないし3項、徴収令34条）による被差押債権（Xの給料債権）の範囲と金額は、別紙「給料等債権差押可能金額計算書」のとおりとなる。

　よって、請求の趣旨を変更する。

＝＝＝＝＝＝＝＝＝＝＝＝＝＝＝＝＝＝

（別紙）　給料等債権差押可能金額計算表

【書式13－10】　訴訟進行に関する意見書（和解の応諾ができない意見書）

○年(ワ)第○○号差押債権取立請求事件
原　　告　　　○○市
被　　告　　　株式会社○○

訴訟進行に関する意見書

　　　　　　　　　　　　　　　　　　　　○年○月○日

○○地方裁判所　御中

　　　　　　　　　　　　　原告　　○○市
　　　　　　　　　　　　　　原告指定代理人　　○○○○
　　　　　　　　　　　　　　同　　　　　　　　○○○○
　　　　　　　　　　　　　　同　　　　　　　　○○○○

　原告は、地方公共団体であり、その有する債権を放棄する場合（一部放棄を含む）、公金の債権放棄となり、原則として議会の承認が必要となる（地方自治法240条、96条1項10号）。

　元金部分の減額はもちろん、遅延損害金の免除も、債権の放棄となり、議会の承認が必要となる。

　よって、請求金額を減額する和解には、応じられない。

【書式13−11】　和解の承認の議案書

議案　第○○号

和解について

　差押債権取立請求訴訟について、次のとおり、相手方と和解するため地方自治法第96条第1項第12号により、議会の議決を求める。
　　　○年○月○日　提出

○○市長　　○○○○

1　和解の相手方の所在地および名称
　　住所　　○○市雇主町7−8−9
　　氏名　　株式会社　　○○
　　　　　　代表取締役　　○○○○
2　裁判所・事件番号・事件名
　　○○地方裁判所　○年(ワ)第○○号　差押債権取立請求事件
3　請求の内容
　　○年○月から○年○月までの滞納者Aの相手方に対する給料債権のうち国税徴収法第76条第1項が定める給料の差押禁止額を超える合計○○円の支払い
4　訴訟に至る経緯と和解の申出
　　滞納者Aは、5年間にわたり、固定資産税および軽自動車税を滞納し、その合計額は○円となった。Aに対して、再三にわたり納付の折衝を行なったが、納付に至らなかったことから、○年○月○日、Aの勤務先である株式会社○○に対するAの給料債権の差押えをした。
　　給料債権差押え後、株式会社○○に対して、差し押さえた給料の支払いを求めたが、支払いがなく、給料差押えの時から1年を経過し、差し押さえた給料の合計額も○○円となった。
　　そこで、訴訟手続にて履行の請求をするため、○年○月○日、株式会社○○を被告として、○○地方裁判所に差押債権取立請求訴訟を提起した。
　　○年○月○日、第1回口頭弁論期日が開かれ、相手方から和解の申出があった。
5　和解条項の内容
　　別紙和解条項のとおり
6　和解期日

　　　○年○月○日、○○地方裁判所において、裁判上の和解をする。

7　提案理由

　　相手方は、1年以上、差押債権の支払いを怠り、未払い額が累積した。

　　相手方の経営状況、資産状況からして、一括して支払うことは困難である。また、判決を得ても、めぼしい財産も見当たらず、強制執行もできない。そこで、現実に毎月履行可能な金額での分割払いを認め、和解することにより、市の租税債権の保全を図ろうとするもの。

＝＝＝＝＝＝＝＝＝＝＝＝＝＝＝＝＝＝＝

（別紙）

和解条項

1　被告は、原告に対し、金○○円の支払い義務のあることを認める。

2　被告は、前項の金員を、次のとおり分割して、毎月末日限り、原告方出納窓口に持参もしくは原告指定の納付書を利用して支払う。

　(1)　○年○月から同年○月まで、毎月○○円（合計○回）

　(2)　○年○月に○○円（最終回）

3　被告が、前項の金員の支払いを2回以上怠ったときは、当然に期限の利益を失い、被告は、原告に対し、第1項の金額から既払い金を控除した残金および残金に対する期限の利益喪失日の翌日から完済まで年○パーセントの割合による遅延損害金を直ちに支払う。

4　訴訟費用は各自の負担とする。

※和解条項に定める遅延損害金の利率は、民事法定利率（3％。民法404①）に従う必要はなく、7.3％でも14.6％でもよい。なお、地方税の延滞金は、当分の間、特例基準割合（地税法附則3の2）によることとなり、将来発生する延滞金の利率が定まらない。たとえば、「地方税法附則第3条の2が定める割合による延滞金を直ちに支払う」というような浮動的な条項は、紛争を終結させるための和解条項としては適当でないといえる。

【書式13−12】　裁判上の和解専決処分書

専　決　処　分　書

　差し押さえた給料債権の取立権の保全のため、相手方との和解につき、地方自治法第179条第1項の規定に基づき、別紙のとおり専決処分する。

○年○月○日

○○市長　○○○○　㊞

理　　由

　市は、議会の議決のうえ、○年○月○日、株式会社○○を被告として○○地方裁判所に差押債権取立請求の訴えを提起したところ、第1回口頭弁論期日に、被告から分割して支払いたいとの和解の申し出があった。和解には議会の議決が必要となるが、次回、口頭弁論期日は、○年○月○日と指定されており、緊急を要するため議会を招集する時間的余裕がないことは明らかである。

（別紙）

　市は、下記第1項の事件につき、下記第2項の被告と下記第5項の条件で差押債権の支払いにつき裁判上の和解をする。

1　裁判所・事件番号・事件名

　　○○地方裁判所　○年(ワ)第○号　差押債権取立請求事件

2　被告

　　住所　○○市雇主町7−8−9

　　氏名　株式会社○○

　　　　　代表取締役　○○○○

3　請求の内容

　　○年○月から○年○月までの滞納者Aの被告に対する給料債権のうち国税徴収法第76条第1項各号が定める給料の差押禁止額を控除した○○円の支払い

4　和解期日

　　○年○月○日、○○地方裁判所において、裁判上の和解をする。

5　和解条項の内容

　　別紙和解条項のとおり

　　（【書式13−9】の別紙に同じ）

【書式13−13】 指定代理人代理権消滅通知

訴訟代理権消滅通知

○年○月○日

○○県○○市○○町処分庁１−２−３
○○市長　　○○○○　　（公印）

次の者の下記事件についての訴訟代理権が消滅したことを通知する。

○　○　○　○

記

氏名のみでよい

裁　判　所　　○○簡易裁判所
事　件　名　　○○等請求事件
事件番号　　○年(ハ)第○号

※異動、退職などで、担当部署を離れ、指定代理人から外す場合に、裁判所に提出する文書。異動先の部署、役職名の記載は不要で、氏名のみ記載すればよい。

【書式14-1】 預金差押え後の支払催告兼取立訴訟予告通知書

〇年〇月〇日

〒〇

〇県〇市〇町5-6-7

　株式会社〇〇銀行　〇〇支店　御中

〇〇市長

〇　〇　〇　〇

差押預金の支払催告兼差押債権取立請求訴訟提起の予告通知書

　当市は、貴行に対し、下記債務者に係る〇年〇月〇日付け債権差押通知書を送達し、下記債務者の預金債権の差押えを執行し、当該預金債権の取立権を取得しました。

　これまで、支払いを求めてきましたが、現時点で、差し押さえた預金債権の支払いがありません。

　そこで、〇年〇月〇日までに、支払いいただくよう再度、本書面にてお願い申し上げます。

　支払いがない場合、訴訟手続きにて、差押債権の取立てを行います（別紙訴状の通り）。

　貴行の債務者に対する債権と差押預金債権を相殺するあるいは相殺したのであれば、速やかに債務者あての相殺通知書の写しを当市まで送付してください。

　文書にて相殺の事実が確認できないかぎり催告を継続します。

記

債務者　　　A

生年月日　　〇年〇月〇日

住所　　　　〇県〇市納税区4-5-6

※この通知書の到達以前にお支払い済みの場合は行き違いですのでご了承ください。

※この通知書について、不明な点があれば、上記支払い期限までに、下記担当者までお問い合せください。

【連絡先】〒〇　〇〇市処分町1-2-3

〇〇市納税課（担当〇〇）

電話〇-〇-〇　内線〇〇

【書式14－2】　反対債権のある差押債権（預金）取立請求訴訟訴状

訴　状

○年○月○日

○○地方裁判所　民事部　　御　中

　　　　　　　　　　　　　　原告　○○市

　　　　　　　　　　　　　　　原告指定代理人　　○○○○　㊞

　　　　　　　　　　　　　　　同　　　　　　　　○○○○　㊞

　　　　　　　　　　　　　　　同　　　　　　　　○○○○　㊞

〒○　　○○県○○市処分町１－２－３

　　　　　　　　　　　　　　　原　　　告　　○○市

　　　　　　　　　　　　　　　代表者市長　　○○○○

〒○　　○○県○○市処分町１－２－３　　○○市納税課（送達場所）

　　　　　　　　　　　　　電話番号○－○－○　ファックス番号○－○－○

〒○　　○県○○市金融町10－11（本店所在地）

　　　　　　　　　　　　　　　被　　　告　　株式会社○○銀行

　　　　　　　　　　　　　　　代表者代表取締役　　B

差押債権取立請求事件

訴訟物の価格　○万○円

貼付印紙額　　　○円

請　求　の　趣　旨

1　被告は、原告に対し金○○円を支払え。

2　訴訟費用は被告の負担とする。

　　との判決並びに第１項について仮執行宣言を求める。

請　求　の　原　因

1　当事者

　　原告は、地方公共団体であり、訴外Ａ（住所：○県○○市納税区４－５

－6）の租税債権者である。

　被告は、金融機関であり、訴外Aは、被告に対して預金債権を有している。

2　訴外Aの地方税の滞納

　訴外Aは、原告に対し、滞納明細書（甲1）記載の税目欄及びこれに対応する年度欄記載の各地方税につき、税額欄記載の金額を、納期限欄記載の日までに支払わなかった。

　原告は、訴外Aに対し、上記滞納した各地方税を支払うよう督促したが、訴外Aは支払いをしない。

　訴外Aの各地方税の滞納総額は、本訴えの提起の時点で、本税○○円、延滞金○○円、総額合計○○円となった。

3　訴外Aの預金債権の差押えと取立権の取得

　原告は、前項の訴外Aの滞納した各地方税の本税及び延滞金を徴収するため、訴外Aの被告に対する預金債権を差し押さえ（履行期限：本市から請求あり次第即時）（甲2の1）、○年○月○日、被告に債権差押通知書が送達された（甲2の2）。

　上記債権差押通知書の送達日に、債権差押の効力が生じ（地方税法331条6項、同法373条7項、同法459条6項、国民健康保険法79条の2、国税徴収法62条3項）、原告は、差し押さえた預金債権の取立権を取得した（国税徴収法67条1項）。

4　被告に対する支払い催告

　前項記載の預金債権の差押え後、原告は被告に対して、電話により差し押さえた預金債権の支払いを求め、さらに○年○月○日付け差押預金の支払催告兼差押債権取立請求訴訟提起の予告通知書（甲3）により文書にて支払いを求めた。これに対して、被告は、訴外Aに対して反対債権があることを理由に支払いをせず、一方、反対債権による相殺も行わない。

　よって、原告は、被告に対して、地方税法331条6項、同法373条7項、同法459条6項、国民健康保険法79条の2、国税徴収法67条1項の取立権に基づき、本訴提訴日までの本税および延滞金の合計○○円の支払いを求めて、本訴に至った。

証　拠　方　法

甲第1号証　　　市税滞納明細書

甲第2号証の1　　債権差押通知書
甲第2号証の2　　郵便物等配達証明書
甲第3号証　　　　差押預金の支払催告兼差押債権取立請求訴訟提起の予告通知書

添　付　書　類

訴状副本　　　　　　　1通
証拠説明書　　　　　　1通
甲号証写し　　　　　各2通
訴えの提起請決書　　1通（or 長の専決処分書　1通）
代理人指定書　　　　1通
資格証明書　　　　　1通

【書式15－1】 相続人不存在・相続預金差押え・取立請求訴訟訴状

<pre>
                    訴   状   ┌─────┐
                                        │   │
                                        │ 印紙 │
                                        │   │
                                        └─────┘

                                        ○年○月○日
○○地方裁判所　民事部　　御　中
                        原告　○○市
                            原告指定代理人　○○○○　㊞
                            同　　　　　　　○○○○　㊞
                            同　　　　　　　○○○○　㊞
〒○　○○県○○市処分町１－２－３
                            原　　告　　○○市
                            代表者市長　○○○○
〒○　○○県○○市処分町１－２－３　○○市納税課（送達場所）
                    電話番号○－○－○　ファックス番号○－○－○

〒○　○県○○市金融町10－11（本店所在地）
                            被　告　　株式会社○○銀行
                        代表者代表取締役　B
</pre>

差押債権取立請求事件
訴訟物の価格　○万○円
貼付印紙額　　○円

請　求　の　趣　旨
1　被告は、原告に対し金○○円を支払え。
2　訴訟費用は被告の負担とする。
　　との判決並びに第１項について仮執行宣言を求める。

請　求　の　原　因
1　当事者
　　原告は、地方公共団体であり、訴外 A の承継者である相続財産法人（以

下、「訴外亡A相続財産」という。）の租税債権者である。

訴外A（死亡時の住所地：○県○○市納税区4－5－7）（以下、「訴外亡A」という。）は、次項記載の各地方税を滞納して、○年○月○日に死亡した（甲4）。

被告は、金融機関であり、訴外亡Aの承継者である訴外亡A相続財産は、被告に対して預金債権を有している。

2　訴外亡Aの地方税の滞納

　　訴外亡Aは、原告に対し、市税滞納明細書（甲1）記載の税目欄及びこれに対応する年度欄記載の各地方税につき、税額欄記載の金額を、納期限欄記載の日までに支払わなかった。原告は、訴外亡Aに対し、上記滞納した各地方税を支払うよう督促したが、訴外亡Aは支払いをしなかった。訴外亡Aの各地方税の滞納総額は、本訴えの提起の時点で、本税○○円、延滞金○○円、総額○○円となった。

3　訴外亡Aの死亡

　　○年○月○日、訴外亡Aは、死亡し、訴外亡Aには、相続人がなく、(or訴外亡Aの相続人全員が、相続放棄をし（甲5）、訴外亡Aの相続人は不存在となり、）訴外亡A相続財産が、滞納税を含む訴外亡Aの一切の権利義務を承継した（地税法9条）。

4　訴外亡A相続財産の預金債権の差押えと取立権の取得

　　原告は、前項の訴外亡Aの滞納した各地方税の本税及び延滞金を徴収するため、被告に対する訴外亡A相続財産の預金債権を差し押さえ（履行期限：本市から請求あり次第即時）（甲2の1）、○年○月○日、被告に債権差押通知書（甲2の2）が送達された。

　　上記債権差押通知書の送達日に、債権差押えの効力が生じ（地方税法331条6項、同法373条7項、同法459条6項、国民健康保険法79条の2、国税徴収法62条3項）、原告は、差し押さえた預金債権の取立権を取得した（国税徴収法67条1項）。

5　被告に対する支払い催告

　　前項記載の預金債権の差押え後、原告は被告に対して、電話により差し押さえた預金債権の支払いを求め、さらに○年○月○日付け差押預金の支払催告兼差押債権取立請求訴訟提起の予告通知書（甲3）により文書にて支払いを求めた。

　　これに対して、被告は、相続財産管理人が選任されておらず、差押調書の

謄本が債務者（訴外亡Ａ相続財産）に交付されていないこと（国税徴収法64条）を理由に支払いをしない。

　なお、滞納処分による債権差押えでは、債権差押通知書が第三債務者に送達されることによって差押えの効力が発生し（国税徴収法62条3項）、あわせて取立権も生じる（国税徴収法67条1項）。差押調書の謄本の交付は、取立権の取得要件と何ら関係がないので、原告の取立権を否定する理由にはならない。

　よって、原告は、被告に対して、地方税法331条6項、同法373条7項、同法459条6項、国民健康保険法79条の2、国税徴収法67条1項の取立権に基づき、訴外亡Ａが滞納した各地方税の本税および本訴提訴日までの延滞金の合計額○万円の支払いを求めて、本訴に至った。

証　拠　方　法

甲第1号証　　　　市税滞納明細書
甲第2号証の1　　債権差押通知書
甲第2号証の2　　郵便物等配達証明書
甲第3号証　　　　差押預金の支払催告兼差押債権取立請求訴訟提起の予告通知書
甲第4号証　　　　出生から死亡までの戸籍謄本
甲第5号証　　　　相続放棄受理証明
甲第6号証　　　　相続関係図

添　付　書　類

訴状副本　　　　　　　　1通
証拠説明書　　　　　　　1通
甲号証写し　　　　　　　各2通
訴えの提起議決書　　　　1通（or長の専決処分書　1通）
代理人指定書　　　　　　1通
資格証明書　　　　　　　1通※

※金融機関の代表事項証明書。

【書式15－2】　相続預金・共同相続人持分全部差押・取立請求訴訟訴状

訴　　状

印紙

○年○月○日

○○地方裁判所　民事部　　御　中

原告　○○市
原告指定代理人　　○○○○　㊞
同　　　　　　　　○○○○　㊞
同　　　　　　　　○○○○　㊞

〒○　○○県○○市処分町１－２－３

原　　告　　○○市
代表者市長　○○○○

〒○　○○県○○市処分町１－２－３　○○市納税課（送達場所）

電話番号○－○－○　ファックス番号○－○－○

〒○　○県○○市金融町10－11（本店所在地）

被　　告　　株式会社○○銀行
代表者代表取締役　B

差押債権取立請求事件
訴訟物の価格　○万○円
貼付印紙額　　○円

請　求　の　趣　旨
1　被告は、原告に対し金○○円を支払え。
2　訴訟費用は被告の負担とする。
　　との判決並びに第1項について仮執行宣言を求める。

請　求　の　原　因
1　当事者
　　原告は、地方公共団体であり、訴外B、C、Dの租税債権者である。訴外
　B、C、Dは、訴外Aの共同相続人である（甲5）。
　　訴外A（死亡時の住所地：○県○○市納税区４－５－６）（以下、「訴外

亡Ａ」という。）は、次項記載の各地方税を滞納して、○年○月○日に死亡した（甲5）。

　　被告は、金融機関であり、訴外Ｂ、Ｃ、Ｄは、被告に対して訴外Ａから相続した預金債権を有している。

2　訴外亡Ａの地方税の滞納

　　訴外亡Ａは、原告に対し、市税滞納明細書（甲1）記載の税目欄及びこれに対応する年度欄記載の各地方税につき、税額欄記載の金額を、納期限欄記載の日までに支払わなかった。そこで、原告は訴外亡Ａに対して、滞納した各地方税を支払うよう督促した。※

3　訴外亡Ａの死亡および滞納税の督促

　　○年○月○日、訴外亡Ａは、死亡し、相続人Ｂが2分の1、相続人Ｃが4分の1、相続人Ｄが4分の1の割合で、訴外亡Ａのすべての権利義務を承継した（甲5）。

　　原告は、訴外亡Ａの相続人全員に対し、上記訴外亡Ａが滞納した各地方税を相続分に応じて支払うよう督促したが（甲2）、相続人らは支払いをしない。訴外亡Ａの各地方税の滞納総額は、本訴えの提起の時点で、本税○○円、延滞金○○円、総額○○円となった。

4　訴外亡Ａの相続財産である預金債権の差押えと取立権の取得

　　原告は、訴外亡Ａが滞納し、相続人らが承継した上記2項記載の各地方税の本税及び延滞金を徴収するため、相続人Ｂ、Ｃ、Ｄが相続分に応じて承継した訴外亡Ａ名義の預金債権をすべて差し押さえ（履行期限：本市から請求あり次第即時）、○年○月○日、被告に対して債権差押通知書を送達した（甲3の1ないし3）。

　　上記債権差押通知書の送達日に、債権差押えの効力が生じ（地方税法331条6項、同法373条7項、同法459条6項、国民健康保険法79条の2、国税徴収法62条3項）、原告は、差し押さえた預金債権の取立権を取得した（国税徴収法67条1項）。

5　被告に対する支払い催告

　　前項記載の訴外亡Ａの相続財産である預金債権の差押え後、原告は被告に対して、電話により差し押さえた預金債権の支払いを求め、さらに○年○月○日付け差押預金の支払催告書（甲4）により支払いを求めた。

　　これに対して、被告は、共同相続された預金債権は、準共有となるので、共同相続人全員の同意もしくは遺産分割協議がなければ、相続預金の払戻しに応じることはできないと主張して支払いをしない。

　　しかしながら、被相続人の相続財産である預金債権につき、共同相続人全

員の共有持分を差し押さえて、共有持分全部をまとめて金融機関から取り立てるときは、共有者全員がその共有持分全部につき共同して払戻請求することと同様であるから、被告の主張は、原告の取立てを拒否する理由にならない。

よって、原告は、被告に対して、地方税法331条6項、同法373条7項、同法459条6項、国民健康保険法79条の2、国税徴収法67条1項の取立権に基づき、訴外亡Aが滞納した各地方税の本税および本訴提訴日までの延滞金の合計額○○万円の支払いを求めて、本訴に至った。

証　拠　方　法

甲第1号証	市税滞納明細書
甲第2号証の1	督促状（相続人B）
甲第2号証の2	督促状（相続人C）
甲第2号証の3	督促状（相続人D）
甲第3号証の3	債権差押通知書（相続人B）
甲第3号証の1の2	郵便物等配達証明書
甲第3号証の2	債権差押通知書（相続人C）
甲第3号証の2の2	郵便物等配達証明書
甲第3号証の3	債権差押通知書（相続人D）
甲第3号証の3の2	郵便物等配達証明書
甲第4号証	差押預金の支払催告兼差押債権取立請求訴訟提起の予告通知書
甲第5号証	出生から死亡までの戸籍謄本

添　付　書　類

訴状副本	1通
証拠説明書	1通
甲号証写し	各2通
訴えの提起議決書	1通（or長の専決処分書　1通）
代理人指定書	1通
資格証明書	1通

※滞納者訴外亡Aの死亡前に、訴外亡Aに督促状が送達されていれば、改めて相続人B、C、Dに督促状を送らなくてよい。

【書式16－1】 再送達申請書

○年㈦第○○号差押債権取立請求事件 （○年㈹第○○号）
原告（債権者）　○○市
被告（債務者）　株式会社○○

再送達の申請書

○年○月○日

○○地方（簡易）裁判所　　御　中

原告（債権者）　○○市
原告（債権者）指定代理人　○○○○　㊞
同　　　　　　　　　　　○○○○　㊞
同　　　　　　　　　　　○○○○　㊞

　上記当事者間の御庁○年㈦第○○号差押債権取立請求事件（○年㈹第○○号事件）について、被告（債務者）に対する訴状の副本（支払督促）の送達が不能となりましたが、調査の結果、被告（債務者）は、
（同じ場所に再送達する場合）
　現在も訴状（申立書）記載の住所に本店が所在することが明らかになりましたので、訴状（支払督促）記載の被告（債務者）の住所に、再度、送達願います。
（異なる場所に再送達する場合）※
　下記所在地で事業を継続していることが明らかになりましたので、同所宛てに再度、送達願います。
（法人の代表者住所に送達する場合）
　下記、被告（債務者）会社の代表者の住所地に、再度、送達願います。※

記

　〒○　○県○市○町７－８－９

※雇用主が自然人で、住居と事業所が異なる場合、住居への送達を行うことが有効である。

【書式16－2】 休日送達申請書

○年(ワ)第○○号差押債権取立請求事件 （○年(ロ)第○○号）

原告（債権者）　○○市

被告（債務者）　株式会社○○

休日送達の申請書

○年○月○日

○○地方（簡易）裁判所　　御　中

原告（債権者）　○○市

原告（債権者）指定代理人　○○○○　㊞

同　　　　　　　　　　　○○○○　㊞

同　　　　　　　　　　　○○○○　㊞

　上記当事者間の○年(ワ)第○○号差押債権取立請求事件について、被告（債務者）の住所地に訴状の副本（支払督促）の送達がなされましたが、送達時に被告（債務者）が全戸不在であったため送達できませんでした。

　調査の結果、被告（債務者）は、訴状記載の所在地で業務を行っていることが明らかですが、平日の昼間は、在宅しないので、休日（日曜、祝日）の配達期日を指定した特別送達によって、訴状副本（支払督促）を送達願います。

※休日指定郵便の場合、特別送達郵便料金（1220円）の他に休日270円、平日42円の期日指定料金が必要となる。

【書式16－3】 夜間送達申請書

○年㈦第○○号差押債権取立請求事件（○年㈣第○○号）
原告（債権者）　○　○　市
被告（債務者）　株式会社○○

夜間送達の申請書

○年○月○日

○○地方（簡易）裁判所　　御　中

原告（債権者）　○○市
原告（債権者）指定代理人　○○○○　㊞
同　　　　　　　　　　　　○○○○　㊞
同　　　　　　　　　　　　○○○○　㊞

　上記当事者間の○年㈦第○○号差押債権取立請求事件について、被告（債務者）の住所地に訴状の副本（支払督促）の送達がなされましたが、送達時に被告（債務者）が不在であったため送達できませんでした。

　調査の結果、被告（債務者）は、訴状記載の所在地で業務を行っていることが明らかですが、平日の昼間は、業務を行っておらず、夜間（午後7時から午後12時）であれば、業務を行っていることが判明しました。

　そこで、裁判所執行官を送達実施機関として、午後7時から午後9時の間に、訴状副本（支払督促）の送達を願います。

※夜間送達は、執行官によって行うので、執行官費用の予納が必要となる。

【書式16−4】 書留郵便に付する送達申請書

○年(ワ)第○○号差押債権取立請求事件（○年344第○○号）
原告（債権者）　○○市
被告（債務者）　株式会社○○

書留郵便に付する送達申請書（付郵便）

○年○月○日

○○地方（簡易）裁判所　　御　中

原告（債権者）　○○市
原告（債権者）指定代理人　○○○○　㊞
同　　　　　　　　　　　○○○○　㊞
同　　　　　　　　　　　○○○○　㊞

　被告（債務者）に対する訴状副本（支払督促）の送達が全戸不在により、不送達となりました。
　そこで、原告は、下記理由により、訴状副本（支払督促）を書留郵便に付する送達で実施されるよう申請します。

（相手方が法人の場合）
記
　原告（債権者）において調査したところ、被告（債務者）は所在調査報告書のとおり、訴状（支払督促）記載の住所において、事業を行っていることが判明しました。
添付書類
　1　商業登記簿謄本
　2　所在調査報告書

（相手方が個人の場合）
記
　原告（債権者）において調査したところ、被告（債務者）は所在調査報告書のとおり、訴状（支払督促）記載の住所に居住していることが判明しました。
　なお、被告は自営業者であり、就業先はありません。
　そこで、訴状（支払督促）を書留郵便に付する送達で実施されるよう申請します。
添付書類
　1　住民票の写し
　2　所在調査報告書

【書式16－5】 公示送達申立書

○年(ワ)第○○号差押債権取立請求事件（○年(ロ)第○○号）
原告（債権者） ○○市
被告（債務者） 株式会社○○

公示送達申立書

○年○月○日

○○地方（簡易）裁判所　　御　中

　　　　　　　　　　原告（債権者）　○○市

　　　　　　　　　　　原告（債権者）指定代理人　○○○○　㊞

　　　　　　　　　　　同　　　　　　　　　　　　○○○○　㊞

　　　　　　　　　　　同　　　　　　　　　　　　○○○○　㊞

　被告（債務者）に訴状の副本（仮執行宣言付支払督促の正本）が送達されず、被告（債務者）の住所、居所、その他送達をなすべき場所が知れないので、通常の送達手続では、訴状を送達できないので、公示送達の方法により、訴状の副本（仮執行宣言付支払督促の正本）の送達を願います。

　添付資料
　1　現地調査報告書
　2　商業登記簿謄本

【書式16－6】

【書式16－6】 現地調査報告書

本店所在地、居所等所在調査報告書

原告（債権者）○○市
被告（債務者）株式会社○○
調査対象者　　○○○○

　上記、当事者間の○○地方（簡易）裁判所○年㈦第○号差押債権取立請求事件につき、被告（債務者）の本店所在地、居所を調査した結果は、以下のとおりです。
1　調査の方法
　　調査対象地　　○○県○○市○○４－５－６　ちえんビル５階
　　調査日時　　　○年○月○日　午後・午前　○時○分
　　調査した者　　○○市総務部納税課主査　○○○○
　　　　　　　　　○○市総務部納税課主事　○○○○
2　対象建物の状況
　　建物の現況：一戸建て、○階建マンション、集合住宅、アパート、店舗、テ
　　　　　　　　ナントビル
　　表札・看板：　・ある（名義　　　　　　　　　）　・ない
　　郵便受け：　　・設置あり（名義　　　　　　　）　・設置なし
　　郵便受けの内容物の状況　・多量　・少量　・無し　・確認不能
　　電気メーター：　・供給停止（停止日○年○月○日）
　　　　　　　　　　・供給あり（激動　・普通作動　・微動　・停止　・不明）
　　ガスメーター：　・無し　・導通（作動　・停止）　・ガス止め
　　洗濯物：　　　　・干してある（　　　　　　）　・干してない
　　呼び鈴：　　　　・設置有り（鳴動する　・鳴動しない　・不明）・設置無し
　　自転車等：　　　・有り（名義　　　　、使用状況　　　　）　・無し
　　来訪の呼びかけ：
　　　・留守
　　　・家人が対応（対応者氏名○○、応対の内容……）
　　その他の事項（　　　　　　　　　　　　　　　　　　　）
3　調査結果
　　□被告が、調査対象地の家屋に居住している。
　　□被告は、調査対象地の家屋からは、転居しており、転居先は不明。
　　□被告と、関係のない第三者（氏名　　　　　　）が居住している。
4　添付写真
　　（建物外観、表札、郵便受け、電気メーター、ガスメーター）
5　就業先の調査
　　被告は、自営業者であり、就業先はない。

○年○月○日
　　　　　　　　報告書作成者　○○市総務部納税課主査　○○○○㊞

【書式17－1】 執行文付与申請書

○年㈦第○○号差押債権取立請求事件

原　告　　○○市

被　告　　株式会社○○

〔印紙 300円〕

執 行 文 付 与 申 請 書

○年○月○日

○○地方裁判所　　御　中

〒○　○○県○○市処分町１－２－３

原　告　　　　○　○　市

原告指定代理人　○○○○　㊞

他

　頭書の事件につき、下記書類の正本に債権者（原告）のために債務者（被告）に対する執行文１通（１度目）を付与してください。

　　□　判決書

　　□　調書（和解）

- - - - - - - - - - - - - - - - - - - -

受　領　書

○○地方裁判所　　御　中

○年○月○日

　上記、書類　１通を受領しました。

原　告　　　　○　○　市

原告指定代理人　○○○○　㊞

※判決裁判所の民事書記官室に判決書を添えて申請する。受領書部分に記名（署名）、押印して提出する。

※仮執行宣言付支払督促の場合は、執行文の付与は不要。

【書式17－2】 送達証明申請書

○年(ロ)第○○号

債権者（原告）　　○○市

債務者（被告）　　株式会社○○

印紙
150円

送　達　証　明　申　請　書

○年○月○日

○○簡易（地方）裁判所　　御　中

〒○　○○県○○市処分町１－２－３

債権者（原告）　　　　　○　○　市

債権者（原告）　指定代理人　○○○○　㊞

他

頭書の事件につき、○年○月○日付けで発布された（言い渡された）

□　仮執行宣言付支払督促

□　判決書

□

が、下記の通り送達されたことを証明願います。

記

債務者（被告）に対して、＿＿＿＿年＿＿月＿＿日送達された。※

受　領　書

○○簡易（地方）裁判所　　御　中

○年○月○日

上記、書類　１通を受領しました。

債権者（原告）　○○市

債権者（原告）　指定代理人　○○○○　㊞

※下線部分の日付は空欄にして申請する。

【書式17－3】 期日指定送達申請書

債権者　〇〇市

債務者　株式会社〇〇

第三債務者　株式会社〇〇銀行

期日指定送達の申請書

〇年〇月〇日

〇〇地方裁判所　　御　中

原告（債権者）　〇〇市

原告（債権者）指定代理人　〇〇〇〇　㊞

同　　　　　　　　　　　　〇〇〇〇　㊞

同　　　　　　　　　　　　〇〇〇〇　㊞

　上記当事者間の債権差押命令申立事件について、差押債権（預金債権）に係る預金口座に、〇年〇月〇日に、入金があることが判明しました。

　そこで、第三債務者に対して、送達期日を〇年〇月〇日に指定した特別送達によって、債権差押命令を送達願います。

※平日の期日指定の場合、特別送達料金（合計1220円）のほかに期日指定料金32円（休日は210円）が必要となる。

【書式17－4】 期日・時間指定送達申請書

債権者　〇〇市
債務者　株式会社〇〇
第三債務者　株式会社〇〇銀行

期日および時間指定送達の申請書

〇年〇月〇日

〇〇地方裁判所　　御　中

原告（債権者）　〇〇市
原告（債権者）指定代理人　〇〇〇〇　㊞
同　　　　　　　　　　　　〇〇〇〇　㊞
同　　　　　　　　　　　　〇〇〇〇　㊞

　上記当事者間の債権差押命令申立事件について、差押債権（預金債権）に係る預金口座に、〇年〇月〇日に、入金があることが判明しました。

　入金後、直ちに出金される畏れもあるので、裁判所執行官を送達実施機関とし、〇年〇月〇日午前9時に、第三債務者に対して、債権差押命令を送達願います。

※送達時間を指定した場合、裁判所執行官が送達することになるので執行官費用の予納が必要となる。

【書式17－5】 債権差押命令申立書

債 権 差 押 命 令 申 立 書

〇〇地方裁判所　民事第〇部　債権執行係　　御 中

印紙
4000円

　　〇年〇月〇日

申立債権者　　〇〇市

代表者市長　　〇〇〇〇

債権者指定代理人　〇〇〇〇　㊞

同　　　　　　　〇〇〇〇　㊞

同　　　　　　　〇〇〇〇　㊞

電話　〇－〇－〇　（内線〇〇）

FAX　〇－〇－〇

　　当　　事　　者

　　請　求　債　権　　　　別紙目録のとおり

　　差　押　債　権

　債権者は、債務者に対し、別紙請求債権目録記載の執行力のある債務名義の
正本に表示された上記請求債権を有しているが、債務者がその支払いをしない
ので、債務者が第三債務者に対して有する別紙差押債権目録記載の債権の差押
命令を求める。

　第三債務者に対し、陳述催告の申立て（民事執行法147条1項）をする。

　　添付書類

　　1　執行力ある判決正本　　　　　　　1通

　　2　判決正本送達証明　　　　　　　　1通

　　3　資格証明書　　　　　　　　　　　2通※

　　4　代理人指定書　　　　　　　　　　1通

※雇用主と金融機関の商業登記簿謄本。

【書式17－6】　当事者目録（預金債権差押）

当　事　者　目　録

〒○　○○県○○市処分町１－２－３　○○市役所
　　　　　　　債　権　者　○○市
　　　　　　　代表者市長　○○○○

〒○　○○県○○市処分町１－２－３　○○市役所
　　　　　　　総務部　債権管理室（送達先）
　　　　　　　電話○－○－○（内線○○）　FAX○－○－○
　　　　　　　債権者指定代理人　○○○○
　　　　　　　同　　　　　　　　○○○○
　　　　　　　同　　　　　　　　○○○○

〒○　○○県○○市雇主町７－８－９
　　　　　　　債務者　株式会社○○
　　　　　　　代表者代表取締役　○○○○

（第三債務者が銀行、信用金庫の場合）
〒○　東京都千代田区○○町１－２－３　○○ビル
　　　　　　　第　三　債　務　者　　株式会社○○銀行
　　　　　　　代表者代表取締役　○○○○

（第三債務者送達場所）
〒○　○○県○○市金融町10－11
　　　　　　　株式会社○○銀行　○○支店

（第三債務者が株式会社ゆうちょ銀行の場合）
〒100－8798　東京都千代田区霞が関１丁目３番２号
　　　　　　　第　三　債　務　者　　株式会社ゆうちょ銀行
　　　　　　　代表者代表取締役　○○○○

（第三債務者送達場所）
〒○　○○県○○市○○町５－６－７
　　　　　　　株式会社ゆうちょ銀行○○貯金事務センター

【書式17－7】　請求債権目録（通常訴訟判決によるもの）

請　求　債　権　目　録

　　○○地方裁判所○年㋭第○○号差押債権取立請求事件の執行力ある判決の正本に表示された下記債権および執行費用

1　元　　金　　　金○○円
　　　　ただし、主文1項に記載された金員

2　執行費用　　　金8,750円
　　　（内　訳）
　　　　本命令申立手数料　　　　　　　　　金4,000円
　　　　本命令送達料　　　　　　　　　　　金3,300円※
　　　　本命令申立書作成及び提出費用　　　金1,000円
　　　　判決送達証明申請手数料　　　　　　金150円
　　　　判決の執行文付与申立手数料　　　　金300円

　　合計　　金○○円

※債権差押命令決定正本の第三債務者送達1,290円（特別送達・100グラムまで）、債務者への送達1,220円（特別送達）、債権者への送達110円。陳述書の第三債務者から返送570円（簡易書留）、債権者への返送110円の合計額。

【書式17－8】　請求債権目録（仮執行宣言付支払督促によるもの）

請　求　債　権　目　録

　○○簡易裁判所○年(ロ)第○○号差押債権取立請求事件の仮執行宣言付支払督促の正本に表示された下記金員及び執行費用

1　元　　金　　金○○円

2　督促手続費用　　金○○円
　　追加督促手続費用　　　　　　　　金○○円※
　　仮執行宣言申立費用　　　　　　　金1,330円

3　執行費用　　　　　金8,450円
　　（内　訳）
　　本申立手数料　　　　　　　　　　金4,000円
　　本申立書作成及び提出費用　　　　金1,000円
　　差押命令正本送達費用　　　　　　金3,300円
　　送達証明申請手数料　　　　　　　　金150円

　　合計　　　　金○○円

※追加督促手続費用は、仮執行宣言付支払督促の表紙に金額が記載されている。
　内訳としては、再送達（期日指定送達、就業先送達）の特別送達郵便料金およ
　び付郵便送達料金等の合計額が認められる。

【書式17－9】　差押債権目録（銀行、信用金庫預金債権）

差　押　債　権　目　録

金○○円

　債務者が第三債務者株式会社○○銀行（○○支店扱い）に対して有する下記預金債権及び同預金に対する預入日から本命令送達時までに既に発生した利息債権のうち、下記に記載する順序に従い、頭書金額に満つるまで

記

1　差押えのない預金と差押えのある預金があるときは、次の順序による。

　(1)　先行の差押え、仮差押えのないもの

　(2)　先行の差押え、仮差押えのあるもの

2　円貨建預金と外貨建預金があるときは、次の順序による。

　(1)　円貨建預金

　(2)　外貨建預金（差押命令が第三債務者に送達された時点における第三債務者の電信買相場により換算した金額（外貨）。ただし、先物為替予約があるときは、原則として予約された相場により換算する。）

3　数種の預金があるときは、次の順序による。

　(1)　定期預金

　(2)　定期積金

　(3)　通知預金

　(4)　貯蓄預金

　(5)　納税準備預金

　(6)　普通預金

　(7)　別段預金

　(8)　当座預金

4　同種の預金が数口あるときは、口座番号の若い順序による。

　　なお、口座番号が同一の預金が数口あるときは、預金に付せられた番号の若い順序による。

【書式17－10】　差押債権目録（ゆうちょ銀行貯金債権）

差　押　債　権　目　録

金○○円

　債務者が第三債務者株式会社ゆうちょ銀行（○○貯金事務センター扱い）に対して有する下記貯金債権及び同貯金に対する預入日から本命令送達時までに既に発生した利息債権のうち、下記に記載する順序に従い、頭書金額に満つるまで

記

1　差押えのない貯金と差押えのある貯金があるときは、次の順序による。
　⑴　先行の差押え、仮差押えのないもの
　⑵　先行の差押え、仮差押えのあるもの
2　担保権の設定されている貯金とされていない貯金があるときは、次の順序による。
　⑴　担保権の設定されていないもの
　⑵　担保権の設定されているもの
3　数種の貯金があるときは、次の順序による。
　⑴　定期貯金
　⑵　定額貯金
　⑶　通常貯蓄貯金
　⑷　通常貯金
　⑸　振替貯金
4　同種の貯金が数口あるときは、記号番号の若い順序による。
　　なお、記号番号が同一の貯金が数口あるときは、貯金に付せられた番号の若い順序による。

【書式17－11】　差押債権目録（農業協同組合貯金債権）

差　押　債　権　目　録

金〇〇円

　債務者が第三債務者〇〇農業協同組合（〇〇支店扱い）に対して有する下記貯金債権及び同貯金に対する預入日から本命令送達時までに既に発生した利息債権のうち、下記に記載する順序に従い、頭書金額に満つるまで

記

1　差押えのない貯金と差押えのある貯金があるときは、次の順序による。

　⑴　先行の差押え、仮差押えのないもの

　⑵　先行の差押え、仮差押えのあるもの

2　円貨建貯金と外貨建貯金があるときは、次の順序による。

　⑴　円貨建貯金

　⑵　外貨建貯金（差押命令が第三債務者に送達された時点における第三債務者の電信買相場により換算した金額（外貨）。ただし、先物為替予約があるときは、原則として予約された相場により換算する。）

3　数種の貯金があるときは、次の順序による。

　⑴　定期貯金

　⑵　積立式定期貯金

　⑶　定期積金

　⑷　通知貯金

　⑸　貯蓄貯金

　⑹　納税準備貯金

　⑺　普通貯金

　⑻　営農貯金

　⑼　出資予約貯金

　⑽　別段貯金

　⑾　当座貯金

4　同種の貯金が数口あるときは、口座番号の若い順序による。

　なお、口座番号が同一の貯金が数口あるときは、貯金に付せられた番号の若い順序による。

【書式17−12】 第三債務者に対する陳述催告申立書

第三債務者に対する陳述催告の申立書

〇年〇月〇日

〇〇地方裁判所　民事第〇部　債権執行係
　　裁判所書記官　殿

申立債権者　　〇〇市
　　債権者指定代理人　〇〇〇〇　㊞
　　同　　　　　　　　〇〇〇〇　㊞
　　同　　　　　　　　〇〇〇〇　㊞

債　権　者　　〇〇市
債　務　者　　株式会社〇〇
第三債務者　　〇〇銀行株式会社

　上記当事者間の債権差押命令申立事件について、第三債務者に対し、民事執行法147条1項に規定する陳述の催告をされたく申し立てる。

※本申立書は、債権差押命令申立と同時に提出すること、陳述催告の申立てを行うことにより、預金の残高、反対債権の有無、先行する差押えの存否などの情報が得られる。

【書式17−13】　代理人指定書（債権差押命令申立）

代　理　人　指　定　書

○年○月○日

　　　住　所　　○○市処分町１−２−３
　　　指定者　　○○市長　○○○○　　　㊞

　地方自治法第153条第１項の規定により、下記の者を代理人に指定し、下記
の行為を行わせる。

　　　　　　○○市職員　総務部納税課　室長　○○○○
　　　　　　　　　　　　同　　　　　　次長　○○○○
　　　　　　　　　　　　同　　　　　　主査　○○○○

　　債　権　者　　○○市
　　債　務　者　　株式会社○○
　　第三債務者　　株式会社○○銀行
　　裁　判　所　　○○地方裁判所
　　事　件　名　　債権差押命令申立　事件

委任事項
　上記当事者間の債権差押命令の申立、第三債務者に対する陳述催告の申立、
転付命令の申立、債権差押命令に関連する書面の受領、配当の要求、差押えに
係る債権の取立、弁済金の受領、第三債務者がした供託金の取戻し、債権差押
命令の取下げ、その他上記に関する一切の権限

359

【書式17−14】 支払依頼書（請求書）

○年○月○日

〒○
○○県○○市金融町10−11
　　○○銀行　○○支店　御　中

支　払　依　頼　書

○○市　総務部　納税課

　下記、債権差押命令申立事件につき、○年○月○日、債務者に債権差押命令が送達され、すでに１週間が経過しておりますので、同封した納付書を利用して、請求金額記載の金員を当市宛お支払いくださいますようお願い申し上げます。

記

○○地方裁判所○年㈹第○○号債権差押命令

債権者　　○○市

債務者　　株式会社○○

債務者への送達日　　○年○月○日

請求金額　　　　　　金○○円

　※この支払請求書の到達以前に支払い済みの場合は行き違いですのでご了承
　　ください。
　※この支払請求書について、不明な点があれば、下記担当者までお問い合せ
　　ください。

【連絡先】〒○　○○市処分町１−２−３
　　　　　　　　○○市納税課（担当○○）
　　　　　　　　電話○−○−○　内線○○

【書式17-15】 取立完了届

○年(ル)第○○号

取　立（完　了）届

○年○月○日

○○地方裁判所　民事第○部　債権執行係　御　中

債権者　　○○市
債権者指定代理人　　○○○○　　㊞
他

債　権　者　　　○○市
債　務　者　　　株式会社○○
第三債務者　　　株式会社○○銀行

　上記当事者間の御庁○年(ル)第○○号債権差押命令に基づき、債権者は第三債務者から、

　　○年○月○日　午後・午前　　　時に、

　金　　○○円

を取り立てたので届けます。

　注　1　取立がなお継続するときは（完了）の文字を抹消すること。
　　　2　本取立届に押す印鑑は差押えの申請に使用した印鑑を押すこと。

【書式17−16】 取下書

○年(ル)第○○号

取　下　書

○年○月○日

○○地方裁判所　民事第○部　債権執行係　御　中

債権者　○○市

債権者指定代理人　○○○○　㊞

他

債　権　者　　○○市
債　務　者　　株式会社○○
第三債務者　　株式会社○○銀行

　上記当事者間の債権差押命令申立は、すでに取り立てた部分を除き、これを取り下げます。

【書式17-17】 債務名義等還付申請書

債務名義等還付申請書

○年○月○日

○○地方裁判所　民事第○部　債権執行係　御　中

債権者　　○○市
債権者指定代理人　○○○○　㊞
他

債　権　者　　　○○市
債　務　者　　　株式会社○○
第三債務者　　　株式会社○○銀行

　上記当事者間の御庁○年(ル)第○○号債権差押命令申立事件は、取り下げにより、事件が終了したので、債務名義および送達証明書を還付されたく申請する。

- - -

債務名義等受領書

○年○月○日

○○地方裁判所　民事第○部　御中

債権者　　○○市
債権者指定代理人　○○○○　㊞

下記書類を確かに受領しました。
1　執行力ある債務名義
2　同送達証明

【書式18－1】 庁内情報照会書

○年○月○日

（宛先）○○部○○課長（照会先課名職名）

滞納者にかかる個人情報の照会書兼回答書

○○部○○課長○○（照会元課名職名）

　債権の管理回収に必要なので、下記滞納者につき、次の通り回答を求めます。

【照会を求める法令上の根拠】

　　　地方税法第20条の11（官公署への協会要請）

滞納者の氏名・名称		生年月日
滞納者の住所・所在地		

照会事項

1	滞納の有無および滞納している債権の種類、滞納総額、滞納の明細
2	地方税法、国税徴収法もしくは民事執行法による差押えの有無、滞納処分の内容、処分日
3	換価の猶予（地方税法第15条の5）、履行延期の特約・処分（地方自治法施行令第171条の6）、もしくは事実上の分納誓約による分割納付の申請の有無、その分割納付の内容、履行状況
4	滞納処分停止（地方税法第15条の7）、徴収停止（地方自治法施行令第171条の5）、債務免除（地方自治法施行令第171条の7）、債権放棄（債権管理条例○条）の処分の有無およびその内容と処分日
5	文書の送達先もしくは公示送達実施の有無
6	勤務先の名称、所在地、電話番号
7	所有する不動産の有無およびその所在地
8	預金口座が存在する金融機関の名称と支店名
9	生命保険の有無と生命保険会社の名称および証券番号
10	所有する車両の有無、車種・登録番号

（宛先）○○部○○課長（照会元課名職名）

　　□　別紙の通り、回答します。

　　□　一部回答することができません

　　　　回答することができない項目　　1・2・3・4・5・6・7・8・9・10

　　□　全部、回答することができません。

　　　　回答できない理由＿＿＿＿＿＿＿＿＿＿＿＿＿＿＿＿＿＿＿＿

○年○月○日

　　　　　　　　　　　　　○○部○○課長○○（回答課名職名）

【書式18-2】　金融機関預金照会書（送付書）

〇年〇月〇日

〒〇
〇〇市金融町１０－１１
株式会社〇〇銀行　〇〇支店　御 中

〇〇市
市長　〇〇〇〇

預貯金等の調査照会について

　平素は、〇〇市の市税徴収にご協力をいただきありがとうございます。
　本照会は、本市が滞納処分により差し押さえ（、その後取立訴訟により債務名義を得）た債権につき、その取り立てのため第三債務者である下記対象者の預貯金等の内容につき回答を求めるものです。
　ご多忙のところ大変恐縮ですが、回答書にご記入いただくか、所定の用紙により、回答にご協力をお願い申し上げます（ご回答を同封の返信用封筒にてお送りください）。
　本照会は、地方税法第20条の11に基づくものです。

【対象者】

住所・所在地	〇〇市納税区４－５－６	
旧住所・所在地		
フリガナ	（生年月日）　　年　　月　　日生	
氏名・名称（商号）	A	（旧姓）

【添付書類】
・債権差押調書の写し
・債務名義（仮執行宣言付支払督促（or 判決書））の写し
【参考法令】
　地方税法20条の１
　徴税吏員は、この法律に特別の定めがあるものを除くほか、地方税に関する調査について必要があるときは、事業者（特別の法律により設立された法人を含む。）又は官公署に、当該調査に関し参考となるべき簿書及び資料の閲覧又は提供その他の協力を求めることができる。

【連絡先】〒〇　〇〇市処分町１－２－３
〇〇市納税課（担当〇〇）
電話〇－〇－〇　内線〇〇

※債務名義を取得していなければ、照会文の「（、その後取立訴訟により債務名義を得）」と添付書類から債務名義を削除する。
　コピー送付する債権差押調書および債務名義の滞納者名は、マスキングすること。
　地方税法20条の11の規定からすれば、債務名義なしで金融機関に預金照会の協力をを求められるが、債務名義があれば、回答率は高くなると予想される。

365

【書式18-3】 金融機関預金照会書（回答書）

○年○月○日

〒○

○○市○○1-2-3

株式会社　　○○銀行○○支店　　御中

○○市長　○　○　○　○

預金等およびこれに関する銀行取引について（照会）

　お忙しいところ恐れ入りますが、○○市の租税徴収上必要がありますので、次の者について、下記事項を調査の上、○年○月○日までにご回答をくださるようお願いします。

　回答は、貴行の所定の用紙で回答していただいても結構です。

　住所相違の場合、預金契約者の氏名（旧姓）と生年月日が一致すれば、ご回答ください。

　本照会は、地方税法20条の11に基づく調査依頼です。

預金契約者	現住所・所在地（本店所在地）	
	旧住所・所在地	
	フリガナ	
	氏名（旧姓）（商号）	○年○月○日生まれ

照会事項		種類	口座番号	預金残高	最終取引日	満期日
預金の種類、残高等（　年　月　日現在）						

貸付金	貸付けの形式	証書　　手形　　カード				
	貸付けの担保	有（土地・建物・その他）　　無し				
	貸付金残高	円（　年　月　日現在）				

出資証券・番号等	出資証券番号	出資口数	出資金額

その他参考となる事項

回答者	役職（係）名	氏名	電話

【連作先】〒○○　○○市○町1-2-3
○○市○○課（担当○○）
電話○-○-○　内線○○

【巻末資料１】　手数料額早見表（印紙代）

（単位：円）

手数料 訴額等	訴えの提起	支払督促	控　訴	上　告
10万まで	1,000	500	1,500	2,000
20万	2,000	1,000	3,000	4,000
30万	3,000	1,500	4,500	6,000
40万	4,000	2,000	6,000	8,000
50万	5,000	2,500	7,500	10,000
60万	6,000	3,000	9,000	12,000
70万	7,000	3,500	10,500	14,000
80万	8,000	4,000	12,000	16,000
90万	9,000	4,500	13,500	18,000
100万	10,000	5,000	15,000	20,000
120万	11,000	5,500	16,500	22,000
140万	12,000	6,000	18,000	24,000
160万	13,000	6,500	19,500	26,000
180万	14,000	7,000	21,000	28,000
200万	15,000	7,500	22,500	30,000
220万	16,000	8,000	24,000	32,000
240万	17,000	8,500	25,500	34,000
260万	18,000	9,000	27,000	36,000
280万	19,000	9,500	28,500	38,000
300万	20,000	10,000	30,000	40,000
320万	21,000	10,500	31,500	42,000
340万	22,000	11,000	33,000	44,000
360万	23,000	11,500	34,500	46,000
380万	24,000	12,000	36,000	48,000
400万	25,000	12,500	37,500	50,000
420万	26,000	13,000	39,000	52,000
440万	27,000	13,500	40,500	54,000
460万	28,000	14,000	42,000	56,000
480万	29,000	14,500	43,500	58,000
500万	30,000	15,000	45,000	60,000
550万	32,000	16,000	48,000	64,000
600万	34,000	17,000	51,000	68,000
650万	36,000	18,000	54,000	72,000
700万	38,000	19,000	57,000	76,000
750万	40,000	20,000	60,000	80,000
800万	42,000	21,000	63,000	84,000
850万	44,000	22,000	66,000	88,000
900万	46,000	23,000	69,000	92,000
950万	48,000	24,000	72,000	96,000
1,000万	50,000	25,000	75,000	100,000

【巻末資料２】　裁判所に提出する書式の設定（支払督促申立書、訴状、答弁書、
　　　　　　　　準備書面等）

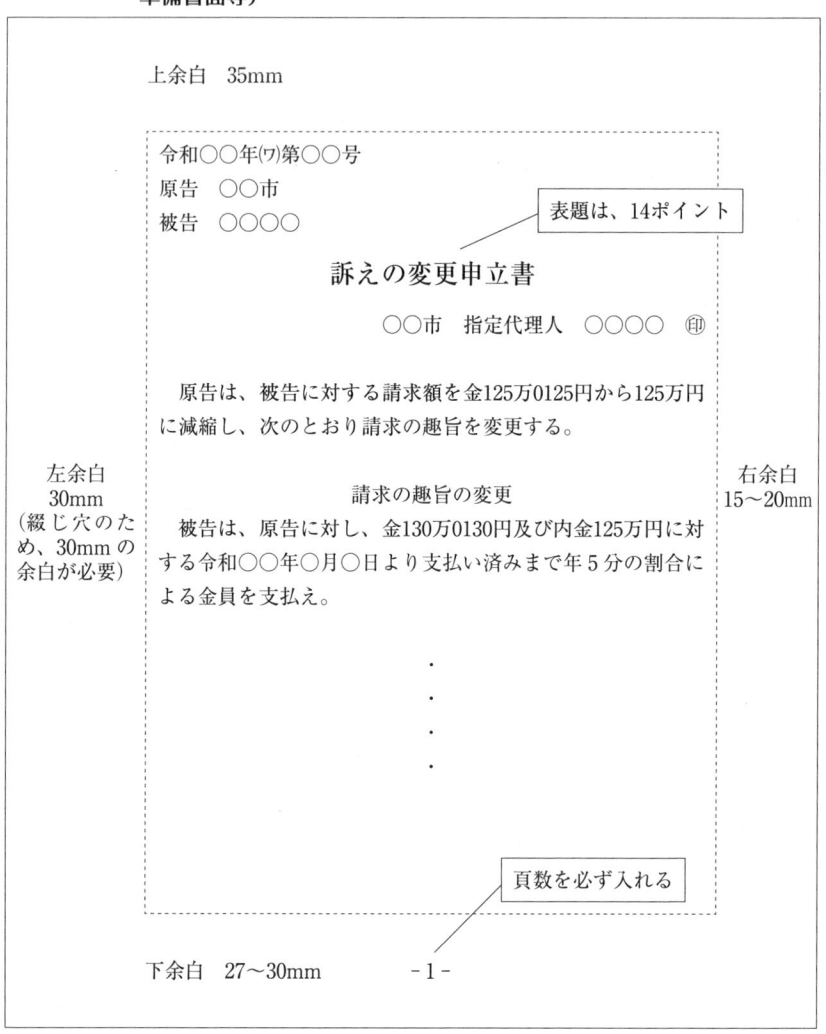

・用紙は、Ａ４規格
・プリントは、片面印刷（両面印刷しないこと）。
・横書き、12ポイント、26行、37文字。
・「金○○円」でも、金を外して「○○円」でも、どちらでもよい。
・数字は、「1,250,125円」でも、「125万0125円」でもよい。
・数字は、半角、全角どちらでもよい。

【参考文献】

〔必須の基本文献〕

吉国二郎ほか『国税徴収法精解〔令和6年改訂〕』（大蔵財務協会、2024年）

志場喜徳郎ほか『国税通則法精解〔令和4年改訂〕』（大蔵財務協会、2019年）

森口祥司『国税徴収法基本通達逐条解説』（大蔵財務協会、2024年）

地方税務研究会『地方税法総則逐条解説』（地方財務協会、2017年）

地方税法総則研究会『新訂逐条問答地方税法総則入門』（ぎょうせい、1994年）絶版

〔要点を絞った文献〕

東京税務協会『徴収職員のためのQ&A滞納整理の基本事例解説〔第4版〕』（東京税務協会、2024年）

相続預金の差押え、給料振込口座の差押えについて実務的な記載がある。

吉国智彦『自治体徴収職員のための債権差押えの実務――債権法新時代への対応』（第一法規、2019年）

預金債権の帰属認定、差押債権の相殺、取立訴訟について解説がある。

園部厚『書式　支払督促の実務〔全訂11版〕――申立てから手続終了までの書式と理論』（民事法研究会、2024年）

支払督促で、不明な点はこの書籍でほぼ解決できる。

園部厚『書式　債権・その他財産権・動産等執行の実務〔全訂15版〕』（民事法研究会、2020年）

民事執行法による債権差押えで、不明な点はこの書籍でほぼ解決できる。

大島明『書式　民事訴訟の実務〔全訂10版〕――訴え提起から終了までの書式と理論』（民事法研究会、2017年）

民事訴訟の概要を把握することができる。

中山裕嗣『徴収・滞納処分で困ったときの解決のヒント――納税相談の現場から』（大蔵財務協会、2019年）

給料差押えに対する第三債務者（雇用主）側の対応策が記載されている。

【編著者紹介】

瀧　康暢 (担当：序章、Q3-2、Q4-1、Q4-3、Q4-5、Q4-6、Q4-16、Q4-17、Q4-18、Q4-19、Q4-21、Q5-1、Q6-3、Q6-4、Q6-5、Q6-10、Q6-11、Q8-1、Q8-2、第9章から第18章)

〔略歴〕

弁護士。弁護士法人公園通法律事務所所長（TEL：0586-26-6266　URL：http://www.park-lo.com/）

自治体支援弁護士プロジェクトチーム代表（URL：http://lg-law.jp/）

東京都立大学法学部政治学科卒業後、1994年弁護士登録。2010年より市町村アカデミー「使用料等の滞納整理」研修講師、2013年より JIAM で「市町村税徴収事務」研修講師、2015年より市町村アカデミー「市町村税徴収事務」研修講師を務める。

横須賀市、船橋市、大津市で徴収アドバイザー。2019年より厚生労働省国民健康保険（税）収納率向上アドバイザー。

〔主な著書〕

『生活再建型滞納整理の実務』共著（ぎょうせい、2013年）

『過払金返還請求・全論点網羅2017』共著（民事法研究会、2017年）

『Q&A 過払金返還請求の手引〔第5版〕』共著（民事法研究会、2017年）

『自治体債権の滞納処分停止・債権放棄の実務』（ぎょうせい、2018年）

『自治体債権回収のための裁判手続マニュアル』共著（ぎょうせい、2020年）

板倉　太一 (担当：第1章から第8章)

〔略歴〕

横須賀市税務部納税課・係長。

2005年神奈川県横須賀市入庁。2007年4月に納税課に着任。市税徴収担当を経験後、2008年度から、市全体の未収債権の回収指導、移管された税外債権と市税の一元徴収、債権管理条例の策定、庁内債権管理マニュアルの作成、電話・訪問による納付案内業務の民間委託、ファイナンシャルプランナーによる納税相談業務の委託などに携わる。

2018年度から2022年度まで市町村アカデミー「市町村税徴収事務」研修で講師を務める。

滞納処分による給料・預金差押えと取立訴訟の実務
〔第3版〕

2024年11月8日　第1刷発行

編 著 者　瀧　康暢　板倉太一
発　　行　株式会社　民事法研究会
印　　刷　株式会社　太平印刷社

発 行 所　株式会社　民事法研究会

〒150-0013　東京都渋谷区恵比寿 3-7-16
〔営業〕　TEL 03(5798)7257　FAX 03(5798)7258
〔編集〕　TEL 03(5798)7277　FAX 03(5798)7278
http://www.minjiho.com/　info@minjiho.com

ISBN978-4-86556-648-2

最新の法令・判例や実務の動向を収録し大幅改訂！

裁判事務手続講座〈第 22 巻〉

書式 行政訴訟の実務
〔第三版〕
—行政手続・不服審査から訴訟まで—

日本弁護士連合会行政訴訟センター　編

A 5 判・433 頁・定価 4,950 円（本体 4,500 円＋税 10%）

▶第三版では、平成 26 年に抜本改正された行政不服審査法や、第二版刊行後の行政手続法等の関係法令の改正、最新の判例・実務・学説を収録し、8 年ぶりに大幅改訂増補を施した待望の書！

▶行政手続と行政手続法の全体構造について、行政処分手続から行政不服審査・行政審査手続など各種の手続の流れと具体的な行政訴訟について、書式と一体として詳解した実践的手引書！

▶第三版で追補した第 12 章「住民訴訟」では、地方自治法に定められた住民監査制度と住民訴訟制度の手続を書式と一体として詳細に解説！

▶行政訴訟の中心をなす取消訴訟については、訴訟要件と審理手続に詳細な検討を加えつつ訴訟の終了までの手続を実践的に論及しているので、弁護士や司法書士、行政書士、行政の担当者をはじめ関係者にとって必備の書！

本書の主要内容

第 1 部　行政手続・不服審査概論編

第 1 章　行政手続概論

第 2 章　行政不服審査概論

第 2 部　訴訟編

第 1 章　行政訴訟概論

第 2 章　取消訴訟総論

第 3 章　取消訴訟の訴訟要件

第 4 章　取消訴訟の審理手続（違法性審理）

第 5 章　訴訟の終了

第 6 章　不作為の違法確認の訴え

第 7 章　無効等確認訴訟

第 8 章　義務付け訴訟

第 9 章　差止め訴訟

第 10 章　仮の救済

第 11 章　当事者訴訟

第 12 章　住民訴訟

第 13 章　その他の争訟

発行　民事法研究会

〒 150-0013　東京都渋谷区恵比寿 3-7-16
（営業）TEL. 03-5798-7257　FAX. 03-5798-7258
http://www.minjiho.com/　info@minjiho.com

行政手続の基礎理論から行政関係訴訟の実務までを収録！

【実務大系シリーズ】

行政手続実務大系
—適正手続保障を実現する実務と書式—

行政手続学会　編　　山下清兵衛　監修

A5判・757頁・定価8,250円（本体7,500円＋税10％）

▶国民に対して適正手続保障を実現するためには、法律家による積極的な行政手続への関与が不可欠との理念のもとに、行政関係法や行政手続の知識・経験が豊富な執筆陣により理論・実務の両面から詳細な解説を試みた待望の実践的手引書！

▶「第1部」では、行政手続に関わる基礎知識について、さまざまなテーマを取り上げ、詳細かつ綿密な解説を施し、「第2部」では、各種の具体的な行政訴訟事件を取り上げて、実効性と実現性のある訴訟の進め方と実務のあり方および訴状等の書式と一体の解説をした関係者必携の書！

▶日頃、行政手続に関与されている弁護士や行政書士などの法律実務家や行政の関係者をはじめ、行政事件に関心をもっている法律実務家や研究者、法科大学院生などにとって必読の書！

本書の主要内容

発行　民事法研究会

〒150-0013　東京都渋谷区恵比寿 3-7-16
（営業）TEL. 03-5798-7257　FAX. 03-5798-7258
http://www.minjiho.com/　info@minjiho.com